Les Vikings
et la Normandie

Du même auteur :

Archipels norrois (Orcades, Shetland, Hébrides dans le monde viking), Kümmerle Verlag, Göppingen, 1988

Dans la collection
« De mémoire d'homme : L'histoire »
(dirigée par Lucien Bély) :

A la rencontre des Etrusques (J.-R. Jannot)
Les Animaux sacrés dans l'antiquité (J. Prieur)
Archives du corps (J. Léonard)
Bagnards à Brest (P. Henwood)
La Civilisation celtique (C.-J. Guyonvarc'h et F. Le Roux)
La Cour de Henri III (J. Boucher)
Les Druides (C.-J. Guyonvarc'h et F. Le Roux)
Le Fer contre la forêt (F. Dornic)
La Grande époque de la marine à voile (M. Acerra et J. Meyer)
La Mort dans l'antiquité romaine (J. Prieur)
Pêcheurs d'Islande (J.-L. Avril et M. Quéméré)
Les Petites écoles sous l'Ancien Régime (B. Grosperrin)
Les Religieux en Bretagne sous l'Ancien Régime (G. Minois)
Richelieu face à la mer (P. Castagnos)
La Rue au Moyen Age (J.-P. Leguay)
Saint Bruno, le premier chartreux (B. Bligny)
Saint Jacques à Compostelle (J. Chocheyras)
Les Sépulcres flottants (P. Masson)
Les Terroristes russes (J. Fenner)
Les Vikings et la Normandie (J. Renaud)

Maquette de couverture - Bernard Louviot

Jean Renaud

Les Vikings et la Normandie

EDITIONS OUEST-FRANCE

AVANT-PROPOS

De nombreux mots norrois sont nécessairement cités dans ce livre. Le tableau (simplifié) suivant aidera le lecteur à les prononcer le mieux possible.

1) Les voyelles

a [ă] : comme dans « papa » (« rakki », « hata »).
á [ā] : comme dans « pâte » (« hár », « rás »).
e [ĕ] : comme dans « été » (« bekkr », « melar »).
é [ē] : comme dans « féérique » (« félagar »).
æ [ɛ̄] : comme dans « faire » (« skærr », « bændr »).
i [ĭ] : comme dans « fini » (« klif », « kriki »).
í [ī] : comme dans « rire » (« hlíð », « vík »).
o [ŏ] : comme dans « repos » (« hol », « skora »).
ó [ō] : comme dans « saute » (« hófr », « Óðinn »).
u [ŭ] : comme dans « roux » (« ruð », « lundr »).
ú [ū] : comme dans « lourd » (« búð », « hús »).
y [y̆] : comme dans « tu » (« mygla », « bryðja »).
ý [ȳ] : comme dans « pur » (« stýri », « mýrr »).
ö [œ] : comme dans « peur » (« kökkr », « skömm »).
ø [ø̆] : comme dans « creux » (« øvri », « ør »).
œ [ø̄] : comme dans « creuse » (« Laxdœla »).

2) Les consonnes

b, d, k, l, m, t, v, x : comme en français (« býr », « dalr », « koli », « lind », « már », « trog », « víðr », « Saxi »).

ð : comme le « th » sonore anglais de « then » (« biða », « rauðr »).

f : à l'initiale ou suivi d'une consonne sourde, comme le « f » français (« toft », « flokkr »), sinon, comme le « v » français (« Torfi », « haf »).

g : comme le « g » de « gare » (« garðr », « höggva », « fluga ») ; mais devant « s » ou « t », comme le « ch » allemand de « machen » et devant « i » et « j », comme le « y » de « yoga » (« vígi », « telgja »).

h : fortement expiré, comme en anglais ou en allemand (« hola », « Hrólfr »).

j : comme le « y » de « yoga » (« fjörðr », « jarð »).

n : comme en français (« net », « steinn »), sauf dans le groupe « ng », comme le [ŋ] anglais de « song » (« drengr », « tangi »).

p : comme en français (« kapel », « þrep »), mais devant « s » ou « t », comme le « f » français (« topt »).

r : très fortement roulé. La désinence « r », marque du nominatif singulier de certaines déclinaisons, se prononce à l'aide d'une voyelle d'appui semblable à un « u » français (« haugr », « úlfr ») ; en islandais moderne, on écrit d'ailleurs « -ur » (« haugur », « úlfur »).

s : toujours sourd, comme le « s » français de « sont » (« saga », « fiskr »).

þ : comme le « th » sourd anglais de « thing » (« þing », « þollr »).

3) L'accent tonique

Tous les mots sont accentués sur la première syllabe. Pour les mots composés, un accent secondaire porte sur la première syllabe du second élément.

INTRODUCTION

Venus du Nord, les Vikings abordèrent nos côtes et remontèrent nos fleuves à bord de leurs superbes navires. Ils pillèrent les monastères, mirent les villes à feu et à sang, semèrent la terreur parmi les populations locales pendant tout le IXe siècle. Ailleurs, ces incursions ne furent souvent qu'un épisode, dramatique certes, mais éphémère. En Normandie, au contraire, elles aboutirent à la colonisation et à l'essor d'une province tout entière.

Or on a beaucoup écrit sur le thème des Vikings en Normandie — pour le meilleur et pour le pire ! Le meilleur est généralement peu facile d'accès pour le commun des lecteurs : ce sont quelques articles dans des revues spécialisées, et des livres souvent anciens ou en langue étrangère, qui n'abordent la plupart du temps qu'une partie du sujet. Le pire consiste en des écrits plus fantaisistes que sérieux. Aussi le présent ouvrage a-t-il pour seule ambition de rassembler sous une même couverture les connaissances essentielles en ce domaine, afin de donner au lecteur une idée juste de ce que la Normandie doit au monde scandinave.

Nous retracerons donc le cours de l'histoire, depuis les premiers raids jusqu'aux débuts du duché, en nous penchant entre autres sur la personnalité de Rollon, le premier duc, et sur les modalités de l'établissement scandinave à partir de 911. Et nous ferons l'inventaire de ce que les Vikings ont laissé à la Normandie : vestiges mis au jour par l'archéologie, empreinte humaine, restes norrois dans le patois normand, et surtout une multitude de noms de lieux. Mis bout à bout et comparés les uns aux autres, tous ces éléments donnent une image aussi fidèle que possible du passé scandinave de la Normandie. Car l'héritage norrois n'est pas seulement le reste d'une époque révolue, c'est aussi le moyen de percer une partie de ses mystères.

PREMIÈRE PARTIE

L'HISTOIRE

CHAPITRE PREMIER

L'EXPANSION VIKING

Les Vikings ont donné leur nom à toute une période de notre histoire, dont ils ont sans conteste influencé le cours. Ils firent leur première apparition sur la côte sud de l'Angleterre — sans doute avant 790, mais la *Chronique anglo-saxonne* (1), qui rapporte les faits, n'indique pas de date précise — et, le 8 juin 793, ils pillèrent le monastère de Lindisfarne, petite île au sud-est de l'Écosse. Ceci marquait le début d'une épopée qui allait durer plus de deux siècles. D'autres attaques isolées, sur la côte anglaise et en mer d'Irlande, dans les années qui suivirent, préfiguraient les expéditions toujours plus pressantes à l'assaut de l'Europe.

Dans leur langue, les anciens Scandinaves appelaient « víkingar » ceux d'entre eux qui prenaient part aux expéditions guerrières lancées par-delà les mers. Dans les sagas, ces chefs-d'œuvre de la littérature médiévale qui n'ont rien à envier aux romans historiques modernes, on trouve souvent l'expression : « fara í víkingu », partir en expédition. Cependant, l'étymologie de ces deux mots (« víkingr », masculin : guerrier ; « víking », féminin : expédition) reste obscure. On

1) La *Chronique anglo-saxonne* consiste en un ensemble de chroniques, rédigées en vieil anglais à plusieurs époques (du Xe au XIIe siècle), et consignées sous la forme de sept manuscrits différents.

les a associés à « vík », qui désigne une baie, ou encore au « Vík », nom que portait le fjord d'Oslo. On les a aussi rapprochés tantôt du verbe « vikja », courir des bords, et tantôt du mot latin « vicus », village, qui aurait la même racine. Mais aucune de ces hypothèses contradictoires et inconciliables n'est réellement satisfaisante.

Leurs victimes ont désigné les Vikings sous bien des vocables qui, très fréquemment, ne tenaient pas compte de leurs origines, ou étaient la preuve qu'on ne voyait pas la différence entre Danois, Norvégiens et Suédois. En revanche, les Scandinaves étaient eux-mêmes très conscients de l'existence de leurs trois nations. Le Danemark était né au VIe siècle de l'union des Jutes, habitant la péninsule jutlandaise, et des Danois des îles et de Scanie ; la Suède, du rapprochement des « Götar », au sud, et des « Svear », au nord ; la Norvège restant un immense domaine géographique — le « chemin du nord » ou « Norðvegr » — dont l'unité avait peine à se faire. Mais il est vrai que les Scandinaves parlaient encore une seule langue nordique, en dépit de différences dialectales.

Parmi les vocables utilisés par leurs contemporains, et même par certains historiens, on rencontre celui de « pirates ». Or les Vikings n'étaient pas des pirates au sens usuel du terme. Les pirates sévissent en haute mer, ce qui n'était pas l'habitude des Vikings : ceux-ci allaient par mer mais se livraient à des coups de main (1) à terre, au détriment des populations côtières. Un chroniqueur a même écrit : « Les Normands ignorent le combat naval », ce qui est inexact : les Vikings évitaient les combats en mer au cours de leurs expéditions, pourtant toutes les batailles décisives en Scandinavie ont été des batailles navales. Les activités des Vikings étaient saisonnières, contrairement à celles des pirates. L'exemple le mieux illustré est celui de Sveinn Ásleifarson, dans *l'Orkneyinga saga* (« la saga des Orcadiens »). Sveinn avait coutume de partir en expédition deux fois l'an : une première fois au printemps, après avoir labouré et semé ; une deuxième fois après la moisson, à l'automne. Enfin, à la différence des pirates, les Vikings jouissaient du plus grand prestige. On trouve souvent dans les sagas l'expression flatteuse : « hann var víkingr mikill » (c'était un grand Viking).

1) Les coups de main ou « strandhögg » sont les descentes à terre au cours desquelles les Vikings abattaient hommes et bêtes et pillaient ce qu'ils trouvaient.

Pièces d'argent représentant différents bateaux vikings, frappées à Hedeby. Début XIe siècle. Trouvées à Birka. (Photo A.T.A., Stockholm).

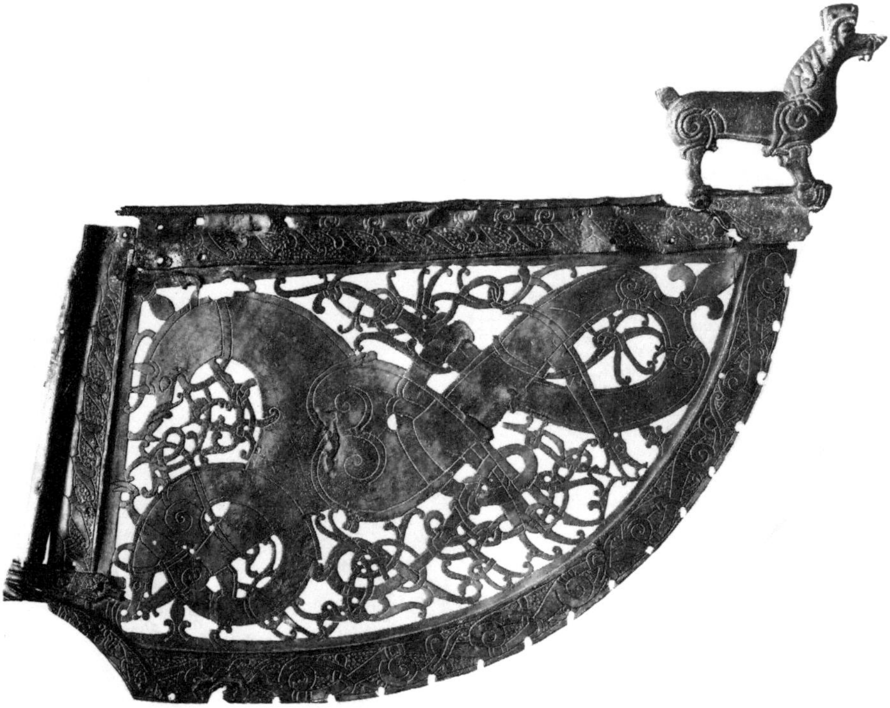

Girouette en bronze doré représentant un animal ailé luttant contre des dragons, trouvée à Söderala (Suède) : elle a orné la proue d'un bateau viking du XIe siècle. (Photo A.T.A., Stockholm).

En revanche, le mot « Viking » lui-même s'est trouvé galvaudé aux temps modernes, car là où nous parlons de Vikings, il serait souvent souhaitable de dire « Scandinaves » ou de préciser « Norvégiens », « Danois » et autres : tous les anciens Scandinaves n'ont pas été des Vikings !

Il est difficile d'expliquer la formidable expansion nordique : les causes en sont multiples et varient d'une nation à l'autre.

On estime à environ deux millions la population de Scandinavie à la fin du VIIIe siècle : les décennies qui suivirent connurent une forte croissance démographique. Un radoucissement du climat, en favorisant les récoltes, aura permis aux hommes de mieux se nourrir et d'affronter des hivers moins rudes. Une baisse de la mortalité, associée à une augmentation du nombre des naissances, à laquelle la pratique de la polygamie n'était pas non plus étrangère, eurent pour conséquence un surpeuplement, confirmé en Norvège, moins évident — semble-t-il — au Danemark. Toutefois Óttarr, un Norvégien qui séjourna à la cour du roi Alfred d'Angleterre, expliquait qu'il vivait le plus au nord de son pays — or il habitait le Halogaland, la région immédiatement au nord de Trondheim. Les Norvégiens de l'époque n'ont pas cherché à s'installer dans les régions septentrionales, peuplées de nos jours. Quant aux Suédois, ils pouvaient sans peine continuer à défricher leurs forêts. La croissance démographique n'explique pas, à elle seule, le besoin d'émigration.

A cela s'ajoutait la législation en matière d'héritage. Si tous les enfants, légitimes ou illégitimes, avaient à peu près les mêmes droits, seul l'aîné héritait de la ferme paternelle, ce qui obligeait les cadets à aller s'établir ailleurs et éventuellement à s'expatrier. Et la justice, qui punissait les crimes les plus graves par l'exil du coupable, en a forcé plus d'un à tenter sa chance hors des frontières (1). Il est vrai qu'il existait de nombreux butins faciles à conquérir et que grande était la disproportion entre les ressources locales, en Scandinavie, et les richesses amassées dans les monastères directement accessibles par la mer.

La recherche de débouchés commerciaux a pu également être un facteur d'expansion, modulé par le contexte géographique. La Baltique invitait naturellement les Suédois à prendre la route de l'est (« austrvegr »), tandis que les Norvégiens, face à l'Atlantique Nord, mettaient cap à l'ouest (« vestrvegr ») vers la mer d'Irlande d'où ils rayonnaient ensuite. Les Danois, pour leur part, rejoignaient à partir du Schleswig les courants commerciaux de la mer du Nord et de la Manche.

La société scandinave portait en elle le germe de son explosion. Le prestige social que recherchait chaque individu, son amour de l'exploit guerrier, son goût pour l'aventure, étaient autant d'incitations à partir. Bien des inscriptions runiques l'attestent, comme en Suède celle de la pierre de Kjula (dans le Södermanland) : « Il était allé à l'ouest, il avait attaqué et conquis des forteresses »; de Härlingstorp (Västergötland) : « Il est mort sur la route de l'ouest, au cours d'une expédition viking »; ou encore de Spånga (Södermanland) : « Il se tenait hardiment à la proue du navire, il repose à l'ouest... » Et les sagas islandaises, même si elles ne furent écrites que deux ou trois siècles plus

1) C'est ainsi qu'Eiríkr rauði (le rouge) a découvert le Groenland — mais ce n'était pas une expédition viking à proprement parler.

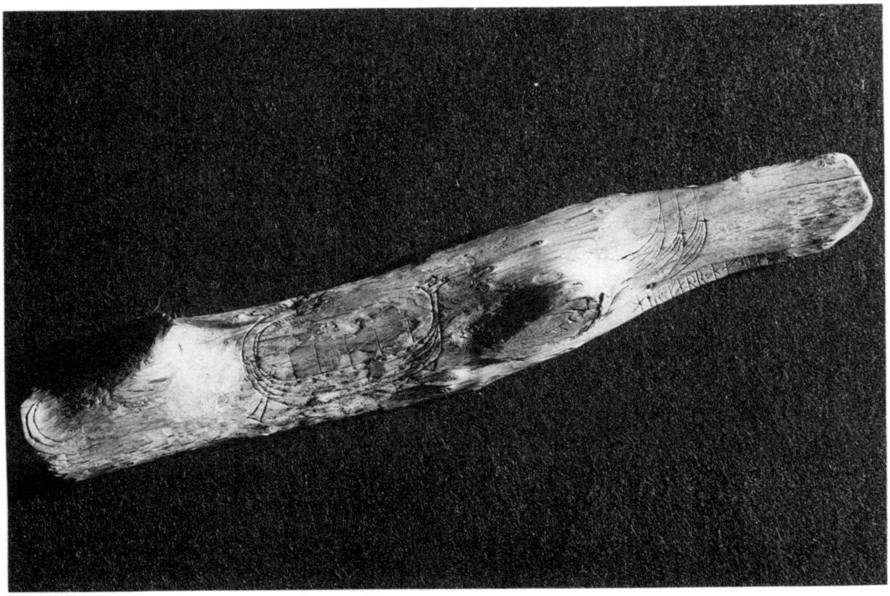

Bâton runique, du début du XIIIe siècle, trouvé à Bergen ; face 1 : un navire de guerre y est représenté.
Conservé au Musée de Bergen. (Photo A.-M. Olsen).

tard, confirment la passion de ces hommes pour l'aventure et la gloire. Mener une expédition guerrière faisait partie de la formation d'un chef. On ne pouvait être un homme accompli, capable d'assumer des fonctions de gestion ou de commandement, que si l'on avait derrière soi des expéditions à l'est ou à l'ouest.

En ce qui concerne les Norvégiens, les sagas ajoutent un autre facteur : la fuite de beaucoup de chefs rebelles à l'autorité du roi Haraldr hárfagri (aux beaux cheveux) qui unifia une partie du pays après les avoir vaincus lors de la bataille du Hafrsfjörðr, en 872 selon les sagas, en réalité sans doute une dizaine d'années plus tard. C'est malgré tout un facteur secondaire, qui a surtout permis un apport élitique à la colonisation de l'Islande.

Et pour prendre la mer, les Scandinaves avaient élaboré un type de navire, rapide, maniable et résistant ; un navire extraordinaire, inconfortable certes, mais capable aussi bien de remonter les fleuves

Bâton runique de Bergen; face 2 : toute une flotte nordique y est gravée. Certaines proues portent des têtes de dragon et des girouettes. (Photo A.-M. Olsen).

que de traverser les plus hautes mers — l'outil sans lequel il n'y aurait pas eu d'expansion viking.

Géographiquement, on peut distinguer trois grands axes d'expansion : vers l'est, l'ouest et le sud-ouest. Ce sont les Suédois qui, issus pour l'essentiel de la région côtière de l'Uppland, le Roslag — ils ont donné leur nom, « Rús », à la Russie —, après avoir traversé la Baltique, remontèrent le cours du Volkhov, de la Dvina ou de la Vistule pour atteindre les parties septentrionales des bassins de la Volga et du Dniepr, qu'ils descendirent jusqu'aux rives de la mer Caspienne et de la mer Noire. S'il est un terme qui caractérise cet axe oriental, c'est celui de « félagar » (compagnons, associés) qu'emploient les inscriptions runiques pour décrire ces commerçants avant tout.

Les Norvégiens sont partis vers l'ouest. Ce sont les hommes de l'Océan, des hommes qui ont affronté la haute mer pour gagner les

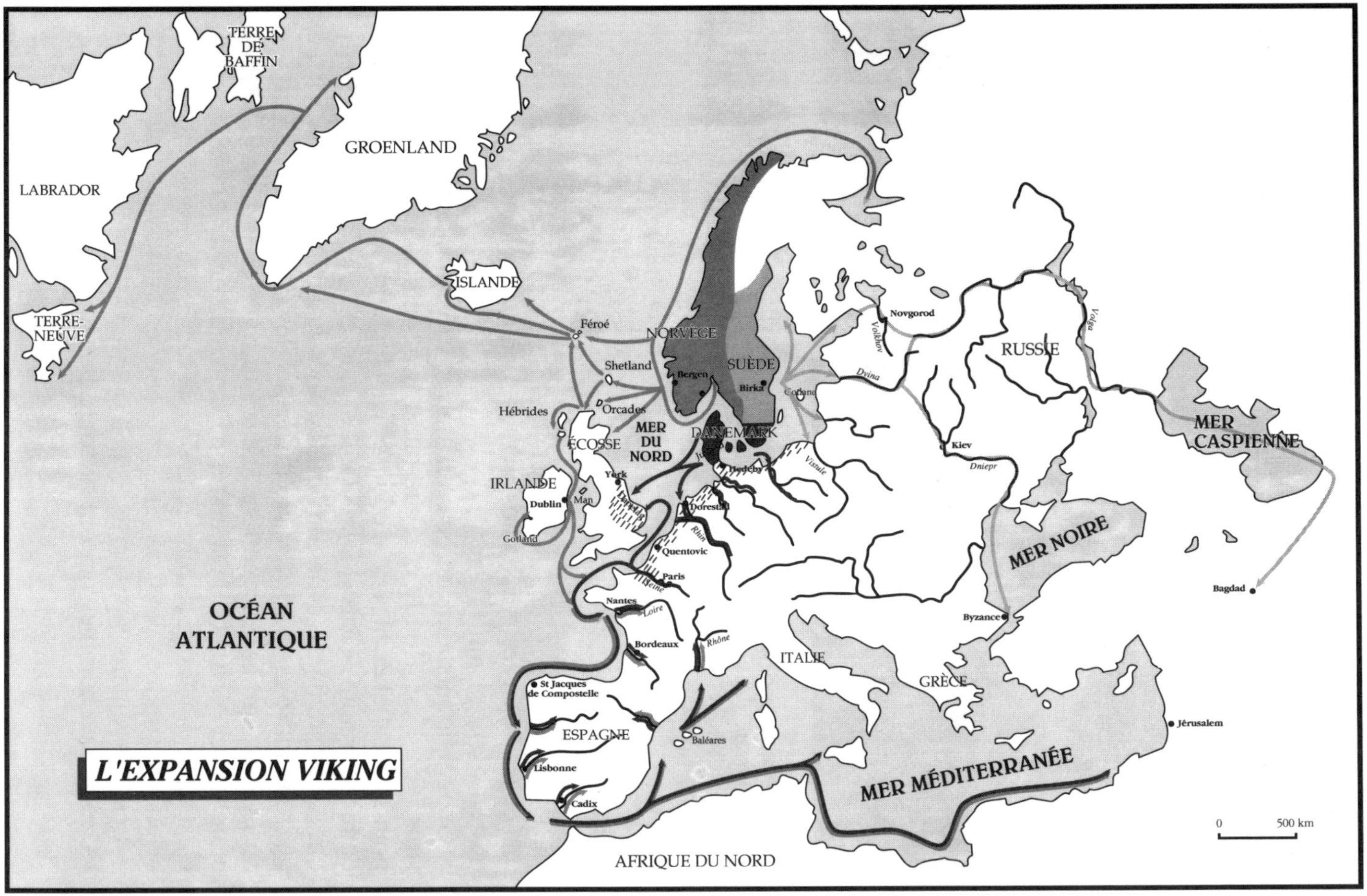

L'EXPANSION VIKING
LABRADOR
TERRE DE BAFFIN
TERRE-NEUVE
GROENLAND
ISLANDE
Féroé
NORVÈGE
SUÈDE
Shetland
Bergen
Birka
Hébrides
Orcades
MER DU NORD
DANEMARK
ÉCOSSE
IRLANDE
York
Dublin
Man
Dorestad
Rhin
Quentovic
Paris
Seine
Nantes
Loire
Bordeaux
Rhône
St Jacques de Compostelle
ESPAGNE
Lisbonne
Cadix
Baléares
ITALIE
GRÈCE
Novgorod
Volkhov
Dvina
Kiev
Dniepr
RUSSIE
Volga
MER CASPIENNE
MER NOIRE
Byzance
Bagdad
Jérusalem
MER MÉDITERRANÉE
AFRIQUE DU NORD
OCÉAN ATLANTIQUE
0 500 km

archipels écossais (Shetland, Orcades et Hébrides), l'île de Man et l'Irlande — d'où certains descendirent vers les côtes françaises et espagnoles et jusqu'en Méditerranée —, puis les Féroé et l'Islande, avant d'atteindre le Groenland et même les côtes du Labrador et Terre-Neuve. Le mot le plus significatif pour l'axe occidental est celui de « landnám », c'est-à-dire de prise de terrains, de colonisation, car tel fut le premier souci de ces Norvégiens.

Quant aux Danois, ils traversèrent la mer du Nord et gagnèrent l'Angleterre. Ils franchirent le pas de Calais, s'en vinrent en Manche et, comme les Norvégiens, le long de la côte atlantique. Ce qui est caractéristique de l'expansion danoise, c'est une sorte de « politique des embouchures ». Ils ne naviguent pas sur les fleuves comme les Suédois, ils ne s'établissent pas dans les îles outre-mer comme les Norvégiens, ils installent leurs camps à l'embouchure des fleuves et des rivières.

Cependant, s'il est indispensable d'établir des différences entre les modalités et les buts poursuivis par les Vikings issus des diverses

Epées vikings trouvées (de gauche à droite) en Scanie, en Dalécarlie et dans l'Uppland (Suède). (Photo A.T.A, Stockholm.)

nations scandinaves, il n'en reste pas moins que non seulement ces hommes avaient en commun un grand nombre d'habitudes et de méthodes, mais aussi qu'il ne leur était pas interdit de partir dans d'autres directions que celle de la majorité d'entre eux. Des Suédois se sont aventurés vers l'ouest, tout comme des Norvégiens et des Danois sont allés vers l'est. Un des premiers à poser le pied sur le sol islandais vers 860, selon le *Landnámabók* («le livre de la colonisation»), fut un Suédois, Garðarr Svávarsson, qui, alors qu'il partait pour les Hébrides régler l'héritage de sa femme, fut pris dans une tempête et dériva jusqu'en Islande qu'il appela «Garðarshólmr» (l'île de Garðarr), voyant qu'il s'agissait d'une île. A l'inverse, une des dernières grandes aventures à l'est, vers 1040, dont Ingvarr viðförli (le grand voyageur) fut le héros tragique, comprenait des Islandais, dont deux rescapés sont à l'origine de la saga consacrée au chef upplandais.

Historiquement, il convient de distinguer trois grandes phases pour l'expansion nordique. De la fin du VIIIe siècle jusqu'au début du Xe, c'est la première vague migratoire. Le Xe siècle est une période de détente et de consolidation. Puis, de la fin du Xe siècle au milieu du XIe, une deuxième vague n'en finit pas de s'épuiser.

On trouve des Suédois sur la mer d'Azov en 839 et sur le Bosphore en 860, mais toutes leurs premières expéditions sont mal connues. Vers la fin du IXe siècle, ils prirent assez facilement le pouvoir dans les grandes villes slaves et exercèrent une influence profonde sur la vie militaire et commerciale de la Russie, qu'ils appelaient «Garðaríki», le pays des comptoirs. Le chef suédois Hroðrikr (Rurik) fut maître de Novgorod (ou «Holmgarðr»), et Helgi (Oleg, dit le sage) fit de Kiev (ou «Kænugarðr») sa capitale dès 879. Il dut s'opposer aux incessantes incursions des nomades des steppes et il ne réussit pas à conquérir Byzance, dont il fit le siège en 907. Parmi ses descendants, Sveinaldr (Sviatoslav) battit le grand Khan sur la Volga en 963 et, en 988, Valdemarr (Vladimir) accepta de se convertir au christianisme orthodoxe pour pouvoir épouser la sœur de l'empereur de Byzance. Les empereurs byzantins recrutèrent d'ailleurs parmi les guerriers scandinaves leur célèbre garde personnelle, la «garde varangienne», du nom dont on désigne généralement les Suédois partis vers l'est : les Varègues (1), de préférence au terme «Viking», plutôt réservé aux Danois et aux Norvégiens.

1) Le mot «Varègue» vient du norrois «væringi» (pl. «væringjar»), qui désignait à l'origine un marchand, avant de s'appliquer à ces aventuriers de la route orientale.

Nulle part les Suédois ne fondèrent de colonies : ils restèrent l'élite au pouvoir. Ils ne s'intéressaient guère aux terres cultivables, mais à l'argent, que certains se procuraient en louant leurs services comme mercenaires, d'autres par les pillages (mais beaucoup moins que les Vikings de l'ouest), et qui provenait essentiellement du commerce : ils vendaient des fourrures et des esclaves, achetaient de la soie et des épices aux caravanes chamelières venant de Bagdad — un commerce attesté par les énormes trouvailles de monnaies arabes en Suède. Au début du XIe siècle, les ressources s'épuisèrent, et la désastreuse expédition d'Ingvarr vers l'Asie musulmane marqua la fin de l'aventure vers l'est.

Les Norvégiens furent les premiers à s'expatrier et certains s'étaient déjà établis aux Shetland et aux Orcades dans le courant du VIIIe siècle, avant même l'époque viking proprement dite. Par la suite, vers 860, une principauté dynamique s'y organisa, gouvernée par des « jarls » dont l'histoire nous est contée dans *l'Orkneyinga saga.* Cependant, après les coups de main isolés, effectués au cours de la dernière décennie du VIIIe siècle sur les sanctuaires des côtes britanniques, commença vers 810 la double offensive contre les Hébrides et l'île de Man d'une part — qui se constituèrent finalement en un royaume celto-nordique : les îles ne revinrent à l'Ecosse qu'en 1266 —, et vers l'Irlande d'autre part où, vers 840, Þorgils fonda la ville de Dublin (« Dyflinn ») et s'y proclama roi. Les Norvégiens créèrent d'autres villes-Etats tout le long de la côte irlandaise, comme Limerick (« Hlymrek »). Le rayonnement de Dublin prit fin en 1014, lorsque les Norvégiens perdirent la bataille de Clontarf face au roi irlandais Brian Bóramha.

Depuis la mer d'Irlande, les Norvégiens lançaient des expéditions vers le sud, contre les côtes du royaume franc, du Cotentin à la Gironde. Ils installèrent leur première base sur Noirmoutier, pillèrent Nantes en 843, Bordeaux l'année suivante, ainsi que les côtes du Portugal et d'Espagne — ils ravagèrent Lisbonne, Séville et Cadix en 844 —, et même celles d'Afrique du Nord : Nekor (Mezemma) en 859. Ces expéditions furent souvent meurtrières, mais elles ne laissèrent guère de traces durables. L'Etat de Nantes, concédé par le roi carolingien en 921, disparut en 937 ; seuls les Norvégiens installés dans le nord du Cotentin s'y maintinrent et tombèrent, en 933, sous la coupe des Danois de Rouen.

En revanche, les entreprises norvégiennes dans l'Atlantique Nord n'eurent pas de caractère militaire : elles aboutirent, après l'établissement aux îles Féroé dans la première moitié du IXe siècle, à la colonisation de l'Islande entre 870 et 930, que raconte minutieusement le *Landnámabók,* compilé par Ari au XIIe siècle. En 930, l'île comptait déjà près de 20 000 habitants, qui y construisirent une société à la fois égalitaire et individualiste qui, après sa conversion au christianisme en 999, brilla dans tous les domaines culturels. Les Islandais gardèrent l'esprit « viking », puisqu'ils colonisèrent à leur tour le Groenland à partir de 985, et que plusieurs expéditions les menèrent jusqu'en Amérique du Nord, qu'ils baptisèrent « Vinland », vers l'an 1000.

Il y eut un regain de l'activité viking norvégienne dans la deuxième moitié du Xe siècle : de grandes expéditions, comme celles qui ravagèrent Saint-Jacques-de-Compostelle en 968, ou le califat de Cordoue en 971. En 994, le roi Óláfr Tryggvason sema la terreur sur les côtes du sud de l'Angleterre ; en 1013, Óláfr Haraldsson aborda la Bretagne et le Poitou. La dernière grande entreprise fut celle du roi Haraldr harðráði (l'impitoyable) qui, rêvant encore de conquérir l'Angleterre, voulut reprendre York en 1066 : mais il fut tué à la bataille du pont de Stamford.

L'expansion danoise, contrairement à celle des Suédois et des Norvégiens qui était souvent le fait de groupes d'individus isolés, revêtit très vite un caractère massif et fortement organisé. Les expéditions étaient placées sous le commandement de rois ou de chefs influents, qui avaient sous leurs ordres de véritables armées.

A la fin du VIIIe siècle, les Danois lancèrent leurs premières attaques à partir du « Danevirke », ligne de fortification protectrice, érigée à la base de la péninsule jutlandaise par le roi Guðfriðr. Celuici envahit la Frise en 810, à la tête d'une flotte de 200 navires. Les Danois partirent alors à l'assaut du littoral de l'Empire franc. En 834, ils mirent à sac la grande place marchande de Dorestad ; en 841, ils s'emparèrent de l'île de Walcheren, qui commande les estuaires de la Meuse et du Rhin ; et en 845, ils pillèrent Hambourg et attaquèrent Paris pour la première fois. Les poussées successives des Danois en royaume franc aboutirent, en 911, à la naissance d'un nouvel Etat : la Normandie.

Dans le même temps, ils s'attaquèrent à l'Angleterre. En 835, ils investirent l'estuaire de la Tamise ; en 850, ils pillèrent Londres. A

Bateau viking dans la tempête. Dessin d'August Malmström illustrant le livre d'Esaias Tegnér : Frithiofs saga *(éd. Norstedt, Stockholm, 1888). (Photo J. Renaud.)*

Frithiof på hafvet.

Men på stranden stod
kung Helge och qvad
med förbittradt mod,
och till trollen han bad.

Se, då mörknar himlabågen,
dundret går kring öde rum,
och i djupet kokar vågen,
och dess yta höljs med skum.
Blixtarna i molnen draga
här och der en blodig rand,
alla hafvets foglar jaga
skrikande emot sin strand.

partir de 865, sous le commandement des quasi légendaires fils de Ragnarr Loðbrók (aux braies velues), ils donnèrent l'assaut au nord de l'île et s'installèrent à York et à Nottingham. Puis ils s'emparèrent de Londres. Seul Alfred, le roi de Wessex, résista aux Danois : il réussit à reprendre Londres en 886. Du nord du Yorkshire à la Tamise, le « Danelag » était un vaste territoire méthodiquement colonisé par les Danois, comprenant trois Etats : celui d'Estanglie, celui des Cinq Bourgs (Lincoln, Stamford, Leicester, Nottingham et Derby) et celui d'York, qui survécurent respectivement jusqu'en 917, 942 et 954.

A partir de 980, de nouvelles flottes attaquèrent le sud de l'Angleterre. Après la Saint-Brice (le 13 novembre 1002), lorsque le roi Ethelred II ordonna le massacre des Danois, Sveinn, roi de Danemark, entreprit de se rendre maître de l'Angleterre. Il y parvint en 1009 et son successeur, Knútr ríki (le grand), renversa la dynastie de Wessex. Toutefois à sa mort, en 1035, ses fils furent incapables de poursuivre son œuvre : c'était la fin de la suprématie danoise en Angleterre. Une dernière expédition contre la ville d'York, en 1069, fut un échec : elle se heurta aux forces du nouveau roi d'Angleterre, Guillaume le Conquérant.

C'est le romantisme nordique qui, au XIXe siècle, a remis à l'honneur cette figure du jeune aventurier, épris de lointains horizons, qui se jette à corps perdu dans des aventures souvent tragiques, au mépris de la mort. En 1814, au Danemark, Adam Oehlenschläger écrit un long poème dramatique, *Helge,* et en Suède, Erik Geijer compose son célèbre poème intitulé *Vikingen* (« le Viking ») ; puis Esaias Tegnér publie un autre grand poème épique, *Frithiofs saga* (« la saga de Frithiof »), en 1825-1826.

Or l'image populaire, issue du mythe romantique, du Viking coiffé d'un heaume surmonté de deux cornes recourbées, n'est absolument pas fondée. Elle repose sur des découvertes de casques et de statuettes datant en fait de l'âge du bronze scandinave, soit quelque mille ans avant l'époque viking. Ces casques étaient vraisemblablement portés non pas au combat, où ils auraient été encombrants, voire dangereux, mais lors de cérémonies religieuses, peut-être afin d'invoquer la virilité et le courage du taureau. Pour leur part, les guerriers vikings

Casque de guerrier datant du VIIe siècle (avant l'époque viking), trouvé dans une tombe à Vendel (Suède). (Photo S. Hallgren, A.T.A, Stockholm).

portaient parfois des casques de fer, souvent munis à l'avant d'un nasal, caractéristique de leur temps, comme ce casque du Xe siècle retrouvé dans une sépulture du Ringerike, en Norvège. Ils utilisaient l'épée, la hache, la lance, ainsi que l'arc et les flèches, et se protégeaient de boucliers ronds, en bois peint, cerclés de métal.

Une autre image, celle que nous ont laissé les chroniqueurs médiévaux n'est pas davantage fondée. Elle est le fait des clercs et des moines qui rapportent les attaques sur les différents sanctuaires, cibles faciles pour les Vikings. Leurs écrits, s'ils permettent une datation assez précise, n'en sont pas moins tendancieux : c'est le point de vue des victimes, qui comporte de grossières exagérations. D'ailleurs l'Eglise, devant l'afflux des pillards païens, avait fait ajouter au *Notre-Père :* « ... et délivrez-nous, Seigneur, de la fureur des Normands. Ainsi soit-il ». Mais les Vikings n'étaient pas des barbares ; ils appartenaient au contraire à une civilisation à bien des égards supérieure à celles de leurs contemporains.

La *Rígsþula,* poème eddique composé sans doute au Xe siècle, évoque les trois classes de la société scandinave (1) : esclaves, hommes libres (ou « bændr ») et chefs. Les « bændr » sont les piliers de cette société : propriétaires héréditaires des terres qu'ils cultivent, ils ont le droit de porter les armes et de siéger au « þing » — l'assemblée où se prennent les décisions d'ordre politique et qui fait aussi office de tribunal. Ils sont à la fois paysans, guerriers, marins et, à l'occasion, commerçants. La femme est responsable des activités domestiques et, en l'absence de son mari, elle gère la ferme, où les tâches les plus rudes sont confiées aux esclaves. Les chefs sont choisis parmi les plus riches et les plus nobles : ils sont responsables d'un district et chargés du maintien d'un ou plusieurs bateaux en cas de guerre — ce qui finit par être institutionnalisé sous le nom de « leiðangr ». Ce sont les chefs qui commandent les expéditions ; ils sont aussi généralement prêtres du sanctuaire local. Le roi exerce, à l'échelle du royaume, des fonctions analogues à celles des chefs et mène une vie assez sembla-

1) Le poème en retrace l'origine mythique : le dieu Rígr accepte successivement l'hospitalité de trois familles et engendre chaque fois un fils. Le premier porte le nom de Þræll : de lui descendront les esclaves. Le second s'appelle Karl : il est l'ancêtre des hommes libres. Le troisième s'appelle Jarl : premier de la race des chefs, il aura pour fils Konr (d'où l'essai d'étymologie du mot norrois « konungr » [roi] : « Konr ungr », le jeune Konr !).

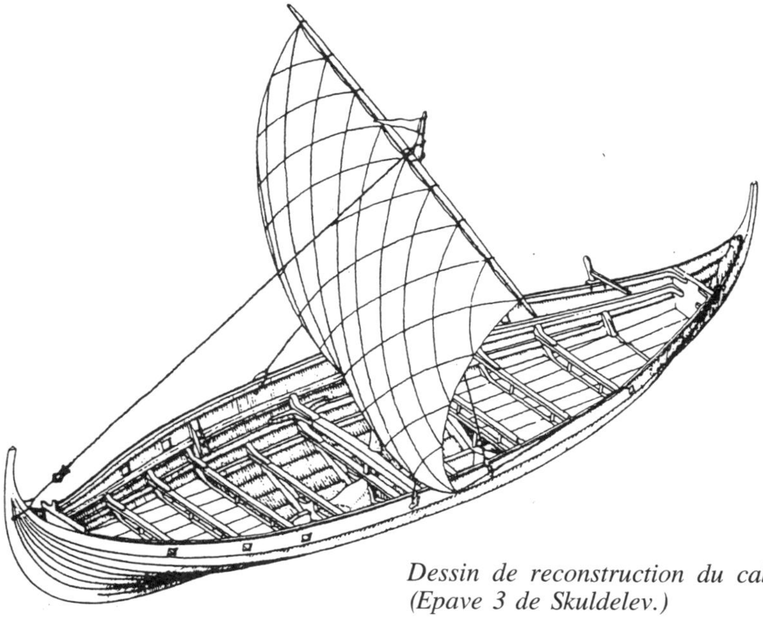

Dessin de reconstruction du caboteur.
(Epave 3 de Skuldelev.)

Reconstitution d'une coupe en longueur
du « knörr » (Epave 1 de Skuldelev.)
[Documents Musée des Bateaux Vikings de Roskilde, Danemark]

ble à la leur. Au Danemark et en Suède, l'habitat se regroupe volontiers en villages, mais en Norvège et, par la suite, en Islande, les fermes sont isolées.

La famille, au sens large du terme, comprenant aussi concubines et esclaves, vit sous le même toit. La maison comporte une grande pièce principale, avec un foyer central et des banquettes le long des murs, qui servent de lits la nuit. On vit en autarcie : tout est fabriqué ou produit à la ferme. La vie économique est fondée sur l'agriculture : davantage de céréales au Danemark, plus d'élevage en Norvège ; mais la population vivait surtout à proximité des côtes. Plusieurs comptoirs commerciaux ont connu un essor remarquable, tels Kaupang, sur le fjord d'Oslo (en Norvège), Birka, sur une île du lac Mälar (en Suède) ou Hedeby, sur la côte sud-est du Jutland (au Danemark).

La religion est l'objet de cultes divers, de sacrifices d'animaux et de grandes beuveries. Óðinn, dieu de la guerre et de la sagesse, est le dieu suprême, mais ce n'est pas le plus vénéré. La plupart sacrifient à Þórr, dieu du tonnerre et protecteur des hommes, car face au panthéon scandinave, où Freyr, dieu de la fécondité, et la déesse Freyja sont aussi très populaires, chacun est libre d'avoir ses préférences.

Les Scandinaves étaient de grands amateurs d'art et ont développé très tôt une vie intellectuelle qui reposait sur la transmission orale. L'écriture runique, à l'origine quasi magique, n'a largement été utilisée qu'après 950. La poésie eddique (de tradition germanique) et la poésie scaldique (peut-être sous l'influence des contacts avec le monde celte) sont un passé littéraire que l'expansion viking elle-même a favorisé — et le goût du récit aboutira, en Islande, au genre des sagas.

Mais ce tableau très sommaire de la civilisation des anciens Scandinaves resterait incomplet si nous n'évoquions pas le bateau viking (1), symbole s'il en est de leur puissance. Sa représentation graphique sur certaines pierres runiques — ou sur la Tapisserie de Bayeux —, sa description dans les textes norrois et les restes exhumés par les archéologues en Norvège et au Danemark, nous en donnent une vision

1) Il faut bannir de notre vocabulaire le mot « drakkar », apparu en français (uniquement !) au siècle dernier, pour désigner tout bateau viking — et ce même au singulier, alors que c'est une forme pluriel... d'ailleurs incorrecte. Seul le bateau de guerre dont la proue est ornée d'une tête de dragon est parfois appelé « dreki » dans les textes norrois — le mot « dreki » (pluriel « drekar ») signifiant en premier lieu « dragon ».

très précise. Les bateaux étaient, à vrai dire, aussi variés que les besoins qu'on en avait. Le « langskip » (long bateau) était le navire de guerre par excellence, au profil élancé, au nombre élevé de bancs de nage, maniable à la voile ou à la force des rames (le mât pouvant être monté ou démonté facilement). Au contraire le « knörr » (bateau de charge, pl. « knerrir »), large et spacieux, à l'étrave puissante, était capable d'affronter la haute mer par tous les temps.

Le faible tirant d'eau des bateaux permettait de les échouer sur le rivage et de remonter les fleuves. On les construisait surtout en chêne, avec des éléments (mât, rames) en pin. A partir de la quille, énorme poutre à laquelle on adjoignait la proue et la poupe, on montait les bordages à clin (en les faisant se chevaucher l'un l'autre, au lieu de les joindre bord à bord), rivetés et raidis par des baux. Le mât était placé aux trois quarts arrière, sur une masse de chêne. La voile était rectangulaire, sans doute raidie par des lanières de cuir croisées.

Aux innovations de la construction navale — quille, bordages à clin, rame-gouvernail —, s'ajoutaient des méthodes de navigation performantes. Il n'existait pas de cartes, bien sûr, mais les textes parlent de « routiers », sortes de schémas sommaires sur plaquettes de bois. Les Vikings disposaient d'une sorte d'astrolabe de mer qui permettait de faire un point approximatif, et savaient mémoriser de façon précise les côtes, les courants et les repères. Bref, ils étaient les meilleurs marins de leur temps.

Les Vikings n'étaient pas des barbares et pourtant ils terrifièrent le monde — avant d'entrer dans la légende. Colons pacifiques, habiles commerçants ou guerriers redoutables, ils envahirent l'Europe qui, même l'effet de surprise passé, fut incapable de leur opposer une résistance suffisante. Et c'est ainsi qu'ils conquirent la future Normandie...

CHAPITRE II

LES INCURSIONS EN NEUSTRIE

C'est en 820 qu'est attestée la première apparition des Vikings en Baie de Seine. Selon les *Annales Royales* (dites d'Eginhard), en effet, une flotte de treize navires venus de « Nordmannia » (1) se présenta dans l'estuaire, après avoir opéré un premier coup de main en Flandre. Mais les gardes du rivage réussirent à repousser les hommes qui mirent pied à terre et même à tuer cinq d'entre eux. Cette même flotte se présenta ensuite à l'embouchure de la Loire et le petit village de Bouin, en Vendée, fut entièrement dévasté. Notons qu'il est fait mention, dans ce texte, d'une défense côtière organisée — celle que Charlemagne avait mise en place à la fin de son règne — : il n'en sera jamais plus question par la suite.

Les attaques scandinaves ne commencèrent véritablement sur ce qui allait devenir la Normandie qu'une vingtaine d'années plus tard : nous n'en avons en tout cas pas trace auparavant. Les principaux textes qui nous permettent d'en suivre le cours, sont les annales, contemporaines des faits : les *Annales Royales* d'une part — notamment celles de Saint-Bertin (2), qui couvrent une période allant de 830 à 882 —, et

1) Le terme désignait la Scandinavie en général (et non la Norvège en particulier) avant de devenir, au Xe siècle, le nom de la Normandie.

2) Ainsi nommées parce que le plus ancien des manuscrits connus vient de l'abbaye de Saint-Bertin (près de Saint-Ouen), ces annales sont notre meilleure source pour l'histoire du IXe siècle. Trois auteurs se succèdent, notamment Prudence, évêque de Troyes, pour la période allant de 835 à 861, et Hincmar, archevêque de Reims, pour la période entre 861 et 882.

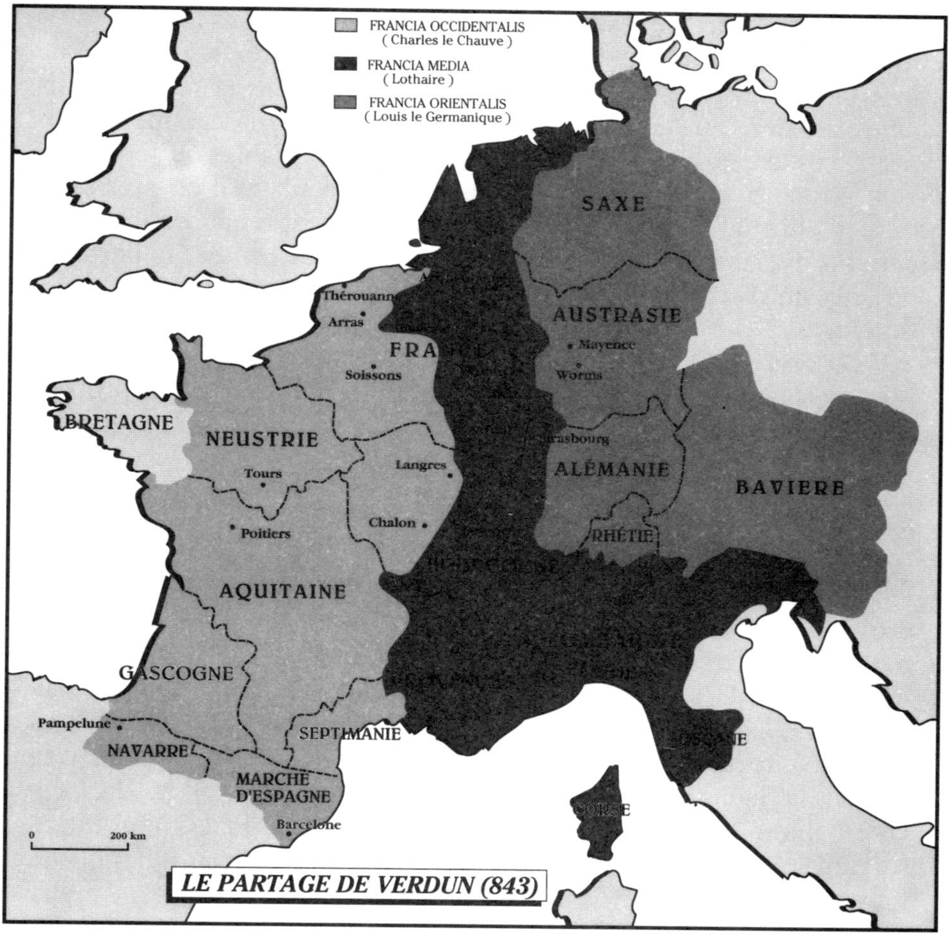

LE PARTAGE DE VERDUN (843)

les annales et chroniques monastiques d'autre part, dans lesquelles les moines notaient non seulement les moments importants de la vie de leur monastère, mais aussi les faits marquants dans la région où ils se trouvaient. En dépit des erreurs qui s'y sont glissées inévitablement, ces textes sont généralement d'autant plus fiables qu'il est souvent possible de faire entre eux des recoupements et d'en tirer ainsi la meilleure information. Mais les clercs avaient tendance à grossir certains événements et s'appliquaient surtout à accentuer la barbarie de ceux qu'ils considéraient comme de terribles pirates païens venus du Nord.

Il est vrai que les troubles qui agitaient l'Empire carolingien laissèrent vraisemblablement le champ libre aux Scandinaves. Les propres fils de Louis le Pieux — qui avait succédé à son père, Charlemagne, en 814 —, Lothaire, Louis le Germanique et Pépin (qui mourut en 838), lui firent la guerre de son vivant pour le partage du royaume, et osèrent même le déposer entre 833 et 837 parce qu'il avait dépossédé Lothaire, l'aîné d'entre eux, au profit de Charles (le Chauve), le fils de sa seconde femme, Judith de Bavière. Lothaire retrouva ses droits mais, à la mort de Louis le Pieux en 840, les guerres fratricides reprirent : Charles le Chauve se ligua avec Louis le Germanique contre Lothaire. Ces guerres se terminèrent par la bataille de Fontenay et, en 843, le partage de Verdun scinda l'Empire en trois Etats : Charles le Chauve reçut la « Francia Occidentalis », délimitée par l'Escaut, la Meuse, la Saône et le Rhône. Louis le Germanique reçut la « Francia Orientalis », à l'est du Rhin et au nord des Alpes. Et Lothaire, conservant le titre d'empereur, reçut la « Francia Media », qui s'étirait longuement de la mer du Nord au sud de l'Italie.

Toujours est-il qu'au printemps 841 une flotte viking remonta la Seine, avec à sa tête un chef que la *Chronique de Fontenelle* appelle « Oscherus » — sans doute la transcription du norrois Ásgeirr. Le 14 mai, les Vikings mirent à sac la ville de Rouen et pillèrent la riche abbaye de Saint-Ouen, dont les moines réussirent toutefois à sauver les reliques. Le 24 mai, ils brûlèrent le monastère de Jumièges. Celui de Fontenelle (Saint-Wandrille) fut épargné contre paiement d'une rançon. Et une mission monastique envoyée de Saint-Denis racheta, pour 28 livres, la liberté de 68 prisonniers, peut-être jugés incapables de

*« L'arrivée des Normands en France », gravée pour l'*Histoire de France *de M. Guizot (Paris, 1879. Bibliothèque des arts décoratifs).*

faire des esclaves par les Vikings. Car ceux-ci capturaient souvent des hommes ou des femmes au cours de leurs attaques : ils en revendaient une partie sur place et emmenaient les autres qui allaient alimenter leur marché d'esclaves. Ásgeirr redescendit la Seine et gagna la Manche le 31 mai, les bateaux chargés de butin.

Cette première incursion d'envergure n'avait rien d'un phénomène isolé. Depuis les premiers coups de main rapportés en 799 sur les îles au large de l'Aquitaine, la côte atlantique avait fait l'objet de plusieurs attaques et les îles étaient les plus visées : l'île de Ré, dont l'abbaye Notre-Dame fut brûlée en 830, et surtout l'île de Noirmoutier, dont le monastère fut ravagé trois fois entre 819 et 835. Mais à partir de 841 les Vikings abordèrent toutes les côtes, remontant fleuves et rivières et pénétrant de plus en plus profondément à l'intérieur des terres. C'est ainsi qu'en 842 ils pillèrent Quentovic (au sud de Boulogne) et poussèrent jusqu'à Arras ; qu'en 843, forts de 67 navires, ils pillèrent Nantes (1) — l'évêque y fut tué alors qu'il disait la messe — et remontèrent la Loire jusqu'à Tours, après quoi ils gagnèrent Noirmoutier où ils hivernèrent pour la première fois ; et qu'en 844 ils pénétrèrent en Gironde, ravagèrent Bordeaux et remontèrent la Garonne jusqu'à Toulouse.

Cependant, la seconde expédition sur la Seine eut lieu après quatre ans de répit, en 845. L'hiver avait été rude et la famine sévissait, lorsque le 20 mars une flotte de 120 navires (selon les annales) se présenta en Baie de Seine. C'était une armée formidable, de près de 5 000 hommes, que commandait un certain « Ragneri ». Il s'agit peut-être de Ragnarr loðbrók, le célèbre Viking danois dont les Scandinaves ont chanté les exploits au point d'en faire un héros de légende. Ragnarr devait son surnom — « loðbrók » signifie « braies velues » — aux culottes de peau de chèvre qu'il portait le poil en dehors. La *Ragnars saga loðbrókar* (« la saga de Ragnarr loðbrók »), écrite en Islande dans la deuxième moitié du XIIIe siècle, et le *Krákumál* (« Chant de la corneille »), poème sans doute composé dans les archipels écossais, dans lequel Ragnarr, sur le point de mourir du venin des serpents de la fosse où on l'a jeté, revoit sa vie tout entière, sont des récits avant tout légendaires. Le récit du chroniqueur danois Saxo Grammaticus, dans le neuvième livre de ses *Gesta Danorum*, est à la fois plus ancien

1) La *Chronique d'Angoulême* qui rapporte les faits, indique que les agresseurs étaient des « Westfaldingi », c'est-à-dire des Norvégiens originaires du Vestfold, à l'ouest du fjord d'Oslo.

(fin du XIIe siècle) et plus circonstancié ; toutefois il ne cite pas expressément la présente expédition.

Ragnarr et son armée remontèrent la Seine dont ils ravagèrent les rives et lancèrent la première attaque sur Paris — sans pratiquement rencontrer aucune résistance de la part de l'armée franque qui, terrorisée, refusa de les affronter. Réfugié dans l'abbaye de Saint-Denis, Charles le Chauve demeurait impuissant, tandis que les Vikings prenaient les monastères de Sainte-Geneviève et de Saint-Germain-des-Prés et, le 28 mars, ravageaient la Cité. Paris était alors limité à cette île, entourée d'une muraille gallo-romaine dépourvue de tours. Contraint de négocier, le roi offrit de payer un tribut pour obtenir leur départ : il versa 7 000 livres d'argent, une somme énorme qu'il paraît n'avoir pu réunir qu'à la fin du printemps, et que jamais chef viking n'avait obtenue par le passé. Le tribut levé sur les Frisons par Guðfriðr en 810, par exemple, n'était que de 100 livres ! Ceci incita sans doute d'autres chefs scandinaves à remonter la Seine, lorsque la nouvelle se répandit. D'un côté, le roi carolingien perdait un peu plus de son prestige en s'abaissant à verser une telle somme et en se montrant incapable de commander son armée. De l'autre, les Vikings repartaient avec butin et rançon, qu'ils avaient obtenus sans presque coup férir.

Le meilleur récit du sac de Paris est celui des *Miracles de Saint Germain* (ouvrage écrit entre 874 et 885) dont l'auteur, Aimoin, fut moine puis, à partir de 872, chancelier de l'abbaye de Saint-Germain-des-Prés. Aimoin mentionne également « Horich, princeps Normannorum », c'est-à-dire Hárekr, roi de Danemark de 813 à 854.

On note, en 847, le pillage de l'église du Mont-Saint-Michel par les Vikings et, en 851, une nouvelle incursion dans la vallée de la Seine, menée par le même Ásgeirr qui avait dévasté Rouen dix ans auparavant. Arrivés le 13 octobre, les Vikings remontèrent le fleuve jusqu'à Rouen puis, de là, poussèrent à pied jusqu'en Beauvaisis. Ils incendièrent Fontenelle le 2 janvier 852 et, pour la première fois, ils hivernèrent en Basse-Seine, où ils demeurèrent jusqu'au 5 juin. Une autre armée apparut dès le 9 octobre suivant, commandée par deux chefs, « Sydroc » et « Godfrid » — manifestement la transposition de Sigtryggr et Guðfriðr —, qui réitéra l'opération, hivernant cette fois-ci peut-être à Jeufosse, en amont de Vernon.

C'est la *Chronique de Fontenelle* qui dénomme l'endroit « Givaldi Fossa » et indique que les Vikings étaient « protégés par l'eau ». A Jeufosse, proche du confluent de l'Epte et à mi-chemin entre Rouen et

Paris, les îles sont nombreuses, dans un coude de la Seine. Mais est-ce là qu'il faut situer « l'île d'Oscelle » dont parlent ensuite les *Annales de Saint-Bertin ?* Certes, ce pourrait être celle qu'on appelle aujourd'hui la Grande Ile, entre Jeufosse et Bonnières. mais « Oscelle » peut aussi être Oissel, en amont de Rouen — et l'île à laquelle les Vikings avaient donné le nom de « Þorhólmr » (attesté dès 1030 : Torhulmus) serait alors probablement l'île Sainte-Catherine, entre Oissel et Tourville-la-Rivière.

Charles le Chauve vint encercler les Vikings, mais en vain : il finit par négocier le départ de Guðfriðr, mais Sigtryggr resta jusqu'au mois de juin ou juillet. Dès lors, cette base, qui s'avérait particulièrement sûre, fut occupée à peu près constamment par les Vikings. Il faut dire qu'ils aménagèrent par ailleurs d'autres bases fluviales permanentes. Ils s'installèrent dans la petite île de la Bièce, sur la Loire près de Nantes, et la fortifièrent en 853. Ils occupèrent Saintes, sur la Charente, et Amiens, sur la Somme. Ces bases leur donnaient le contrôle de la navigation et leur permettaient de mener plus facilement leurs opérations guerrières sur l'arrière-pays.

En 855 une nouvelle flotte remonta la Seine, sous le commandement du même Sigtryggr, et, le 15 août, la ville de Rouen fut pillée pour la cinquième fois. A partir du camp de Jeufosse (ou d'Oissel) les Vikings rayonnèrent jusque dans le Perche. Et, l'année suivante, une seconde attaque fut lancée sur Paris. Charles le Chauve, dont l'armée était démobilisée, ne put qu'observer leur progression. Il est possible que le meneur de ce raid hivernal — le sac eut lieu fin décembre 856 —, nommé « Berno » dans les annales, ne fût autre qu'un des fils de Ragnarr loðbrók, Björn járnsíða. Ragnarr eut en effet quatre fils dont les exploits sont contés dans le *Ragnarssona þáttr* (« le dit des fils de Ragnarr »). Björn, qui devait son surnom « côtes de fer » à la cuirasse qu'il portait pour se protéger, s'illustra ensuite lors de la grande expédition sur les côtes méditerranéennes entre 859 et 862, aux côtés d'un autre chef scandinave que les annalistes appellent « Hasting ».

Ce dernier apparaît dans le célèbre *Roman de Rou,* chronique rimée écrite au XIIe siècle par Robert Wace, selon laquelle ses hommes débarquèrent dans les îles de la Manche en 856 (1). On le trouve aussi mentionné dans les annales de 858, lorsqu'il se présenta à l'embouchure de la Dives. Ce fut incontestablement le Viking le plus redouté en terre franque, et les clercs étaient intarrissables quand il s'agissait de décrire l'audace, la ruse ou la soif de sang de celui qu'ils considéraient presque comme venu tout droit des enfers. Curieusement, aucun texte scandinave ne mentionne de héros nommé Hásteinn (ou Eysteinn) — car tel était sans doute son nom en langue norroise — et qui se fût taillé pareille renommée.

Hásteinn s'aventura jusqu'à Chartres cette année-là, pénétra dans la ville et pilla la cathédrale, massacrant l'évêque et tous ceux qui s'y étaient réfugiés. Après quoi il regagna ses navires sur la Dives. La Neustrie connut bien des ravages en 858 : Evreux fut dévasté ; le monastère de Fontenelle brûlé une fois encore — les moines l'avaient définitivement abandonné à l'approche des assaillants et mis en sûreté les reliques de Saint Wandrille, leur fondateur : avec leur départ prend fin la *Chronique de Fontenelle,* qui était une des sources les plus précises sur cette période ; la ville de Bayeux attaquée et son évêque égorgé.

Ces quelques lignes du moine Ermentaire, appartenant à la communauté de Noirmoutier, auteur des *Miracles de Saint Philibert* (2), caractérisent assez bien la vision que les Francs avaient alors des Vikings et sont d'une poignante sincérité : « Le nombre des bateaux s'accroît... Partout des Chrétiens sont victimes de massacres, de pillages, de ravages, d'incendies. Ils prennent toutes les villes sur leur passage sans qu'on leur résiste. Rouen est détruit, pillé, brûlé. Paris, Beauvais et Meaux sont pris, les murs épais de Melun rasés, Chartres occupé, Evreux tout comme Bayeux ravagés. Il n'y a guère d'endroit, guère de monastère épargné. Tous les habitants fuient et peu osent dire ''arrière, arrière''... »

Or Charles le Chauve, qui régnait sur les régions les plus menacées, devait faire face sur plusieurs fronts : non seulement les atta-

1) « En Auremen, en Guernesi,
En Saire, en Erin, en Gersi... »
(A Aurigny, à Guernesey, à Sercq, à Herm, à Jersey).
Les débuts de l'occupation scandinave de ces îles ne figurent dans aucune autre source.

2) Ermentaire, qui participa au long exode des reliques de Saint Philibert, de Noirmoutier jusqu'en Bourgogne, fut chargé de relater les miracles survenus au cours du voyage. Ces *Miracles* datent du IXe siècle.

ques des Vikings, mais aussi les provocations bretonnes et les coups montés contre lui par ses propres frères. En effet, après le traité de Verdun, le duc breton Nominoë avait pris le parti de Lothaire au lieu de reconnaître la suzeraineté de Charles. Celui-ci marcha contre les Bretons et subit une sévère défaite à Ballon, près de Redon, le 22 novembre 845. Puis, en 856, lorsqu'il voulut élever son fils, Louis le Bègue, à la dignité royale, les Grands de Neustrie, mécontents, firent alliance avec le nouveau duc breton, Erispoë (fils de Nominoë à qui il succéda en 851).

En juillet 858, Charles le Chauve réunit toutes les forces dont il disposait, et vint mettre le siège devant l'île de Jeufosse (ou d'Oissel), résolu à en chasser les occupants. Mais il fut obligé de se retirer au bout de trois mois car Louis le Germanique avait profité de la situation pour entrer, à la tête d'une puissante armée, dans le royaume de son frère qu'il avait la ferme intention de détrôner. Il fallut la médiation de Lothaire pour que les deux frères finissent par se réconcilier, deux ans plus tard, à Coblence. Les Vikings profitèrent à leur tour de ces démêlés pour ravager de plus belle toute la région à partir de la vallée de la Seine.

Voyant qu'il lui était impossible de déloger lui-même les Vikings de leur base, Charles le Chauve crut qu'il y réussirait peut-être avec l'aide d'autres Vikings. Déjà, à plusieurs reprises, de telles alliances avaient été conclues : c'est ainsi notamment que Pépin II d'Aquitaine, dépossédé en 852 de son royaume par Charles le Chauve, s'était allié avec des Scandinaves pour piller Poitiers et plusieurs villes d'Aquitaine. C'est pourquoi, en 860, le roi Charles offrit de payer 3 000 livres d'argent à un chef viking que les annales nomment « Weland » — autrement dit Véland — et qui venait tout juste de piller le monastère de Saint-Bertin, pour qu'il chasse les Vikings de la Seine. Comme le roi ne parvint pas à réunir la somme dans les délais fixés, Véland et sa flotte allèrent poursuivre leurs pillages en Angleterre. Mais ils revinrent au début de l'année suivante et exigèrent 2 000 livres de plus ainsi qu'une grande quantité de grain et de bétail, ce que le roi Charles accepta. Entre-temps, en janvier 861, Paris était attaqué et brûlé pour la troisième fois.

« Pirates normands au IXe siècle », tableau d'Evariste Luminais. (Photo Musée d'Art et d'Archéologie de Moulins).

Au printemps, après avoir reçu la somme demandée, Véland fit le blocus de l'île tenue par les Vikings, avec ses 200 navires. Les assiégés résistèrent longtemps mais finirent par négocier leur liberté : Véland accepta d'eux une rançon de 6000 livres et les laissa partir. Or, en définitive, l'opération tourna au net désavantage des Francs car, une fois sa mission accomplie, Véland s'allia aux autres et, ensemble, ils hivernèrent dans la région. Les Vikings se décidèrent à repartir au printemps de l'année suivante, mais il semble que Véland lui-même, après s'être converti au christianisme, soit passé définitivement au service du roi. Il fut tué, selon les *Annales de Saint-Bertin,* au cours d'un duel peu de temps après.

Charles le Chauve qui, jusqu'alors, ne savait lutter contre les Scandinaves qu'en traitant avec eux et en les soudoyant par des tributs — car la mobilisation de son armée prenait toujours trop de temps et ses troupes, à plusieurs reprises, n'eurent pas le courage de se battre —, opta en 862 pour une nouvelle politique : celle des fortifications. Certains termes de la déclaration royale à l'issue du conseil qu'il tint dans son palais de Pîtres cette année-là, sont éloquents : « Dieu nous châtie ; par les ravages de l'extérieur il nous montre les désordres de notre intérieur. Faisons donc pénitence par la confession et les aumônes ; alors les fortifications que nous élevons ici sur la Seine nous serviront. »

Les trois années de répit qui suivirent furent donc mises à profit pour tenter de couper, grâce à des ponts fortifiés, les grands axes de pénétration. Au confluent de l'Eure et de l'Andelle, à Pîtres ou, plus exactement, à Pont-de-l'Arche, un pont surmonté de tours à chacune de ses extrémités fut édifié, afin d'empêcher la progression des flottes vikings en amont, sur la Seine vers Paris, sur l'Eure vers Chartres, et sur l'Andelle vers Beauvais. On éleva plusieurs forts dans la vallée de la Seine et on consolida les ponts d'Auvers et de Charenton, pour protéger les entrées de l'Oise et de la Marne. On commença même la construction du Grand-Pont de Paris, reliant la ville à la rive droite. Contrairement au Petit-Pont sur la rive gauche, qui était en bois, l'autre était en pierre et un « castellum » empêchait au besoin l'entrée dans la ville : l'ensemble ne fut achevé que vers 870.

Cependant, dès le début de l'année 865, une cinquantaine de navires remontèrent la Seine jusqu'à Pîtres. Les Vikings prirent possession du fameux pont fortifié et le roi vint constater sur place qu'il était incapable de le reprendre. Les Vikings l'occupèrent pendant plus d'un an et continuèrent leurs incursions, attaquant Chartres et Bourges, et poussant même jusqu'à Paris pour la quatrième fois. Ils pillèrent Saint-Denis où ils restèrent vingt jours. En juillet 866, après avoir reçu de Charles le Chauve un tribut de 4 000 livres, plus une importante quantité de vin, ils reprirent la mer.

La politique de défense du roi Charles péchait surtout par la faiblesse des défenseurs — même s'il y eut dans l'armée franque de vaillants chefs de guerre comme, par exemple, l'arrière-grand-père d'Hugues Capet,Robert le Fort. Celui-ci, chargé par le roi en 861 de la défense de la Neustrie, périt à Brissarthe à l'automne 866 en combattant les Vikings menés par le redoutable Hásteinn (1), et venus de la Loire piller la ville du Mans. Ces Vikings avaient fait alliance avec les Bretons de Salomon, cousin d'Erispoë qu'il avait tué en 857 pour prendre sa place.

En 867, Charles le Chauve voulut associer Salomon dans sa lutte contre les Vikings et lui céda, en contrepartie, le comté de Cotentin. Le roi insistait encore dans un capitulaire en 869 — il avait fait de même en 864 — sur la nécessité de défendre le pays contre les Vikings. Pourtant, l'année de sa mort, en 877, une somme de 5 000 livres fut versée pour obtenir le départ d'une nouvelle flotte d'une cinquantaine de navires qui avait remonté la Seine jusqu'à Saint-Denis pratiquement sans encombre. Il est vrai que ce fut la seule menace scandinave sérieuse dans la vallée de la Seine sur une période de presque vingt ans (866-885) : un calme relatif régnait en Neustrie, alors quelque peu négligée par les Vikings.

Fils de Charles le Chauve, Louis II le Bègue hérita de la couronne à sa mort, mais il mourut lui-même deux ans plus tard. Ses fils, Louis III et Carloman, se partagèrent un royaume qui continuait de se morceler, mais moururent aussi très tôt, respectivement en 882 et 884. C'est alors que les Grands de Neustrie confièrent le trône au fils de Louis le Germanique, Charles le Gros, déjà roi de Germanie et d'Italie, et couronné empereur en 881 — réunifiant du coup l'Empire franc.

Cependant, dès l'été 879, le déferlement viking redoublait d'intensité dans le Nord. On était loin des premières incursions, avec seule-

1) Hásteinn (« Hasting ») s'illustra encore par la prise d'Angers en 872 et quitta la Loire dix ans plus tard pour la Flandre et le sud de l'Angleterre où la *Chronique anglo-saxonne* le mentionne pour la dernière fois en 894.

« Siège de Paris par les Normands », gravure du XIXe siècle.

ment quelques navires : c'est une véritable armée — notamment des troupes chassées d'Angleterre par Alfred le Grand — qui finit par s'établir dans la région de Gand et, de là, organisa de vastes opérations militaires. La Bretagne subit également un nouvel assaut des Vikings, qui profitèrent de la rivalité entre Alain et Judicaël, respectivement comtes de Vannes et de Rennes. Alain « le Grand » en sortit vainqueur et rétablit l'ordre en Bretagne dont il fut « roi » jusqu'en 907.

En 885, une flotte remonta la Seine et atteignit Pont-de-l'Arche, où elle se trouva arrêtée par le pont fortifié. L'édifice joua son rôle, mais les soldats francs qui le défendaient prirent la fuite dès le début de l'affrontement. Ce sont 700 navires qui se présentèrent devant Paris le 24 novembre et c'est vers la Bourgogne qu'ils se dirigeaient. Mais voyant qu'on leur refusait le passage sous les ponts, les Vikings, que commandait — selon les *Annales de Saint-Vaast* (1) — un certain « Sig-

1) Rédigées à Saint-Vaast d'Arras, ces annales couvrent la période 874-900 et sont une source précieuse sur l'histoire des incursions vikings.

frid », autrement dit Sigfriðr, peut-être roi de Danemark, mirent le siège devant la ville et, pendant près d'un an, s'efforcèrent vainement de la prendre d'assaut. Le siège de Paris est raconté en détail par le moine Abbon, de l'abbaye de Saint-Germain-des-Prés, dans un long poème en latin qu'il écrivit entre 888 et 897, selon le propre souvenir qu'il en avait gardé pour y avoir lui-même assisté. Lorsque l'empereur Charles le Gros s'en vint enfin à Paris avec son armée en octobre 886, il s'empressa de négocier au lieu de se battre : les Vikings auraient 700 livres d'argent et le droit de passage qu'ils réclamaient. Paris n'était pas tombé mais avait résisté inutilement. Toutefois la défense héroïque de la ville, sous les ordres du comte Eudes, fils de Robert le Fort, et l'incapacité de Charles le Gros à assumer ses responsabilités, amenèrent les Grands à déposer l'empereur et à choisir le comte de Paris pour roi en 888.

En 889, les Vikings dévastèrent à nouveau la Neustrie et vinrent devant Paris au mois de juillet. Eudes préféra cette fois-ci acheter leur départ. Une partie d'entre eux débarquèrent dans la Baie des Veys, remontèrent la Vire et assiégèrent Saint-Lô. Le siège dura jusqu'en 890 et lorsque les assiégés se rendirent enfin, les Vikings, qui leur avaient promis la vie sauve, les massacrèrent jusqu'au dernier.

En 896, cinq bateaux remontèrent la Seine, deux cent cinquante hommes commandés par un certain « Hundeus » (selon les *Annales de Saint-Vaast)* — peut-être le nom scandinave Hundi —, qui pillèrent les rives de la Seine tout l'été puis, ayant reçu des renforts, hivernèrent près de Compiègne. En 897, ils redescendirent l'Oise et poursuivirent leurs pillages. Eudes fut une nouvelle fois contraint d'acheter leur départ, quelques mois avant sa mort, le 8 janvier 898. Son règne avait montré que la lutte contre les Vikings se soldait par des succès limités qui n'apportaient pas de solution définitive.

Fils posthume de Louis le Bègue, Charles le Simple fut sacré roi sur la recommandation du roi Arnulf de Germanie et de l'archevêque de Reims. Les Scandinaves étaient alors établis principalement à l'embouchure de la Seine et continuaient de harceler l'intérieur du pays. Malheureusement, les *Annales de Saint-Vaast* dont nous tirons la majeure partie de nos connaissances des incursions vikings à la fin du IXe siècle, s'arrêtent en l'an 900 ; et les précieuses *Annales* de Flodoard (1) ne commencent qu'en 919. Nous n'avons donc pratique-

1) Né à Epernay, Flodoard fit ses études à Reims et prit part aux événements qui agitèrent l'archevêché dans la première moitié du Xe siècle. Il mourut en 966.

ment rien sur cette vingtaine d'années pourtant marquée par un événement capital : la concession territoriale aux Vikings.

On peut supposer qu'entre 900 et 910 les Scandinaves sont restés aux abords de l'estuaire de la Seine et que les opérations lancées en 910 dans le Sénonais et contre Bourges sont parties de là. Il est vrai que la « grande armée » n'existait plus et que les Vikings agissaient à nouveau par petites bandes. C'est avec le chef de l'une de ces bandes que Charles le Simple fut amené à traiter, puisque c'est en 911 qu'apparaît pour la première fois avec certitude le nom de Rollon. Celui-ci assiégea en effet la ville de Chartres, mais son attaque fut repoussée et il dut prendre la fuite : c'était le 20 juillet 911.

CHAPITRE III

ROLLON

La question des origines de Rollon est une des grandes énigmes de l'histoire de la Normandie : qui donc était ce chef viking qui allait être le premier de la dynastie des ducs ? Dès la fin du siècle dernier, les plus grands historiens se sont affrontés à ce sujet : le Norvégien Gustav Storm, le Danois Johannes Steenstrup, l'Allemand Walther Vogel, ou le Britannique Henry Howorth, pour ne citer que ceux-là, ont émis des théories souvent contradictoires. Mais aucun d'eux n'a toutefois apporté de solution au problème. Jamais nous ne saurons, sans doute, si Rollon était danois ou norvégien...

En effet, deux traditions s'opposent de façon inconciliable : la tradition norroise, qui fait de Rollon un Norvégien, et la tradition « normande » qui le veut Danois. Les plus anciennes sources franques ignorent résolument le problème. Le diplôme royal daté du 14 mars 918 mentionne les « Normands de la Seine » — c'est-à-dire Rollon et ses compagnons — sans préciser l'origine de leur chef. Flodoard, contemporain des événements, n'est guère plus explicite dans ses *Annales* lorsqu'il fait allusion à Rollon et le décrit comme « princeps » des Normands de Rouen en 925 : pour lui, Rollon était tout simplement scandinave. Et pour Richer, clerc de l'église de Reims, il était Viking : « Rollon le pirate », écrit-il dans son *Histoire de France.* En revanche, Richer mentionne le nom du père de Rollon : « Catillus » — manifestement la transcription de Ketill. Cependant il faut se méfier de ce qu'écrit Richer sur le début du Xe siècle, chaque fois qu'il s'écarte du récit de Flodoard sur lequel il s'appuie. Et ce d'autant plus qu'aucune autre source ne mentionne ce Ketill dont Richer fait une sorte de personnage de légende. Tels sont les principaux textes du Xe siècle, rédigés du vivant de Rollon ou, en tout cas, peu de temps après sa mort : ils n'indiquent en rien son origine exacte.

La tradition normande remonte au XIe siècle ; elle est intimement liée à celui qui a le plus « approché » Rollon : Dudon de Saint-Quentin. Nous ne savons rien de sa vie avant 986, date à laquelle ce chanoine, sans doute originaire du Vermandois, rencontra le duc Richard Ier pour la première fois. Deux ans avant de mourir, en 996, le duc chargea Dudon d'écrire l'histoire du duché de Normandie, ce qu'il finit par accepter. Il rencontra Richard II en 1015 et c'est vraisemblablement à cette époque qu'il commença à rédiger sa chronique, *Des mœurs et des actes des premiers ducs de Normandie.* Mais nous ignorons quand il l'a terminée, peut-être vers 1026. Nous ignorons d'ailleurs jusqu'à la date de sa mort : nous savons seulement qu'en 1043 il avait un successeur au doyenné de Saint-Quentin.

Or si Dudon était bien placé pour parler de Rollon — Richard Ier en était le petit-fils —, la valeur de son œuvre, éminemment poétique et dramatique (1), a été largement mise en doute. Il affirme lui-même l'avoir composée d'après les récits du comte Raoul d'Ivry, le propre frère de Richard Ier, mais il est vrai qu'un siècle déjà les sépare des débuts du duché.

Si l'on en croit Dudon, Rollon était le fils d'un prince de « Dacie », homme riche et puissant, et il avait un frère, appelé « Gurim ». A la mort de leur père, les deux frères durent se battre contre le roi de Dacie, et Gurim fut tué au cours des combats. Rollon s'en fut alors en « Scanza » (peut-être la Scanie ou la péninsule scandinave) à la tête

1) On trouve dans l'œuvre de Dudon beaucoup de scènes ou de discours sortis tout droit de son imagination. On cite souvent le dialogue entre une bande de Vikings et des parlementaires envoyés par les Francs, dont l'un ne serait rien moins que « Hasting », le redoutable chef danois, qui les hèle dans leur langue depuis la rive du fleuve : il leur demande qui ils sont et ce qu'ils veulent. « Nous sommes Daces et nous sommes venus conquérir la Francie », répondent-ils. « Comment s'appelle votre chef ? » « Nous n'avons pas de chef. Nous sommes tous égaux ». Hasting se fait connaître : « Avez-vous ouï dire de cet Hasting qui quitta votre pays à la tête d'une grande armée ? » « Oui, il était prometteur et commençait bien, mais il a mal fini. » Il leur propose alors de se soumettre au roi contre paiement d'un tribut. Il répondent qu'ils n'en veulent pas d'autre que celui qu'ils auront acquis par les armes. Cet épisode est digne d'une saga !

de sept navires. Après quoi il fit voile vers l'Angleterre où il entra en rapport avec « le roi très chrétien, Alstelmus ». Puis il entreprit une longue expédition en Frise, abordant la Walgrie (l'île de Walcheren) qu'il ravagea. C'est alors que, laissant les rives de l'Escaut, il fit son entrée en Baie de Seine — en 876, dit expressément Dudon. Il déposa à la chapelle de Saint-Vaast les reliques de sainte Hameltrude, puis s'installa à Rouen après que l'évêque de la ville, Francon, eut traité avec lui. Dudon montre ensuite Rollon prenant la tête de l'armée qui assiégea Paris et attaquant à deux reprises la ville de Bayeux — où il captura la fille du comte Bérenger, Poppa, dont il fit sa concubine — ainsi que la ville d'Evreux. Il vola au secours du roi Alstelmus en Angleterre puis, peu avant son retour sur le continent, il y dépêcha trois chefs, un sur la Seine, un sur la Loire et un sur la Garonne. C'est alors que Charles le Simple, par l'intermédiaire de l'évêque Francon, obtint cette trêve de trois mois : la vaste expédition lancée par Rollon après cette trêve se termina par la défaite de Chartres en juillet 911.

Le récit de Dudon est évidemment bien peu vraisemblable. Par « Dacie », Dudon entendait certainement le Danemark, mais c'est manifestement un pays qu'il ne connaissait pas. Il ne connaissait pas davantage le nom du père de Rollon — ce qui est pour le moins curieux —, et celui du frère, « Gurim », s'il transcrit bien le nom danois de Gormr, n'est pas une preuve en soi. Vient ensuite le problème de la chronologie. A quel roi anglais Dudon fait-il allusion lorsqu'il dit « Alstelmus » ? Ce ne peut être Alfred, qui pourtant a régné de 871 à 901. S'agirait-il d'Athelstan ? Mais celui-ci n'est monté sur le trône qu'en 925. Il est vrai qu'un chef danois reçut l'Estanglie du roi Alfred, après avoir été baptisé et pris le nom d'Athelstan : mais pas avant 880. Quant à la date citée comme étant celle de la venue de Rollon sur la Seine, 876, elle est fausse. C'est pourtant une des rares dates qui étayent le récit de Dudon et elle a été reprise par des textes ultérieurs, tels que la *Chronique anglo-saxonne,* en interpolation à deux de ses versions, la *Vie d'Alfred* d'après Asser — la date a été rajoutée au manuscrit — ou encore la *Chronique* de Florent de Worcester.

Les *Annales de Saint-Vaast* mentionnent une incursion viking en 876, et Dudon a fait de Rollon le chef de cette expédition. Cette façon de transposer divers événements du passé et de les attribuer à Rollon se répète souvent chez Dudon : il donne ainsi à son « héros » davantage de panache. Ainsi Bayeux et Evreux ont effectivement été attaqués, mais ce ne fut ni pendant le grand siège de Paris, ni par Rollon — qui n'a pas non plus participé à ce siège, contrairement à ce que raconte Dudon. Quant à Bérenger, il a bien existé : il était comte de Rennes ; mais aucune source ne signale qu'il ait eu une fille. Le mariage « more danico » de Rollon et Poppa, en 885, fait partie des affirmations non vérifiées de Dudon (1). Enfin l'affirmation selon laquelle l'archevêque Francon aurait reçu Rollon à Rouen est sans fondement historique : en 876 l'archevêque s'appelait Jean ; c'est au Xe siècle que vécut Francon.

Peut-être Dudon a-t-il tout simplement penché pour des origines danoises pour Rollon parce qu'à l'époque où il écrivait, une alliance existait entre le duc Richard II et le roi de Danemark, Sveinn tjúguskegg (à la barbe fourchue). Or tout ce qui a été écrit ensuite dérive plus ou moins du texte de Dudon. Guillaume de Jumièges l'abrège de façon assez arbitraire, supprimant notamment tous les embellissements. Il substitue aussi aux mots « Daces » et « Dacie » ceux de Danois et Danemark. Orderic Vital, qui a résumé en 1123 l'œuvre de Dudon déjà abrégée par Guillaume de Jumièges, fait dire à Robert Courteheuse : « Nos ancêtres sont venus de Danemark avec Rollon. » Il n'y a guère que Benoît, dans sa *Chronique des ducs de Normandie,* qui donne une précision qu'il n'a pas trouvée chez Dudon : il écrit que Rollon et Gurim furent assiégés à « Fasge » — peut-être Faxe, en Seeland ? Mais il écrivait au XIIe siècle : quelle peut être la valeur d'un détail supplémentaire aussi tardif ?

La tradition norroise est avant tout celle des sagas, textes rédigés pour la plupart bien après celui de Dudon, mais dont la matière historique s'est maintenue oralement jusque-là. Certes, toutes les sagas n'ont pas la même valeur, certaines sont d'ailleurs purement légendaires ; mais partout où Rollon (Göngu-Hrólfr) est cité, il est toujours donné pour norvégien.

Le *Landnámabók,* histoire de la colonisation de l'Islande entre 870 et 930, dont il existe plusieurs versions remontant à un texte original écrit par Ari Þorgilsson et Kolskeggr Ásbjarnarson entre 1100 et 1125, date, dans sa version la plus ancienne conservée jusqu'à nos jours (celle de Sturla Þórðarson) d'environ 1280. Il y est dit que Göngu-Hrólfr était le fils du « jarl » norvégien Rögnvaldr, de la région de Møre (au nord-ouest de la Norvège) et qu'il fit la conquête de la Normandie.

1) Robert Wace, dans son *Roman de Rou,* a expliqué curieusement en ces termes pourquoi il ne l'épousa que plus tard :
« N'avait encor el sein ne trïant ni mamele;
Rou en a fait s'amie, ki mult l'a désirée ».

Il y est dit aussi qu'il eut une fille, Kaðlín, qui épousa le roi hébridais Bjólan. Le texte mentionne le fait parce que leur fille Niðbjörg — autrement dit la petite-fille de Hrólfr — a été enlevée au cours d'une expédition viking.

Deux sagas évoquent Göngu-Hrólfr de façon précise : *l'Orkneyinga saga,* histoire des « jarls » des Orcades écrite vers 1190 — version originale aujourd'hui disparue, à laquelle s'est substituée une autre version datant de 1230 environ —, et la *Haralds saga hárfagra* (« la saga de Haraldr aux beaux cheveux »), une des seize sagas que comporte la *Heimskringla,* œuvre maîtresse de Snorri Sturluson (1179-1241) qui en fit la rédaction vers 1230.

L'Orkneyinga saga présente Hrólfr en ces termes : « Le jarl Rögnvaldr accompagnait Haraldr aux beaux cheveux quand il soumit le pays et Haraldr lui fit don du Møre et du Romsdal. Il avait pour femme Ragnhildr, fille de Hrólfr nefja. Ils eurent un fils, Hrólfr, qui conquit la Normandie. Celui-ci était si grand qu'aucun cheval ne pouvait le porter : c'est pourquoi on l'appela Hrólfr le marcheur. C'est de lui que descendent les ducs de Normandie et les rois d'Angleterre. Ils eurent deux autres fils : Ívarr et Þórir le taciturne. Rögnvaldr eut aussi des fils illégitimes qui se nommaient Hallaðr, Hrollaugr et, le plus jeune, Einarr. »

Cet Einarr, surnommé Torf-Einarr (la tourbe), devint « jarl » des Orcades et son histoire est contée dans la saga, qui cite d'ailleurs cinq strophes qu'il composa. Dans l'une d'elle, Einarr fait allusion à son frère qui n'a rien fait pour venger la mort de leur père, assassiné par les propres fils du roi (1).

La *Haralds saga hárfagra* fait un récit un peu plus détaillé de la vie de Göngu-Hrólfr. Snorri raconte en effet qu'au retour d'une expédition viking dans la Baltique, il fit un coup de main dans le Vík, ce qui déplut fortement au roi Haraldr qui en avait interdit la pratique en Norvège et qui le déclara hors la loi — le pire des châtiments. La mère de Hrólfr tenta d'obtenir sa grâce, mais en vain, et celui-ci fit voile vers les Hébrides, d'où il repartit ensuite pour ravager la Neustrie et finalement s'y établir. La saga ne fait pas le récit de sa conquête, mais elle donne la liste de ses descendants et successeurs : « Guillaume, père de Richard et grand-père de Guillaume le Bâtard dont

1) « Je ne vois ni les mains de Hrólfr
ni celles de Hrollaugr lancer
des javelots à la foule ennemie;
car c'est à nous de venger notre père ».

descendent les rois d'Angleterre». Snorri attribue à Robert le Magnifique le surnom de «langaspjót» (longue lance), alors qu'il s'agit de celui du fils de Rollon, Guillaume Longue-Epée. La même erreur se retrouve dans deux autres Histoires des rois de Norvège — le *Fagrskinna* et le *Morkinskinna* — mais pas dans la *Óláfs saga helga* («la saga de saint Óláfr»), également de la main de Snorri, qui l'a lui-même rectifiée.

Dans cette *Óláfs saga helga,* Göngu-Hrólfr est évoqué à l'occasion de l'expédition à l'ouest du roi norvégien Óláfr — expédition célébrée par le scalde Sighvatr — et de son séjour à Rouen auprès du duc Richard II, en 1013-1014. «De Göngu-Hrólfr descendent les ''jarls'' de Rouen», est-il dit, «qui longtemps ensuite se considérèrent comme les parents des chefs de Norvège, pour qui ils avaient beaucoup d'égards ; et ils restèrent toujours les meilleurs amis des Norvégiens. Tous les Norvégiens qui le voulaient avaient chez eux droit d'asile.» Snorri souligne, non sans complaisance, les liens personnels des ducs normands avec les rois de Norvège.

A côté de cette branche solide de la tradition norroise *(Landnámabók, Orkneyinga saga* et sagas des rois), il en existe deux autres sans aucune prétention historique. La première est représentée par deux sagas de familles islandaises : la *Laxdœla saga* («la saga du Val aux Saumons») le donne pour fils d'Öxna-Þórir (aux bœufs) — qui devait son surnom au fait qu'il avait donné au roi Hákon une des trois îles qu'il possédait dans le Vík ainsi que les bœufs qui y paissaient; et la *Þorsteins saga hvíta* («la saga de Þorsteinn le blanc») reprend la même filiation. Or il ne figure nullement dans la *Vápnfirðinga saga* («la saga des gens du Vápnafjörðr») qui commence précisément par la généalogie d'Öxna-Þórir, et, de toute façon, ce Göngu-Hrólfr aurait vécu bien avant les événements qui aboutirent à la création de la Normandie.

La seconde est celle des sagas des temps anciens : la *Göngu-Hrólfs saga* («la saga de Hrólfr le marcheur»), qui date du XIVᵉ siècle, n'est qu'un tissu de légendes. Egalement très grand physiquement, Hrólfr y est présenté comme le fils de Sturlaugr, roi de Ringeríki, et sa mère serait la belle Ása, celle que les archéologues croient avoir retrouvée dans le bateau d'Oseberg. Mais la plupart de ses exploits sont situés «à l'est», en Russie ! Quant à la petite saga de Rodulfr Gruffydd, elle le donne pour le propre frère du roi Haraldr hárfagri, qui l'accompagna en Irlande d'où il serait ensuite parti avec sa flotte conquérir la future Normandie.

Le Rollon de la tradition norroise est donc en réalité un personnage très composite, qui comporte davantage d'ombre que de lumière.

On peut tout d'abord s'étonner que le sobriquet dont est affublé Hrólfr ne soit pas du tout associé à Rollon dans la tradition normande. Il est vrai que l'interprétation qu'en ont donné l'auteur de *l'Orkneyinga saga* et Snorri paraît assez peu vraisemblable. Certes « göngu », génitif de « ganga », signifie effectivement « la marche », et le mot se prête au prétendu gigantisme de Hrólfr auquel les textes norrois font allusion. Mais on a aussi suggéré que « Göngu-Hrólfr » était le parallèle de « göngumaðr », qui désigne tout simplement un vagabond : car les sagas montrent bien que Hrólfr a beaucoup erré à l'est comme à l'ouest, et il méritait un tel surnom. Toutefois on ne le jugeait peut-être pas assez flatteur, d'où la nouvelle interprétation. Il n'en reste pas moins que ni l'une ni l'autre n'ont laissé de trace en Normandie — ce qui pourrait d'ailleurs s'expliquer par le fait que le surnom de Hrólfr lui ait été donné après sa mort, dans les milieux scandinaves, et que Dudon n'en ait jamais eu vent. En outre, la transcription de « Hrólfr » par « Rollon » a parfois été mise en cause, mais sans véritable fondement.

Le second obstacle est celui de la chronologie : à quelle date Göngu-Hrólfr a-t-il été banni de Norvège ? Rien n'est moins certain que la chronologie du règne de Haraldr hárfagri. En effet, selon les sagas, Haraldr serait devenu roi de toute la Norvège (même si en pratique le nord et l'est du pays ne lui obéissaient guère) en battant les derniers chefs rebelles à sa politique unificatrice dans le Hafrsfjörðr en 872. Mais cette date est très contestée : certains ont même avancé que cette fameuse bataille eut lieu vers 900. Sans aller jusque-là, il est possible qu'elle ait eu lieu vers 885. Ce n'est en tout cas qu'à partir de 954, date de la mort d'Eiríkr blóðøx (à la hache sanglante), qu'auteurs de sagas et historiens s'accordent à nouveau.

Hrólfr ne peut donc pas être venu en Normandie bien avant le tournant du siècle, ce qui, en soi, est acceptable, mais s'oppose au récit de Dudon. Une interpolation tardive faite par un moine de Limoges dans la *Chronique* d'Adémar de Chabannes, situe son arrivée vers 896-900. Il ne faut pas oublier qu'après son bannissement il a dû mener plusieurs expéditions en pays celtique avant de poursuivre plus loin sa route. Il semble même que Guillaume Longue-Epée ne soit pas né avant 905, et il est possible que Hrólfr n'ait pas fait son apparition en Baie de Seine avant cette date.

Les généalogies, en revanche, sont le point fort des sagas, et celle de Hrólfr, fils du « jarl » Rögnvaldr, se doit d'être prise au sérieux.

Or la fille de Hrólfr, dont il est question dans le *Landnámabók,* se prénomme Kaðlín : il est donc à peu près certain que sa mère était celte — le prénom lui-même est celtique — et, par conséquent, chrétienne. Au cours de son expédition à l'ouest, Hrólfr aura pris pour épouse (ou concubine) une jeune femme chrétienne. Il est intéressant de comparer cette information à ce que dit la *Complainte de la mort de Guillaume Longue-Epée,* le propre fils de Rollon : à savoir qu'il était né outre-mer (« in orbe transmarino ») et d'une mère chrétienne à une époque où son père était encore païen. Ce texte, composé au Xe siècle, est presque contemporain des événements qu'il décrit, et le rapprochement entre les deux récits est tentant, bien que ce soit encore une fois en opposition avec Dudon. Guillaume pourrait être le frère ou le demi-frère de Kaðlín. A cela s'ajoute le nom que porte la seule fille de Rollon connue de la tradition historiographique normande : Gerloc, qui épousa vers 935 le comte de Poitou, Guillaume Tête d'Etoupe. Ce nom est manifestement la transcription de « Geirlaugr », plusieurs fois attesté dans les textes norrois et qui était courant en Norvège et en Islande, mais pas au Danemark.

Il est évidemment curieux de constater que les sagas, d'habitude si prodigues de détails lorsqu'il s'agit de décrire les faits d'armes, sont muettes sur la « conquête » de Rollon et ramènent le fait à cette seule phrase : « Il s'empara de la Normandie. »

En dehors des textes norrois, il convient également de citer les sources scandinaves rédigées en latin. L'*Historia Norvegiæ,* écrite vers 1200, dit que du temps du roi Haraldr, des Vikings norvégiens conduits par la famille de Rögnvald « le fort » firent la conquête des Orcades et que l'un deux, Rodulf — appelé par ses compagnons « Gongurolfr » — s'empara de Rouen (« Roda ») et obtint la Normandie. C'est le seul texte où « Göngu-Hrólfr » est rendu en latin par « Rodulfus », ce qui montre qu'il ne suit pas les sources étrangères. Mais non seulement ce texte attribue à Rollon une souche norvégienne et cite ses descendants, il fait aussi le récit détaillé de la prise de Rouen que les sagas passent sous silence : après avoir caché 15 navires dans un méandre du fleuve, les Vikings creusèrent des tranchées qu'ils dissimulèrent sous des branches et de l'herbe; quand les gens de la ville voulurent les chasser, ils tombèrent dans les fosses et furent massacrés.

Et dans le Danemark du XIIe siècle, Saxo Grammaticus, qui a entendu parler de l'œuvre de Dudon dont il cite le nom, passe sous silence l'existence de Rollon et ne revendique pas la colonisation de la Normandie par les Danois. Néanmoins, à partir du XIIIe siècle, on trouve dans certaines annales brève mention de l'origine danoise de Rollon : « Rollo dux Danorum », disent par exemple les *Annales Ryenses.* Or il s'agit de textes tardifs, mal informés sur une période déjà reculée.

Rollon était-il danois ou norvégien ? La question a fait couler beaucoup d'encre : sans doute n'y répondra-t-on jamais avec certitude. Rollon est devenu célèbre au XIXe siècle, lorsqu'on a redécouvert le livre de Dudon. Mais s'il y a dans son texte des éléments intéressants, on peut aussi lui faire bien des reproches. Quant à la tradition norroise, elle laisse en fait l'impression que ce sont plusieurs personnages qui ont servi à composer la figure de Rollon : celui-ci est-il vraiment le Göngu-Hrólfr des sagas ?

Une origine norvégienne semble toutefois assez vraisemblable, d'autant plus que parmi les chroniqueurs anglais qui n'ont pas subi l'influence de Dudon, Guillaume de Malmesbury — qui écrivait au début du XIIe siècle — dit expressément que Rollon était issu d'une noble famille norvégienne et qu'il avait été chassé de son pays par ordre royal, corroborant ainsi partiellement les sources norroises. On pourrait également citer l'Italien Aimé du Mont-Cassin, auteur d'une *Histoire des Normands* qui, même s'il ne fait guère autorité en la matière, dit aussi qu'il venait de « Nora » (Norvège).

Que le fondateur de la Normandie fût norvégien n'implique nullement que le pays ait été colonisé par des Norvégiens. L'onomastique normande montre bien au contraire que ce sont en majorité des Danois qui s'y établirent. Les sources franques elles-mêmes n'entendent pas par « Nordmanni » des Norvégiens, mais plus généralement des gens venus du Nord. Les *Annales de Saint-Bertin,* tout comme les *Annales de Saint-Vaast* — du Xe siècle — disent d'ailleurs plus souvent « Dani » en parlant des envahisseurs. En réalité, les différences de nationalité importaient peu pour les Vikings, dont les bandes qui se sont succédé en Neustrie pouvaient compter Danois et Norvégiens mélangés. Et si Rollon, Norvégien, s'est trouvé à la tête d'un Etat où les Danois étaient les plus nombreux, ce fut également le cas, à plusieurs reprises, dans le royaume d'York, où les colons danois eurent pour souverains des Norvégiens au début du Xe siècle.

CHAPITRE IV

LE TRAITÉ DE SAINT-CLAIR-SUR-EPTE

Après la défaite scandinave devant Chartres en juillet 911, Charles le Simple négocia, de son plein gré, un accord avec les Vikings, accord qui constitue l'acte de naissance du duché de Normandie. Or nous ne savons rien directement de ce qu'il est convenu d'appeler « le traité de Saint-Clair-sur-Epte ». Nous n'en connaissons pas les termes exacts, faute d'en avoir le texte : il est d'ailleurs peu probable que les clauses de l'accord aient jamais été mises par écrit, car ce n'était guère l'habitude au Xe siècle, surtout dans cette partie du pays. Nous ignorons jusqu'à la date de l'entrevue entre les deux parties. Mais il est tout à fait vraisemblable qu'elle eut lieu à l'automne 911, avant que le roi n'aille engager ses forces dans l'invasion de la Lorraine au début de l'année 912.

Le dernier acte connu du gouvernement carolingien pour les territoires qui allaient être cédés aux Scandinaves, est en date du 17 décembre 905. Il s'agit d'un diplôme de Charles le Simple concédant à son chancelier Ernustus onze serfs du domaine royal de Pîtres. C'est la preuve que, six ans avant le traité, une administration régulière fonctionnait encore au cœur d'une zone particulièrement exposée.

Mais c'est un autre diplôme, daté du 14 mars 918, qui atteste, indirectement, l'accord conclu entre le roi et Rollon. C'est d'ailleurs le seul témoignage à peu près contemporain dont nous disposons. En effet, le roi donna à l'abbaye de Saint-Germain-des-Prés ce qui restait du patrimoine de l'ancienne abbaye de La Croix-Saint-Leufroy (dans l'Eure), dont les terres furent coupées en deux par le tracé de la nouvelle frontière. Il n'est question dans ce diplôme ni du lieu, ni de la date du traité; mais il y est précisé en revanche que ne pouvait être donnée « la partie de cette abbaye que nous avons concédée aux Normands de la Seine [c'est-à-dire à Rollon et à ses compagnons] pour la sauvegarde du royaume ». Ce sont là manifestement deux des clauses du traité : c'est bien à Rollon que les terres ont été remises, et ce à la condition qu'il protège le royaume contre de nouvelles incursions.

Trêve entre Rollon et l'évêque de Rouen à Jumièges. Illustration pour La Normandie *de Jules Janin (Paris, vers 1845, Bibliothèque des arts décoratifs). (Photo J.-L. Charmet).*

Ce n'est pas la première fois qu'un roi cédait un territoire pour obtenir la paix. Après l'ouest de l'Anjou en 863, Charles le Chauve avait, en 867, cédé au roi breton Salomon (selon les *Annales de Saint-Bertin)* « le comté de Cotentin avec tous les fiscs, les domaines royaux et les abbayes situés dans ce comté, et toutes choses qui en dépendaient, excepté l'évêché ». Salomon lui jura fidélité et promit de défendre la région contre ses ennemis. C'était un précédent pour Charles le Simple qui, dès 897, tenta de négocier avec les Vikings de la Seine dans ce sens, de même que pour le futur Robert Ier qui, en 921, conclut un traité semblable avec ceux de la Loire, comme l'indique Flodoard dans ses *Annales*.

Pour ce qui est du lieu de la rencontre, il n'y a guère de preuve rigoureuse. En effet, c'est à Dudon de Saint-Quentin que nous devons surtout d'être informés sur le traité, or son œuvre, nous l'avons vu, est pour le moins suspecte. (1) C'est donc Dudon qui nous dit l'endroit où Francs et Vikings se rencontrèrent : « ad sanctum Clerum », c'est-à-dire à Saint-Clair. L'endroit est tout à fait vraisemblable : Saint-Clair se trouve sur les bords de cet affluent de la Seine, l'Epte, à mi-chemin entre Paris et Rouen, que Dudon peut difficilement avoir inventé. Il est vrai cependant qu'une autre rencontre a dû avoir lieu sur les bords de l'Epte, en 965, entre le duc Richard Ier et Lothaire - et que Dudon, habitué à ce genre de transfert, a pu attribuer le site à la rencontre de Rollon et de Charles le Simple. D'autant plus que Dudon note qu'en 912 Rollon aurait fait des dons au monastère du Mont-Saint-Michel — ce qui est à peu près impossible du fait que le Mont n'était pas en territoire concédé par le roi —, alors qu'en 965 l'entrevue entre Richard et Lothaire fut précisément suivie du rétablissement de ce monastère.

Mais quelle fut l'étendue des territoires que reçurent les Vikings ? Dans son *Histoire de l'Eglise de Reims,* Flodoard parle de « la cession de certaines régions maritimes et de la ville de Rouen », ce qui implique que seule une partie de la province de Rouen fut concédée. Dudon, pour sa part, dit que le roi laissa à Rollon le pays depuis l'Epte jusqu'à la mer (« a flumine Eptae usque ad mare »). Il dit aussi que les Francs auraient suggéré au roi de lui céder le pays « de l'Andelle

1) Parmi les détails irrecevables que Dudon donne de l'entrevue, une anecdote est restée célèbre : refusant de baiser les pieds du roi, Rollon ordonna à un de ses hommes de le faire à sa place ; celui-ci porta le pied à sa bouche sans se baisser et le roi tomba à la renverse, si bien que tous éclatèrent de rire...

à la mer » — mais comme Rollon occupait le pays jusqu'à l'Epte, parallèle à l'Andelle mais se jetant dans la Seine 30 kilomètres en amont, ils auraient finalement accepté de faire de l'Epte la limite orientale. Cela reste assez vague. Mais lorsque Dudon ajoute que les principales églises y étaient celles de Rouen, de Bayeux, d'Evreux et du Mont-Saint-Michel, il semble vouloir dire que le pays s'étendait jusqu'à la côte du Cotentin, ce que contredisent nettement les affirmations de Flodoard.

Il est donc probable qu'il ne s'agissait que de la côte de la Baie de Seine et que le territoire cédé comprenait à peu près les départements actuels de la Seine-Maritime et de l'Eure. La délimitation par les cours d'eau, en usage dans les traités de partage carolingiens, fut appliquée là aussi. L'Epte est confirmée par Flodoard qui dit que le roi Raoul, en 923, la traversa pour pénétrer en terre normande. Au nord-est, la Bresle forme la frontière, et Flodoard évoque le siège de la forteresse d'Eu en 925, défendue par des hommes de Rollon. L'Eure joue également ce rôle, car les possessions de l'abbaye de La Croix-Saint-Leufroy en étaient de part et d'autre. Au sud, l'Avre est citée comme limite dans une chronique du XIe siècle. A l'ouest enfin, c'était probablement la Risle et son affluent, la Charentonne, mais peut-être la Touques, ou même la Dives, étant donné que celle-ci séparait le Lieuvin du Bessin, cédé en 924. Mais comme il s'agissait d'une décision militaire, les circonscriptions administratives existantes ont pu être coupées, comme le Vexin, voire quasiment rayées de la carte, comme le Méresais.

Notons que le moine qui écrivit les *Miracles de Saint Vulfran* entre 1074 et 1087 à Saint-Wandrille, où ses reliques sont conservées, indique que Rollon établit de sa propre initiative les frontières avec ses voisins, et ne mentionne aucun traité avec le roi Charles. Il décrit la prise de possession comme une conquête, menée par un chef scandinave plus capable que ceux qui l'avaient précédé. Effectivement, ce que les Francs cédèrent à Rollon en 911 est une chose, ce que les Vikings avaient pillé et conquis en est une autre : il y a de fortes chances pour qu'en définitive ce soient les Vikings qui aient décidé des frontières.

On peut se demander si la cession territoriale correspondait à l'octroi d'un fief au chef viking, ou s'il s'agissait de l'abandon pur et simple de la région. « Il la tiendra », écrit Dudon « comme un bien-fonds et un alleu » : c'est-à-dire en toute propriété.

Les Scandinaves avaient dû exiger l'assurance que leurs terres ne pourraient être reprises. Dudon dit clairement qu'elles leur furent cédées définitivement (« in sempiternum »). Et dans le diplôme de 918, le roi emploie le verbe « annuere », qui signifie « concéder ». C'est bien l'expression d'une donation véritable.

C'est sans doute pourquoi il n'est nulle part question des devoirs du vassal envers son suzerain, notamment du nombre de soldats que Rollon devrait envoyer au service du roi. Il faut dire aussi que les Francs n'avaient peut-être pas tellement envie d'avoir dans leurs rangs les « pillards » qu'ils venaient de combattre. La seule obligation de Rollon cependant, nous l'avons vu, était de s'opposer à toute nouvelle incursion viking, en empêchant notamment les flottes ennemies de remonter la Seine. Autrement dit, la Normandie devenait une espèce de margraviat uniquement astreint à défendre ses frontières : cette clause essentielle du traité a été parfaitement observée tant par Rollon que par ses successeurs, qui n'ont jamais contesté leurs devoirs envers le roi.

Il semble que Charles le Simple ait consenti à Rollon des conditions proches de celles que Charles le Chauve avait consenties à Salomon pour le Cotentin en 867 : un pouvoir qu'il exerce seul sur le comté, les fiscs et domaines royaux sans exception, et les abbayes ou leurs domaines. En revanche — et c'est là la seule véritable différence —, le roi lui accorda des droits sur les évêchés, en premier lieu celui de Rouen. Rollon était donc le fidèle du roi mais il jouissait de son territoire en toute souveraineté.

Que faut-il penser de l'affirmation de Dudon selon laquelle Charles le Simple promit à Rollon de lui donner la Bretagne après que ce dernier eut déjà refusé la Flandre ? Ce droit de regard sur une autre province pour subvenir à ses propres besoins a été très controversé par les historiens. Dudon écrit, en parlant de Rollon, que c'était « pour qu'il en vive »; mais comment Dudon pouvait-il envisager le bien-fondé de cette contribution en vivres ? Pour Flodoard, selon ses notes pour l'année 918, il ne s'agissait pas de toute la Bretagne, mais seulement du Cotentin et de l'Avranchin, les régions devenues bretonnes en 867. Toujours est-il qu'on a retrouvé une monnaie frappée au nom de Guillaume Longue-Epée avec le titre « duc des Bretons » : c'est une prétention qu'il pouvait avoir héritée de son père.

La conversion des Vikings et de leur chef fut également une des principales conditions posées par Charles le Simple. Dans son *Histoire de l'Eglise de Reims,* Flodoard explique en effet qu'après avoir

Crucifix en argent (pendentif) datant du Xᵉ siècle, trouvé dans une sépulture à Birka (Suède). (Photo A.T.A. Stockholm).

reçu les territoires concédés, « ils commencèrent à accepter la foi du Christ ». Et Dudon raconte le baptême de Rollon juste après l'entrevue de Saint-Clair-sur-Epte. Selon lui, Rollon fut baptisé par Francon, archevêque de Rouen, en 912, et reçut le nom de Robert, en l'honneur de Robert de Franconie, son parrain.

Il semble y avoir une erreur sur la personne de l'archevêque qui, à cette date-là, était Witton et non Francon. Flodoard, pour sa part, écrit qu'à la demande de Witton, archevêque de Rouen, Hervé (archevêque de Reims de 900 à 922) l'informa comment traiter les nouveaux convertis qui retournaient à leurs idoles. Il avait lui-même auparavant pris l'avis du pape, lui écrivant notamment ceci : « Ils ont été baptisés et rebaptisés et, après leur baptême, ont vécu en païens, tuant les Chrétiens, massacrant les prêtres et sacrifiant aux idoles ». Ce à quoi Jean X lui avait répondu qu'il fallait agir avec prudence et indulgence. Richer dit lui aussi que c'est Witton qui entreprit la conversion; mais il est vrai que Francon succéda à Witton à l'archevêché et qu'on ignore la date exacte de cette succession. L'erreur de Dudon pourrait en outre s'expliquer par le fait qu'un autre Francon, évêque de Lièges, avait baptisé un certain Guðfriðr en 881, d'où la confusion entre les deux. D'ailleurs, depuis la première tentative de Charles le Simple, en 897, de s'allier les Vikings de la Seine, un mouvement s'était dessiné en faveur de la conversion des païens. C'est cette année-là que le chef viking « Hundeus » avait été baptisé. Echanges de serments et baptêmes faisaient déjà partie du rituel de conciliation entre le roi et les chefs vikings.

Rollon se convertit en tout cas sans tarder, au cours des premiers mois de l'an 912, et son exemple fut suivi par l'ensemble de ses compagnons et de ses soldats. Certes, la conversion des Vikings au christianisme fut, comme le suggère Guillaume de Jumièges, d'une sincérité souvent douteuse. Orderic Vital fait un sombre tableau de l'Eglise normande, expliquant que ceux qui avaient acquis une paroisse par les armes étaient prêts à défendre leurs possessions de la même façon. Selon une version de la *Complainte de la mort de Guillaume Longue-Epée,* Rollon serait revenu au paganisme avant sa mort, bien que toutes les autres sources fassent de lui un bon chrétien jusqu'à la fin de ses jours. Seul le chroniqueur d'Aquitaine, Adémar de Chabannes (988-1034), reprit une tradition selon laquelle Rollon, peu avant de mourir, aurait ordonné le sacrifice d'une centaine de chrétiens en offrande aux dieux qu'il avait rejetés. Ceci est fort peu probable, mais les pratiques païennes se maintinrent assurément dans la région après

Figurine en bronze du XIe siècle représentant le dieu de la fertilité, Freyr. Trouvée à Rällinge (Suède). (Photo A.T.A., Stockholm).

la conversion officielle, pendant au moins une génération, et quelques-unes survécurent longtemps. Pour employer une expression qu'on trouve dans le *Landnámabók* à propose de Helgi magri — dont il est dit qu'il croyait au Christ mais invoquait Þórr en cas de danger —, Rollon était également « de foi mêlée ».

Mais l'important dans l'affaire du baptême est sans doute moins l'aspect religieux que l'aspect politique. En effet, Rollon avait appris la leçon des rois d'York, qui avaient rappelé l'archevêque afin de se concilier les populations locales, chrétiennes. Rollon, devenu Robert par le sacrement de baptême — plusieurs sources l'attestent et le duc Richard Ier, en 968, parle de lui comme de son « aïeul Robert » —, rappela à Rouen l'archevêque, son clergé et quelques moines de Saint-Ouen, de façon à se faire accepter par les autochtones.

Dudon de Saint-Quentin a mis l'accent sur une autre conséquence de la conversion de Rollon : le roi lui aurait donné en mariage sa fille, Gisela, qu'il lui avait promise en 911, une façon de conforter l'accord comme c'était alors souvent le cas. Mais pareil mariage semble être né de l'imagination de Dudon. Il y avait bien une Gisela parmi les six filles que Charles le Simple eut de sa première femme, Frédérune, qu'il avait épousée en 907; mais même s'il elle était déjà née è cette date-là, elle n'était qu'une enfant et ne correspondait absolument pas à la description flatteuse que Dudon fait d'elle. Il la décrit en effet comme étant « de haute taille », « pleine de grâce », « prudente dans ses conseils », « d'une conversation agréable », « d'un caractère aimant », « habituée aux travaux domestiques », et conclut en ces termes : « Bref, c'est la plus accomplie des jeunes filles » ! Quand on sait que Guðfriðr, en recevant la Frise, avait en même temps obtenu la main de Gisèle, la fille de Lothaire II, on est en droit de penser que c'est peut-être là la source d'inspiration de Dudon.

Du « traité de Saint-Clair-sur-Epte », il convient donc de retenir les grandes lignes : la défense du royaume, l'entente avec la monarchie franque et la christianisation. Voilà ce qui ressort, en dépit de toutes les incertitudes, du texte de Dudon. Cet accord aurait pu être de courte durée : en fait il définissait une politique à long terme et des plus bénéfiques. La Normandie était née.

Le gisant de Rollon, en la cathédrale de Rouen. (Photo J. Renaud.)

Confluent de l'Eure et de la Seine près de Pont-de-l'Arche. (Photo J. Renaud.)

Saint-Clair-sur-Epte, limite orientale de la Normandie. (Photo J. Renaud.)

Le « Roar-Ege » et le « Saga-Siglar » dans le fjord de Roskilde. (Photo Musée des bateaux vikings de Roskilde.)

La proue du « Roar-Ege ». Reconstitution expérimentale du caboteur de Skuldelev. (Photo Musée des bateaux vikings de Roskilde.)

Le « langskip », bateau de guerre viking. Musée des bateaux vikings de Roskilde. (Photo J. Renaud.)

Petit caboteur de l'époque viking (épave 3 de Skuldelev). Musée des bateaux vikings de Roskilde. (Photo J. Renaud.)

La côte nord de la Hague. (Photo J. Renaud.)

La Seine près des Andelys. (Photo J. Renaud.)

L'île Sainte-Catherine, face à Tourville-la-Rivière. (Photo J. Renaud.)

La statue de Poppa, à Bayeux. (Photo J. Renaud.)

Les Andelys. (Photo J. Renaud.)

La statue de Rollon, à Rouen. (Photo J. Renaud.)

La baie d'Ecalgrain (Hague). (Photo J. Renaud.)

L'église de Saint-Clair-sur-Epte, dont les parties les plus anciennes remontent au IXe siècle. (Photo J. Renaud.)

Le Hague-Dike. (Photo J. Renaud.)

Falaises des Grandes Dalles, pays de Caux. (Photo Jocelyne Renaud.)

Le gisant de Guillaume Longue-Epée. Cathédrale de Rouen. (Photo J. Renaud.)

Denier de Guillaume Longue-Epée. Revers : + ROTOMAGUS. Croix cantonnée de quatre croissants. Monnaie conservée au musée des Antiquités de Rouen. (Photo J. Pilet-Lemière.)

Denier de Guillaume Longue-Epée. Avers : + WILLELMUS. Croix cantonnée de quatre besants. Monnaie conservée au musée des Antiquités de Rouen. (Photo J. Pilet-Lemière.)

Les fibules de Pîtres, conservées au musée des Antiquités de Rouen. (Photo F. Dugué.)

Epée d'origine anglo-saxonne utilisée par les Vikings au IXe siècle. Trouvée dans la Seine, entre Freneuse et Oissel. Conservée au musée des Antiquités de Rouen. (Photo F. Dugué.)

Hache viking du IXe siècle, trouvée dans la Seine. Conservée au musée des Antiquités de Rouen. (Photo F. Dugué.)

Hache viking trouvée dans la Seine aux Andelys. Conservée au musée des Antiquités nationales de Saint-Germain-en-Laye. (Photo P. David.)

Fer de lance, probablement d'origine scandinave. Conservée au musée d'Evreux. (Photo Musée d'Evreux.)

4
2

L'île de Jeufosse. (Photo J. Renaud.)

Lance du IXᵉ siècle, d'origine continentale, utilisée ou imitée par les Vikings. Trouvée dans la Seine, conservée au musée des Antiquités de Rouen. (Photo F. Digué.)

Fer de lance scandinave trouvé dans la Seine, aux Andelys. Conservé au musée des Antiquités nationales de Saint-Germain-en-Laye. (Photo P. David.)

Copie de la pierre runique de Jelling (Danemark), offerte à la ville de Rouen à l'occasion du millénaire du duché de Normandie. (Photo J. Renaud.)

Les îles Saint-Marcouf. (Photo J. Renaud.)

Le chrismale de Mortain et son inscription runique. (Photo J. Renaud.)

Fibules scandinaves conservées au musée des Antiquités de Rouen, d'origine inconnue. (Photo P. David.)

Pions et dés à jouer (support factice). Ile de Groix. Conservés au musée des Antiquitésnationales de Saint-Germain-en-Laye. (Photo P. David.)

Pince en fer. Ile de Groix. Conservée au musée des Antiquités nationales de Saint-Germain-en-Laye. (Photo P. David.)

Umbo de bouclier. Ile de Groix. Conservé au musée des Antiquités nationales de Saint-Germain-en-Laye. (Photo P. David.)

Chaudron en bronze. Conservé au musée des Antiquités nationales de Saint-Germain-en-Laye. (Photo P. David.)

CHAPITRE V

L'ÉTABLISSEMENT SCANDINAVE

Méprisé par les Grands du royaume pour l'accord qu'il avait conclu avec les Vikings de la Seine, Charles le Simple fut emprisonné en 922; il mourut en 929. Son successeur, Robert, fut tué dès l'année suivante (923), au cours d'une bataille livrée à Soissons. Et Raoul, duc de Bourgogne, monta alors sur le trône. Or devant le succès de la cession de l'actuelle Haute-Normandie aux Vikings en 911, Raoul accepta d'étendre les clauses du traité aux régions de ce qu'on appelle aujourd'hui la Basse-Normandie, dont les rois carolingiens avaient eux-mêmes à peu près perdu le contrôle.

C'est ainsi qu'en 924, Raoul céda à Rollon — selon les termes de Flodoard — « Le Mans et Bayeux », autrement dit l'Hiémois et le Bessin où, selon toute vraisemblance, des Vikings s'étaient déjà implantés, après être passés par une étape anglaise. La *Chronique anglo-saxonne* nous apprend qu'en 918 une « armée » danoise, commandée par Þorketill et venue des Midlands, a traversé la Manche. Ils se seront surtout établis dans le Bessin, comme en témoigne encore un certain vocabulaire rural. La frontière normande était donc avancée jusqu'à la Vire.

Puis en 933, après la mort de Rollon, Raoul remit à son fils Guillaume — qui s'était recommandé à lui — « la terre des Bretons située sur la rive de la mer », toujours selon les termes de Flodoard. Il s'agissait du Cotentin (et des îles voisines) et de l'Avranchin, cédés précédemment aux Bretons mais tombés depuis en déshérence. La Breta-

La côte sud de Guernesey. (Photo J. Renaud.)

gne, en effet, souffrait encore énormément des attaques scandinaves, notamment de celles des Vikings de la Loire. En 921, le comte Robert, frère du roi Eudes, avait bien cédé le comté de Nantes à leur chef, « Ragnold » (ou Rögnvaldr) mais, contrairement à ce qui s'était passé en Basse-Seine, ce fut un lamentable échec. (1) Toujours est-il que la limite occidentale définitive de la Normandie était tracée, suivant le cours du Couesnon. S'ajoutaient alors les îles, où l'héritage breton fut quasiment effacé par les Scandinaves — qui ne semblent pourtant pas s'y être installés en grand nombre. On notera d'ailleurs l'absence totale de sources concernant les îles jusqu'au XIe siècle.

La dernière cession se comprend d'autant plus que le nord du Cotentin, isolé et sans grand intérêt pour les rois carolingiens — il n'existait

1) Alain Barbetorte, réfugié en Angleterre à la cour d'Athelstan depuis 919, contribua largement, à partir de 936 (date à laquelle il regagna la Bretagne) à venir à bout des envahisseurs scandinaves dans les années qui suivirent.

pas de flotte à cette époque-là et la position stratégique du Nord-Cotentin n'apparaissait guère — était déjà fortement colonisé par les Scandinaves qui y avaient contrecarré l'autorité bretonne. Chroniques et annales passent complètement sous silence cette immigration lente et relativement paisible, fort différente de celle de la Basse-Seine. Tout porte à croire qu'elle fut le fait d'entreprises vikings isolées. Or il s'agit ici non pas de Danois mais essentiellement de Norvégiens, venus de leurs dépendances d'outre-mer (des Hébrides, de l'île de Man, des côtes de l'Ecosse et surtout d'Irlande) et qui trouvaient des terres à prendre individuellement. On peut imaginer que la prise de terres dans la Hague ou le Val de Saire a dû ressembler à celle qu'a connue l'Islande sur une beaucoup plus grande échelle. Comme en Islande d'ailleurs, les Norvégiens ont amené avec eux des associés et esclaves celtes, qui ont eux aussi laissé leur empreinte. (1) Loin des expéditions meurtrières sur les axes des grands fleuves, les côtes du Cotentin ont été l'objet d'une implantation régulière et tout à fait indépendante. Il y a fort à croire que ces colons n'avaient nullement souhaité passer sous l'autorité ducale, à laquelle ils restèrent longtemps hostiles.

Les trois cessions de 911, 924 et 933 ont élargi la mainmise scandinave à des territoires dont les frontières correspondent à peu près à celles de l'ancienne province ecclésiastique de Rouen et reproduisaient le plus souvent les délimitations des circonscriptions administratives franques. Ce n'est pas sans mal que les ducs soudèrent ces territoires entre eux, mais l'union, une fois réalisée, était faite pour durer. Un dernier rattachement, celui du Passais (la région de Domfront) vers 1050, donna à la Normandie les limites que nous lui connaissons aujourd'hui.

Nous n'avons pas de « landnámabók » normand : nous ignorons le détail de la colonisation scandinave en Normandie. Et force est de constater que dans les textes scandinaves, la Normandie n'est mentionnée que de façon très anecdotique, ce qui montre bien qu'elle s'est mise très tôt en marge du monde norrois. D'ailleurs il n'a jamais existé de nom norrois de la Normandie ! Mais par la rétrospective, à partir de ce que nous savons notamment de la propriété rurale, des noms

1) Notamment dans la toponymie. Mais aux XIe et XIIe siècles, plusieurs familles portaient des noms sans doute dérivés du gaélique : Murdac (de « Muirteach »), Nigellus (ou Néel, de « Niáll »), Beccan (de « Becán »), Donecan (« Doncuan ») ou encore Patricius (le nom du saint irlandais).

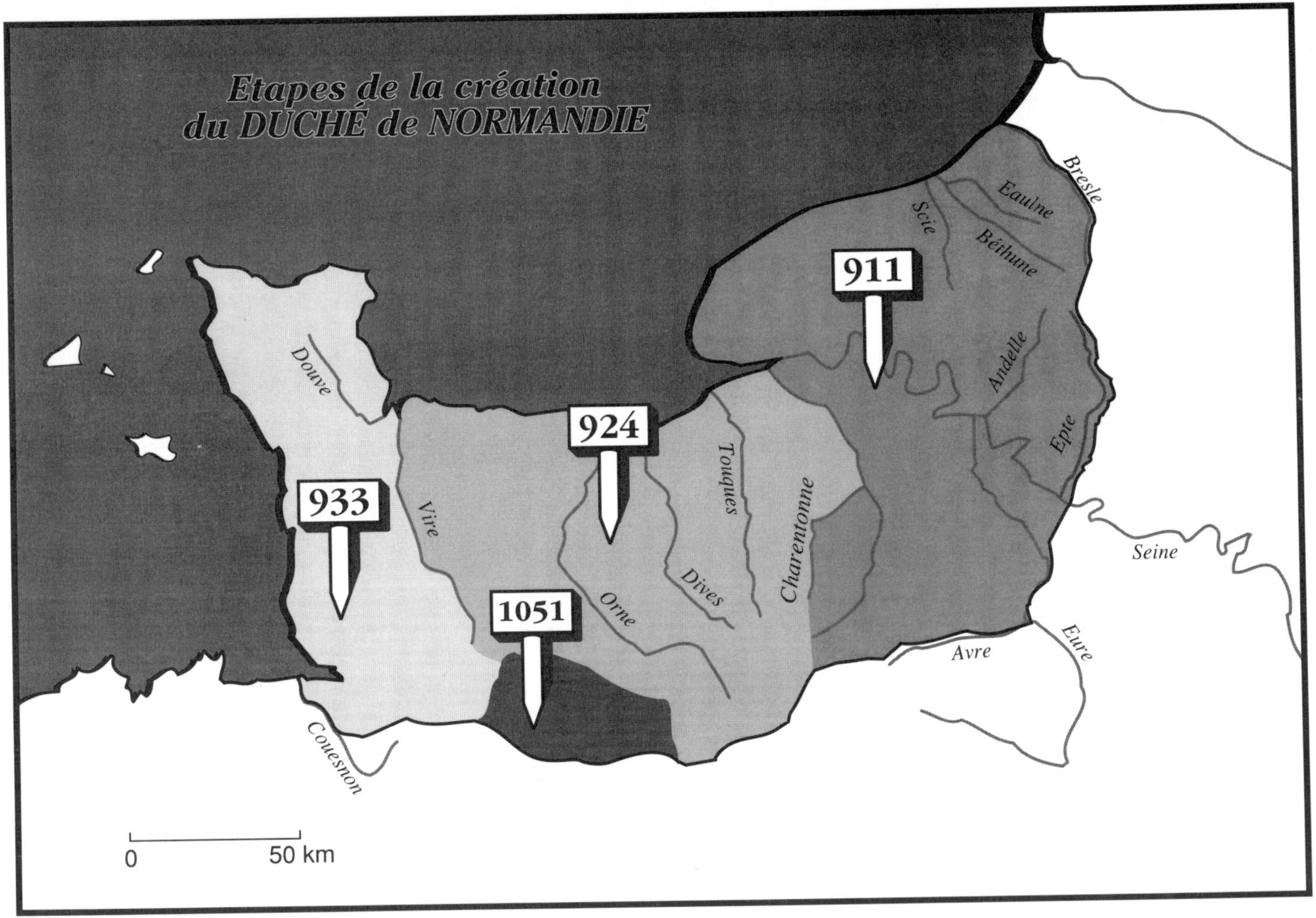
Etapes de la création
du DUCHÉ de NORMANDIE
911
924
933
1051
Bresle
Eaulne
Scie
Béthune
Andelle
Epte
Seine
Eure
Avre
Charentonne
Touques
Dives
Orne
Vire
Douve
Couesnon
0
50 km

Les rochers de Pleinmont, Guernesey. (Photo J. Renaud.)

de lieux et des noms d'hommes, de l'influence du norrois sur le patois normand, il est possible d'arriver à certaines conclusions.

Or quel était l'état de ce pays qui avait eu à subir tant d'expéditions ? Sans doute ne faut-il pas brosser un tableau aussi noir que les récits pessimistes des clercs nous le laissent imaginer. Certes, les villes et les abbayes ont brûlé plus d'une fois, mais les Vikings n'ont pas coupé le pays de son passé. Les campagnes ont continué à vivre, les villages n'ont pas été désertés, et les villes ont été reconstruites sur des plans souvent fidèles à ce qui avait été détruit. Même les abbayes, une fois la paix revenue, ont été relevées de leurs ruines. Les dommages furent considérables, mais surmontables.

La distribution géographique de l'établissement scandinave en Normandie comporte deux pôles : le pays de Caux et le nord du Cotentin. C'est dans ces deux régions que l'influence nordique a été la plus forte et la plus précoce, mais, nous l'avons vu, l'une est essentiellement danoise, l'autre norvégienne. Les régions qui, après celles-ci, ont été les plus colonisées, sont le Roumois, la Basse-Risle et la Basse-Orne, ainsi que le bassin côtier. Les îles, le pays d'Auge et la vallée de la Seine l'ont été nettement moins. Quant à l'Avranchin, au bocage virois, au département actuel de l'Orne, à l'Evrecin et au pays de Bray, ils ne l'ont pas été, exception faite de quelques îlots isolés.

S'il y a eu des établissements antérieurs au traité de 911 dans les pays de la Seine, ils n'ont guère dû être bien importants. La colonisation proprement dite commença officiellement avec la cession du territoire à Rollon, et elle s'est faite à des niveaux sociaux différents. Il y eut partage entre les chefs — sans doute ceux dont Rollon avait pris la tête —, partage qui consistait à répartir des seigneuries entre eux. Dudon de Saint-Quentin emploie l'expression « funiculo divisit », qui n'éclaircit guère le procédé utilisé. On peut le comprendre à la lettre : il tira au cordeau, ce qui impliquerait un arpentage du territoire; ou selon le sens qu'on trouve dans l'Ancien Testament, c'est-à-dire : il tira au sort. Quoi qu'il en soit, le partage semble avoir été fait avec un souci d'équilibre : nul n'a en tout cas reçu de domaine trop important, qui aurait pu être un danger par la suite pour le futur duc.

A côté de cette colonisation d'encadrement, lorsque les chefs ont à leur tour partagé entre leurs hommes, la colonisation agricole proprement dite s'est faite, mais elle n'a eu de véritable densité que dans les secteurs assez limités déjà mentionnés. Tout le sud de la Normandie n'a vraisemblablement été au début qu'une marche non encadrée, restée aux mains de la population franque : un maigre apport scandinave a pu se faire par la suite, par exemple par des colons qui avaient déjà des terres en Basse-Seine et qui ont ainsi agrandi leurs possessions.

Il n'y a pas eu ségrégation entre l'ancien habitat et le nouveau : les Scandinaves se sont coulés dans le moule pré-existant. Il n'y a pas eu de politique de table rase, on n'a pas détruit d'anciens villages. Au contraire, les Vikings ont rempli les zones vides et multiplié les défrichements. Et à la colonisation rurale s'en est ajoutée une autre

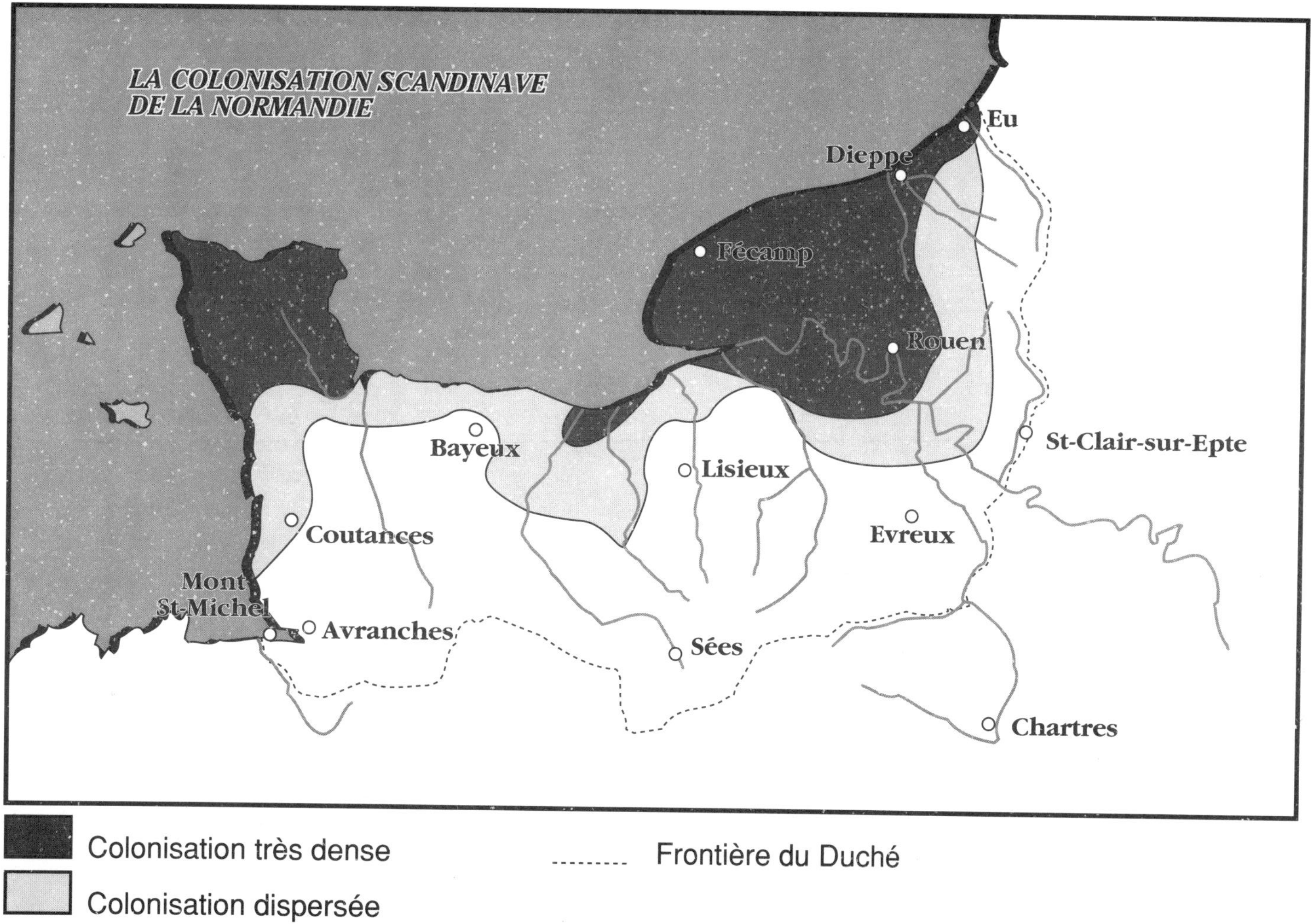
LA COLONISATION SCANDINAVE
DE LA NORMANDIE
Eu
Dieppe
Fécamp
Rouen
St-Clair-sur-Epte
Bayeux
Lisieux
Coutances
Evreux
Mont
St-Michel
Avranches
Sées
Chartres
Colonisation très dense
Colonisation dispersée
Frontière du Duché

qu'on pourrait qualifier de maritime. Les côtes en effet ont été peuplées par des colons qui se sont spécialisés dans des activités relatives à la mer : la pêche, y compris la pêche à la baleine, mais aussi, par exemple, les salines. Cette colonisation intérieure de la Normandie s'est faite, bien évidemment, hors de l'éclairage des textes, qui s'intéressent avant tout à la vie des princes.

L'établissement scandinave n'a donc pas été identique en Basse-Seine et dans les agrandissements postérieurs. La différence tient d'une part à l'origine des colons et d'autre part aux structures mises en place : cohérente aux abords de la Seine, la colonisation reflétait ailleurs plusieurs foyers, voire plusieurs tendances parmi les Vikings. En revanche, il est tout à fait impossible d'indiquer le nombre de ces colons : aucune forme de recensement ne permet de s'en faire une idée raisonnable. Il est cependant à peu près certain que les Vikings n'emmenèrent que très peu de femmes avec eux — les femmes ne participaient pas aux expéditions guerrières — et qu'ils ont dû prendre épouses (et concubines) franques dès les premières générations.

Dans leurs propres pays, les Scandinaves disposaient d'institutions, d'une législation et d'une organisation militaire particulières et fort bien structurées. Des assemblées en plein air se tenaient régulièrement tant au niveau local que provincial et tous les « hommes libres » étaient appelés à y siéger afin d'évoquer les affaires importantes de la région ou du pays et de prendre les décisions nécessaires d'un commun accord, mais aussi de légiférer et de rendre la justice : le « þing » avait un rôle important de tribunal. Il existait aussi bien de petites assemblées locales que d'autres, plus considérables, qui rassemblaient un grand nombre d'hommes venus de plusieurs districts. Ces « bændr » étaient propriétaires de leurs terres. Le paysan scandinave était son propre maître et il payait des impôts en fonction de sa richesse. Il s'agit du droit allodial, par opposition au système féodal que connaissaient les Francs. En outre, le système de défense (« leiðangr ») permettait de rassembler très rapidement des navires, des hommes, des armes et des vivres, proportionnellement au nombre d'habitants. C'était donc avant tout une force navale, disponible à tout moment. Le roi ou le prince disposait enfin d'une garde vouée à son service, la « hirð ». Mais plus qu'une simple garde personnelle, celle-ci était davantage une sorte de corporation dans laquelle s'enrôlaient les jeunes gens — du moins aisé, pour qui servir dans la « hirð » était une promotion, au plus noble, qui tenait à se trouver dans l'entourage immédiat du roi ou du prince. Ils se liaient par une espèce de contrat (qu'il était possible de rompre si besoin était) et prêtaient serment de fidélité.

En s'établissant en Normandie, les Vikings ne recréèrent pas de territoire « scandinave » en en gardant toutes les modalités. Au contraire, dès la cession de 911, c'est le sommet de la hiérarchie — et non la base : les « hommes libres » réunis en « þing » — qui se porta garant de la loi et de l'ordre dans le pays. Ainsi, lors de la mise en place du nouvel Etat, Rollon s'aperçut qu'il était possible de puiser à deux sources : la nordique et la franque; et ses successeurs directs continuèrent dans cette voie. Vis-à-vis de ses compagnons d'armes, Rollon était le « jarl », c'est-à-dire le prince — les sagas parlent des « Rúðujarlar », les « princes de Rouen » — tel qu'on le concevait en Scandinavie (1). Mais il était aussi lui-même le successeur des comtes francs de Rouen et, à ce titre, pouvait asseoir son pouvoir sur la population franque en conservant le système carolingien en vigueur. Les premiers « ducs » puisèrent à chaque source ce qui servait le mieux leurs propres intérêts : le modèle carolingien a sans doute paru plus avantageux que le modèle nordique à la nouvelle aristocratie normande, aussi l'a-t-elle largement suivi. Ce n'est qu'à partir de Richard II que les éléments nordiques furent de plus en plus résolument abandonnés et que la Normandie s'est décidément tournée vers la féodalité. Nous avons donc l'impression que les Scandinaves ont remis en marche la vieille machine carolingienne en l'« huilant » à leur façon.

A l'intérieur des territoires concédés, la division franque en circonscriptions administratives (ou « pagi ») fut reprise et survécut de façon presque intacte : même les dénominations d'origine furent conservées. A une seule exception, le nord du Cotentin, où une nouvelle division prit effet, effaçant provisoirement l'ancienne et adoptant des noms scandinaves : les « pagi » de « Sarnes », « Haga », « Balteis », « Helgeres » et « Rosthelnensis ». Ces noms sont cités dans le douairiaire que Richard II constitua pour sa femme, Adèle, en 1027. « Sarnes », c'est la pointe (en norrois « nes ») de Saire; « Haga », la Hague; « Balteis », le Beauptois; « Helgeres » — il faudrait lire « Helgenes » — signifie la pointe du Saint, ou de Helgi (nom d'homme) : peut-être le cap de Flamanville; on ignore ce qu'il faut entendre par « Rosthelnensis ». Ailleurs, en revanche, même les subdivisions (ou « centaines ») ont parfois subsisté, et ce jusqu'au milieu du XIe siècle !

1) Lorsque Richer, ennemi juré des Normands, appelle le duc Richard Ier, son contemporain, « comes piratorum », il ne fait que refléter (bien que péjorativement), la réalité nordique.

De la même façon, les droits fiscaux perçus par Rollon et ses successeurs sont restés ceux d'avant la conquête. C'est même en Normandie que se sont maintenues le plus longtemps certaines taxes carolingiennes, notamment le « cens royal », un impôt direct qu'on appela la « graverie » par la suite. La perception des impôts, tant directe qu'indirecte, a toujours été beaucoup mieux organisée en Normandie qu'ailleurs.

Dudon de Saint-Quentin est extrêmement confus lorsqu'il évoque l'administration de Rollon : il va jusqu'à écrire que celui-ci donna au peuple un droit et des lois éternelles, sanctionnées et arrêtées par la volonté des chefs. En fait nous ignorons la part des lois scandinaves édictées à l'origine. Nous n'en retrouvons que des traces dans le droit normand lorsqu'il est consigné, au XIIIe siècle, ainsi que dans la coutume des îles Anglo-Normandes. Et c'est à partir des plus anciennes sources (diplômes ou chartes) mais aussi par le biais de la philologie et de la toponymie qu'il est possible d'en reconstituer une partie. Les rares textes dont nous disposons sont d'ailleurs écrits en latin, par des clercs qui rejetaient systématiquement les termes et les idées scandinaves, étrangers à la tradition carolingienne qui était la leur.

Les contemporains furent impressionnés par l'ordre qui régnait en Normandie — ce qui est sans doute une caractéristique essentielle de la législation mise en place alors. Dudon et Guillaume de Jumièges se plaisent chacun à rapporter une anecdote qui tient du conte populaire ou de la légende, mais propre à illustrer la rigueur de la loi (1).

Il semble que l'apport scandinave ait porté essentiellement sur quatre points : l'ordre public, la famille, les activités maritimes et rurales. En ce qui concerne le maintien de l'ordre, la peine d'exil, qui

1) Selon Dudon, une loi de Rollon interdisait aux laboureurs de mettre à l'abri la charrue, le cheval, le bœuf et l'âne. La femme d'un paysan de Longpaon reproche à son mari de laisser traîner sa charrue aux champs et, pour l'effrayer de sa négligence, la cache. Après dîner, le paysan ne trouve plus sa charrue et va se plaindre au duc, qui lui accorde une indemnité. Après enquête, et même l'épreuve du fer, les voisins sont innocentés mais finalement le pot aux roses est découvert. Rollon les fait exécuter tous les deux : car elle n'a pas respecté la loi et il était responsable de la conduite de sa femme.

Pour sa part, Guillaume de Jumièges raconte que pendant une partie de chasse, Rollon se reposait près d'une mare, non loin de Rouen. Pour éprouver l'honnêteté des paysans, ses compagnons suspendirent aux chênes des anneaux d'or : ils y restèrent trois ans ! L'endroit porte depuis lors le nom de Roumare (« Rolmara », mare de Rou/de Rollon).

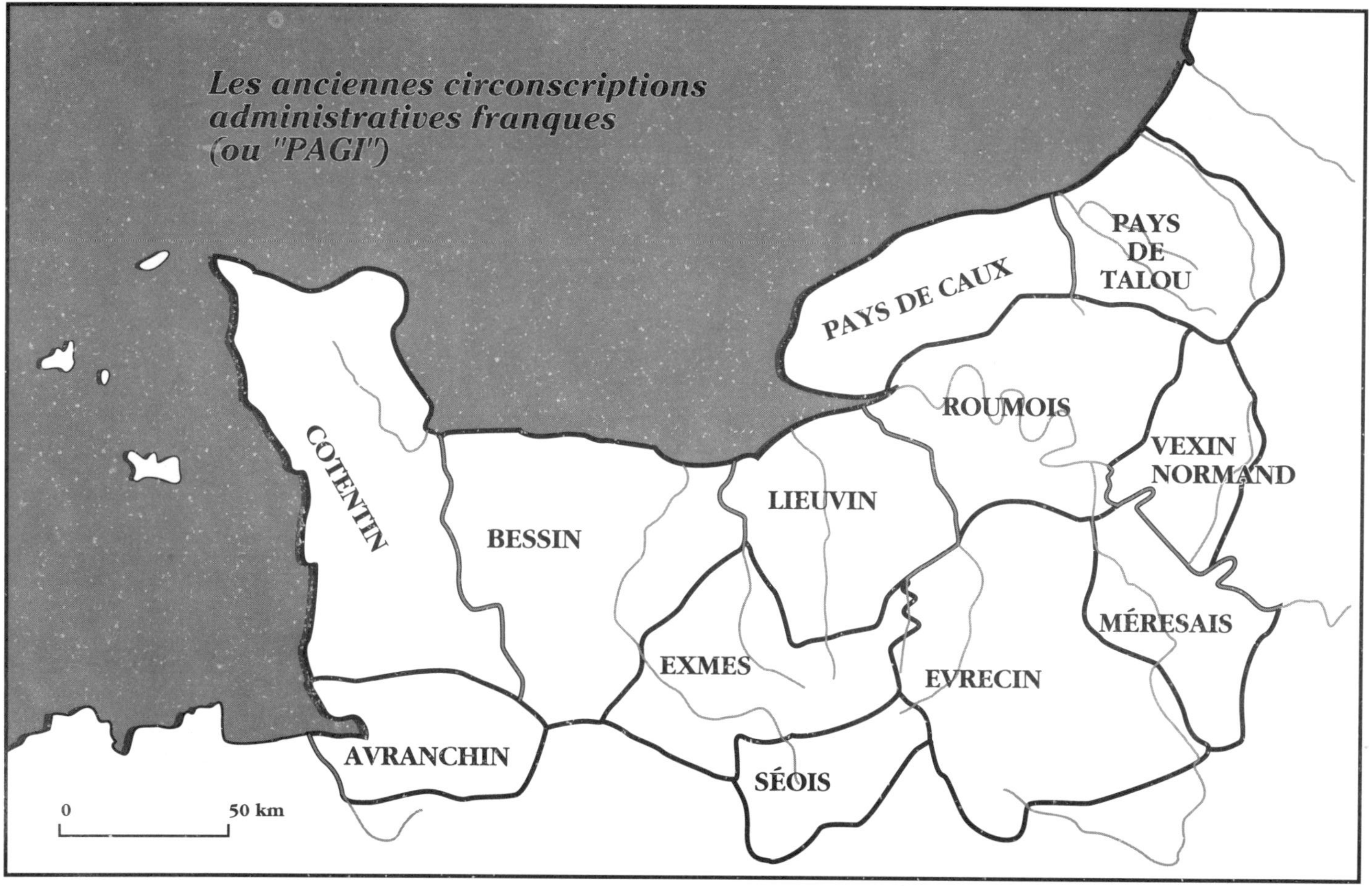
Les anciennes circonscriptions
administratives franques
(ou "PAGI")
PAYS DE TALOU
PAYS DE CAUX
ROUMOIS
VEXIN NORMAND
LIEUVIN
BESSIN
COTENTIN
MÉRESAIS
EXMES
EVRECIN
AVRANCHIN
SÉOIS
0
50 km

faisait la force de l'autorité ducale — les ducs normands n'eurent pas, sauf en des circonstances exceptionnelles, à tolérer désordres ou luttes armées, comme y étaient perpétuellement contraints les autres princes — , a une origine scandinave indéniable. L'« ullac », la mise hors la loi (du norrois « útlagr »), est mentionnée dans le cartulaire de l'abbaye de Préaux : la charte de ce cartulaire, concernant Vascœuil, établit en effet, vers 1050, la liste des « cas ducaux », autrement dit qui soulevaient la colère du duc — une tradition franque ! — et c'est la plus ancienne que nous connaissions. Le bannissement était, en Norvège, le châtiment suprême, et il existait aussi dans l'Angleterre danoise. On retrouve cette peine en Normandie, également accompagnée de la confiscation des biens, pour punir toutes les offenses faites au duc : du complot politique à la simple indiscipline. Les ducs ont ainsi chassé de Normandie bien des indésirables. Les bannis normands sont partis là où ils pouvaient espérer se battre avec profit : en Angleterre d'une part, sur les routes des pèlerinages d'autre part. Ce n'est pas pure coïncidence si, au XIe siècle, les Normands s'attaquaient à l'Angleterre et au sud de l'Italie.

Robert Wace emploie le mot « ullac » dans son *Roman de Rou* (au XIIe siècle); et on le trouve aussi comme anthroponyme au XIIIe siècle : une famille Oullac (à Coulombs, dans le Calvados) et un certain Ascellinus Lullage (dans le Roumois). Les anthroponymes normands Dodeman et Floteman, qui correspondent à « dauðamaðr » (condamné à mort) et « flottamaðr » (fugitif), témoignent sans doute aussi de l'existence d'un droit pénal nordique aux débuts du duché.

Une infraction typiquement scandinave est également attestée dans le cartulaire de Préaux : la « hamfara ». Dans les coutumiers du XIIIe siècle, le crime est encore connu, mais il est désigné par l'expression latine : « assultus inter quatuor perticas domus » ; il s'agit de l'assaut à main armée d'un individu à l'intérieur des quatre poteaux de sa maison. Ce genre d'attaque par effraction portait en Scandinavie le nom de « heimsokn », mais « hamfara » correspond au mot norrois « hemför », qui signifie plus simplement « visite de la maison ». Les sagas islandaises en font maintes fois le récit : pour se venger d'un ennemi, on le prenait par surprise chez lui, souvent en pleine nuit; on encerclait sa maison et on y mettait le feu, puis on laissait volontiers sortir les femmes et les enfants; quand la chaleur et la fumée forçaient enfin les autres occupants à sortir, ils étaient le plus souvent voués à la mort au cours d'un combat inégal. C'est un crime également connu des lois anglaises — le terme vieil anglais est « hamsocn », mais le *Domesday*

Book emploie aussi plusieurs fois le mot « hamfara » — , mais qu'ignore le droit franc.

Pour ce qui est de la famille, on a admis sur le même plan pratique à l'instar du mariage légal (devant l'Eglise), l'union dite « more danico », c'est-à-dire le concubinage, sans sanction ecclésiastique.

Le concubinage était courant en Scandinavie à tous les niveaux de l'échelle sociale. Les enfants de la concubine (« frilla ») étaient souvent reconnus par le père et obtenaient alors les mêmes droits que les enfants légitimes. Dans le cas contraire, ils restaient à la charge de la famille de la mère. Cette forme de bigamie fut, par la suite, sévèrement critiquée par l'Eglise. Adam de Brême, dans le quatrième livre de son *Histoire des archevêques de Brême-Hambourg,* n'écrit-il pas, vers 1075, que «les Danois se gavent de femmes » ? Mais Dudon, évoquant la concubine qu'il attribue à Rollon, ne la rend-il pas aussi noble que possible, puisqu'elle deviendra l'aïeule de la famille ducale ? « Une belle vierge de noble famille, fille de Bérenger, gentilhomme distingué », affirme-t-il.

De fait, pendant tout le Xe siècle, cette forme d'union a eu cours entre les ducs et des femmes d'origine non princière : après Rollon et Poppa, ce furent Guillaume Longue-Epée et Sprota, puis Richard Ier et Gunnor. Or Guillaume et Richard contractèrent des unions sanctionnées par l'Eglise, avec respectivement Liégarde et Emma; mais seules leurs concubines assurèrent leur descendance (1). Le premier duc « fils légitime » fut le père de Guillaume le Conquérant : mais la liaison de Robert le Magnifique avec Arlette n'a jamais été excusée de la même façon; vers 1030, l'Eglise n'admettait plus d'autres unions que légales, et la notion de « bâtard » prenait tout son sens.

Ajoutons à cela, d'une part, que certaines clauses concernant la succession des biens peuvent être mises en parallèle avec celles de certaines lois médiévales suédoises (lois d'Uppland, de Västmanland et d'Östergötland). Mais ceci reste très limité. Et d'autre part, pendant tout le Xe siècle, l'usage a prévalu de porter à la fois un nom scandinave et un nom franc dans la famille ducale : à l'instar de Rollon (Hrólfr)/Robert, on trouve Gerloc (Geirlaugr)/Adelis — sa fille — , Gunnor (Gunnvör)/Albereda — la femme de Richard Ier — , mais aussi

1) Richard Ier finit par épouser officiellement Gunnor vers 989 (selon Guillaume de Jumièges), tout comme Rollon épousa Poppa (selon Dudon).

ce seigneur du Cotentin, Turstinus (þorsteinn)/Richard, ou celui de Mézidon, Stigandus (Stígandr)/Odo, et d'autres encore (1).

C'est dans le droit de la mer que l'influence nordique semble avoir été particulièrement importante. On y trouve en premier lieu la législation des épaves. Le latin « veriscus », qui désigne l'épave, est aussi attesté sous la forme « werec » ou « veresc », qui correspond au norrois « reki » ou au vieux danois « vrek ». C'est le droit du varech, encore en vigueur dans les îles Anglo-Normandes. Monopole des ducs au XIe siècle, ceux-ci s'en réservaient les formes les plus profitables au XIIe siècle. Au Danemark, de nos jours encore, les épaves sont restées monopole royal.

A côté des épaves marines, les ducs avaient aussi le monopole pour la baleine et l'esturgeon, ce qui rappelle une des clauses de la loi jutlandaise (rédigée en 1241) réservant au roi danois les trésors, les épaves et les poissons plus gros que l'esturgeon. On peut aussi attribuer à l'expression désignant les objets trouvés — les choses « gaives » —dans la coutume normande, une origine scandinave : « gaive » vient sans doute du norrois « veifa » (nager) et a dû s'appliquer, à l'origine, aux épaves marines.

Tout ce qui concerne le secteur de la pêche a probablement été, au début, régi presque exclusivement par des lois scandinaves. Il est question, par exemple, de « fisigardum » dans un acte de Robert le Magnifique à Dieppe, en 1030 : il s'agit des pêcheries (du norrois « fiskigarðr »). Les baleiniers — les plus nombreux d'entre eux étaient à l'embouchure de la Dives et sur la côte nord-est du Cotentin — figurent dans les textes du XIe siècle sous le nom de « walmanni » (c'est le norrois « hvalmenn »), et l'expression « valseta » (de « hval[manna]setr » désignait un établissement de baleiniers. Notons toutefois que l'activité de la pêche à la baleine n'a pas démarré avec la colonisation scandinave : on trouve dans les *Miracles de Saint Vaast* (en 875) la description d'une chasse à la baleine dans la Manche et la mention d'un « consortium » de baleiniers.

En milieu rural enfin, il est beaucoup plus difficile de faire la part de l'apport scandinave, car seuls deux éléments se laissent discerner.

1) On pourrait comparer cette dualité des prénoms avec ce qui se passait par exemple aux Hébrides, où prénoms norrois et gaéliques alternaient, adaptés par chacun des deux groupes linguistiques. Ce chef de l'île de Skye que la *Hákonar saga* appelle þorkell þormóðsson était pour les Celtes Torquill MacDermott, et inversement Duncan MacDougall, un de ces rois hébridais, était pour les Scandinaves Dungaðr Duggálsson.

L'un est très limité : il s'agit du « mannsloth », unité de tenure attestée vers 1025 à Pont-d'Ouilly (au sud de Caen). Le mot correspond au norrois « mannshlutr » (part d'un homme), mais celui-ci s'appliquait, en Scandinavie, à une part dans une pêcherie. Comme le mot se rencontre aussi dans l'Angleterre danoise pour des terres, il y aura pris ce nouveau sens quand les membres des « armées » vikings se sont partagé le pays — et c'est avec ce sens-là qu'il est passé, au XIe siècle, en Normandie où l'on n'en a d'ailleurs, apparemment, pas fait grand usage.

L'autre élément est une preuve plus éloquente de l'organisation des campagnes « à la scandinave » : l'« acre ». L'acre est la seule mesure agraire utilisée dans le duché jusqu'au XIXe siècle. Le mot existe en norrois (« akr »), mais c'est en Angleterre que c'est devenu l'unité de mesure fondamentale. Nous sommes donc ici en présence d'un phénomène anglo-scandinave, dont l'importation en Normandie s'est faite très tôt — le mot est utilisé par écrit pour la première fois dans un acte de 1006 — et qui a supplanté les mesures carolingiennes.

La législation mise en place du temps de Rollon était à double face — l'une franque, l'autre scandinave (ou anglo-scandinave). Mais la face franque, au fil des siècles, l'a largement emporté, car les Normands ont peu à peu renoncé à l'autre : l'aristocratie trouvait plus profitable de suivre l'ordre féodal et les paysans furent contraints de se plier.

On chercherait en vain les détails de l'organisation militaire des premiers ducs. Rollon s'est-il entouré d'une « hirð » ? C'est possible, mais aucun texte ne permet de l'affirmer. Seuls quelques anthroponymes, attestés dans le nord du Cotentin, reprennent le mot « húskarl », qui désignait un membre de l'entourage d'un roi ou d'un prince : par exemple, Rogerius Huscaille, cité en 1263 à Omonville-la-Rogue. De même, une forme de « leiðangr » a dû exister, donnant au duc la possibilité de mobiliser une flotte : c'est ce que fit Guillaume le Conquérant pour attaquer l'Angleterre en 1066.

Mais les sources n'ont pas conservé la trace des modalités de cette levée navale : c'était pourtant un trait spécifique de la Normandie ; rigoureusement rien de semblable n'existait dans les autres principautés de l'époque ou dans le monde méditerranéen.

Reste les rapports avec l'Eglise. La richesse des monastères et des églises avait inexorablement attiré les Vikings : leurs trésors ont été dispersés. Aucune abbaye n'a survécu et les moines ont fui, dans le plus grand désordre, emportant reliques et documents qui, dans la plupart des cas, ne furent jamais restitués. Rare exception, quelques moines du Mont-Saint-Michel avaient tenté d'y maintenir — mais à quel prix — la continuité du culte. Aucun siège épiscopal n'a été occupé sans discontinuer : Bayeux n'a pas eu d'évêque pendant 50 ans, Lisieux pendant plus de 100 ans; cinq évêques de Coutances ont même fait de Rouen leur résidence de la fin du IXe siècle jusque vers 1025, et ceux de Sées se sont expatriés à Moussy-le-Neuf (en Seine-et-Marne). Seuls les archevêques de Rouen n'ont pratiquement jamais quitté leur ville. C'est dire que les structures de l'Eglise étaient complètement désorganisées.

Le baptême de Rollon a eu pour premier effet de ranimer la vie religieuse dans la ville de Rouen dont il avait fait sa capitale. En concluant avec l'archevêque une sorte d'alliance locale — qui a laissé sceptique plus d'un contemporain — , il relançait l'Eglise séculière. Le rétablissement de la vie monastique fut assurément beaucoup plus difficile.

Dudon de Saint-Quentin mentionne les dons faits par Rollon aux églises de Rouen, de Bayeux, d'Evreux et du Mont-Saint-Michel, ce qui — nous l'avons vu — n'était guère possible puisque plusieurs d'entre elles étaient situées en dehors du territoire concédé par le roi. Mais il faut sûrement retenir l'intention : Rollon a dû donner quelques terres à la cathédrale de Rouen. Si tous les biens d'Eglise vacants avaient été confisqués et lui avaient permis d'installer ses compagnons sans problèmes, la restitution systématique a continué après Rollon. Guillaume Longue-Epée, né de mère chrétienne et chrétien convaincu — il a même failli être canonisé — a multiplié les dons et, à la fin du Xe siècle, les églises avaient récupéré à peu près toutes leurs propriétés. Le processus se poursuivit même sous Guillaume le Conquérant, que certaines abbayes sollicitaient encore pour récupérer telle ou telle terre, et les demandes étaient satisfaites dans la mesure où l'on réussissait à identifier ces terres.

Vers 990, presque tous les évêques avaient retrouvé leur siège. Il semble même que quelques « évêques errants », sans siège déterminé, parcouraient encore le pays à cette date. Robert, archevêque de Rouen, était lui-même issu de la famille ducale, dont l'intérêt (politique) pour l'Eglise était évident. Remarquons cependant que l'épiscopat du Xe siècle était fort différent de celui d'aujourd'hui. Les évêques étaient souvent mariés — en Normandie, presque systématiquement — et Orderic Vital dit de l'archevêque Robert, qui fut aussi comte d'Evreux,

L'archevêque de Rouen remettant les clés de la ville à Rollon. Enluminure d'un manuscrit du XVᵉ siècle conservé à Berlin.

qu'il avait épousé à ce titre une certaine Herleva, dont il eut plusieurs enfants.

Pour les pratiques religieuses, le silence des sources est presque complet. Après avoir quitté leur terre natale, les Vikings ont été contraints d'abandonner les dieux qui y étaient attachés. Mais ils ne sont pas tous devenus des saints par la vertu du baptême, comme on se l'imaginait parfois 150 ans plus tard — tel ce clerc de Fécamp qui écrit (vers 1090) : « Les païens errants sont frappés par la multitude des grâces divines... Ils suivent avec une extrême dévotion la vérité de la religion chrétienne et la vénèrent, elle que peu auparavant ils pourchassaient et abominaient avec une sauvagerie insensée ».

Ni l'archéologie, ni la toponymie ne relèvent de traces de paganisme. Pourtant la conversion officielle de 912 n'a pas touché, par exemple, les Norvégiens du Nord-Cotentin. Il est vrai que ceux-ci avaient déjà côtoyé le christianisme en pays celte. Toujours est-il que le culte païen a dû subsister en Normandie les décennies qui suivirent la conversion, et que certaines pratiques païennes auront survécu çà et là pendant très longtemps.

L'établissement scandinave en Normandie qui, rappelons-le, s'est fait en plusieurs étapes, a toujours été guidé par l'intérêt. Tout ce qui menait à la réussite convenait aux Vikings et ils y parvinrent avec beaucoup d'ingéniosité et une grande capacité d'adaptation. La souplesse de l'esprit viking — puis de l'esprit normand, jusqu'à la fin du XIIe siècle — était remarquable. Loin de faire table rase, les Vikings ont repris une bonne part de ce qui existait déjà et l'ont complété ou amélioré par leurs propres traditions nordiques. Ils ont entrepris eux-mêmes la relève des ruines qu'ils avaient causées. Un des traits essentiels de la colonisation aura été la fusion rapide et réussie entre Francs et Scandinaves, qui constitua, en quelques générations, le peuple normand. C'est ce qu'a fort bien compris l'auteur des *Miracles de Saint Vulfran* lorsqu'il écrit, en parlant de Rollon : « Il se concilia en peu de temps les hommes de toutes les origines et des diverses professions, et fit de toutes les races un seul peuple ».

CHAPITRE VI

LES DÉBUTS DU DUCHÉ

On a coutume de parler du « duché » de Normandie et de ses « ducs ». Dudon de Saint-Quentin lui-même qualifie Rollon de « dux Northmannorum » et « Robertus dux » (de son nom de baptême) (1), mais il faut dire qu'il le considère comme chef d'armée et surtout qu'il écrit sous Richard II qui, le premier, portait volontiers le titre de duc : dans un diplôme pour le Mont-Saint-Michel, il s'intitule « Ricardus gratia Dei dux ». Mais la plupart des diplômes et des textes désignent le plus souvent Richard Ier et Richard II comme « comites Rothomagenses », c'est-à-dire comtes de Rouen, de type carolingien; et c'est ainsi, par analogie, qu'il faut sûrement considérer Rollon et Guillaume Longue-Epée. D'autres sources les donnent comme « marchiones », autrement dit « marquis »; et c'était là le titre de celui qui, à Rouen, avait été chargé de la défense de la Seine contre les incursions vikings par le roi franc. Dans les deux cas, et quel que soit le titre effectivement porté par Rollon, il s'inscrivait dans la continuité franque de sa nouvelle dignité. C'est donc par commodité (ou par abus de langage) qu'on dit de Rollon et de ses successeurs qu'ils furent les premiers « ducs » normands.

1) Il lui donne aussi d'autres titres, notamment ceux de « patricius » (patrice) et « advocatus » (avoué).

Il n'existe pas de source contemporaine qui fasse le récit de ce qui s'est passé en Normandie pendant les deux décennies qui suivirent la concession à Rollon. Les *Annales* de Flodoard commencent en 919, mais elles ne mentionnent pas les Normands avant 923. Lorsque Charles le Simple fut déchu, les Normands, semble-t-il, lui restèrent fidèles. Dudon raconte à cette occasion une anecdocte toute légendaire : en apprenant que le roi Charles avait envoyé deux chevaliers à Gisela, sa fille, qui les aurait cachés, Rollon les fit exécuter. Robert, duc de France, en profita pour déclarer la guerre au roi, mais Rollon refusa de se joindre à lui et prit le parti du roi. Flodoard et Richer relatent seulement la bataille de Soissons où Robert, devenu Robert Ier, trouva la mort.

En 924, le roi Raoul — le gendre de Robert Ier à qui il succèda sur le trône de France — franchit l'Epte et vint ravager le pays concédé à Rollon. Celui-ci contre-attaqua, envahit les territoires au-delà de l'Oise et il fallut l'intervention de plusieurs médiateurs pour que les antagonistes fassent la paix. C'est alors que Rollon reçut, outre un tribut versé par le roi carolingien, le Bessin et l'Hiémois.

En 925, selon Flodoard, les « Normands de Rouen » (« Nortmanni de Rodomo ») rompirent la paix et ravagèrent les régions de Beauvais et d'Amiens, s'avançant jusqu'à Noyon — tandis que des troubles naissaient en Normandie même, où les gens du Bessin refusaient apparemment la tutelle de Rouen. Des troupes franques, menées par Hugues le Grand (fils de Robert Ier), organisèrent alors des pillages jusque dans les environs de Rouen, et d'autres encore plus nombreuses, sous le commandement d'Arnoul de Flandres, marchèrent jusqu'à la Bresle et vinrent assiéger la forteresse d'Eu. Rollon fut contraint d'y envoyer un millier d'hommes en renfort — en vain d'ailleurs, car les Francs réussirent à s'emparer de la place forte et massacrèrent toute sa garnison. Flodoard donne un récit détaillé du siège d'Eu et de la victoire franque, sans doute parce que des contingents de l'Eglise de Reims avaient pris part à l'opération.

Ces événements sont les derniers auxquels les *Annales* associent le nom de Rollon, et on ignore la date de sa mort. Richer a écrit que Rollon avait été tué au cours du siège d'Eu, mais il est vrai que cette affirmation est rayée sur son manuscrit et que Flodoard — dont Richer a utilisé le récit — ne précise pas que Rollon ait personnellement accompagné les renforts à Eu.

Aucune action spécifique de Rollon n'est plus mentionnée après 925. Flodoard cite effectivement son nom en 928 quand il écrit : « Cependant le fils d'Herbert, Odon, que Rollon avait pris en otage, ne lui est pas rendu jusqu'à ce que son père s'allie à Charles avec certains autres comtes et évêques de Francie». Mais ceci ne prouve pas que Rollon était encore vivant en 928. En outre, c'est son fils Guillaume, surnommé par la suite Longue-Epée (1), qui, en 927, prêta hommage au roi. On peut en conclure que Rollon était déjà mort à cette date, et que Guillaume lui avait succédé — sans que cela implique pour autant qu'il ait péri lors du siège d'Eu. Le récit de Dudon n'éclaire en rien la situation : Rollon, très âgé, aurait, selon lui, fait jurer à ses chefs fidélité à Guillaume et serait mort cinq ans plus tard, après avoir abdiqué en sa faveur. Dudon n'indique pas de date, mais puisque Guillaume a prêté hommage au roi en 927, on pourrait en déduire que Rollon serait mort en 932. Mais rien ne vient corroborer le récit, peu fiable, de Dudon.

Il est certain, en tout cas, que Rollon était mort lorsque Guillaume Longue-Epée mena campagne contre les Bretons en 933. Il est vraisemblable qu'il mourut entre 925 et 927 et que jusqu'au bout il fut occupé à guerroyer, notamment à la frontière picarde. Les «Normands de Rouen» perçurent encore un tribut en 926 ! Rollon se fit enterrer en la cathédrale de Rouen, mais on sait les rumeurs malveillantes qui coururent sur son compte après sa mort.

Guillaume Longue-Epée eut, pour sa part, le mérite de poursuivre l'entreprise de son père et d'affirmer sa volonté d'union avec le pouvoir franc. Il renouvela l'hommage de 927 en 933, quand il reçut l'Avranchin et le Cotentin. Et Dudon, tout comme la *Complainte*, le présente comme un des principaux soutiens de la monarchie, puisqu'à la mort du roi Raoul, en 936, il fut de ceux qui rappelèrent de son exil en Angleterre le fils de Charles le Simple, Louis IV d'Outremer. (2) D'ailleurs Guillaume épousa, entre 935 et 940, devant l'Eglise, une princesse d'ascendance carolingienne, Liégarde, la fille du comte

1) Ni Dudon, ni Guillaume de Jumièges ne lui donnent ce surnom. On le trouve pour la première fois dans le *Bref récit des origines de Guillaume le Conquérant,* écrit sous le roi Henri Ier, au moins 150 ans après sa mort : «Willelmus qui vocatur Longa-spata». Orderic Vital, Robert de Torigny et Robert Wace lui donnent aussi ce surnom.

2) Seul Dudon prétend que le roi d'Angleterre, Athelstan, pria Guillaume de rappeler Louis d'Outremer à la tête du royaume en 936. Flodoard ne mentionne qu'Hugues le Grand dans ce rôle. Ce dernier et les Grands du royaume l'accueillirent sur une plage près de Boulogne (la ville du comte Arnoul de Flandre) et le conduisirent à Laon, où il fit couronné.

Herbert de Vermandois, et lui accorda, en douaire, les domaines de Longueville, Coudres et Illiers-l'Evêque, qui sont aux portes de la Normandie — le premier sur la Seine, les deux autres au sud d'Evreux.

La politique menée par Guillaume n'était pas du goût de tous les chefs scandinaves, souvent hostiles à ce régime féodal vers lequel le nouveau duché tendait de plus en plus. C'est ce qui provoqua le soulèvement de Rioulf, — son nom est peut-être la déformation de Herjólfr — parti probablement de l'ouest du pays. Dudon raconte en effet que les chefs scandinaves, Rioulf en tête, étaient inquiets des rapports avec les Francs et de la puissance croissante du duc, et qu'ils réclamèrent de nouvelles terres, d'abord jusqu'à la Risle, puis jusqu'à la Seine. Ils assiégèrent Guillaume jusque dans Rouen et le duc était prêt à s'enfuir — quand un de ses fidèles, Bernard le Danois, réussit à l'en dissuader. Ensemble ils attaquèrent les rebelles et les mirent en déroute à l'endroit qui porte encore le nom de Pré de la Bataille.

Les *Annales* ignorent tout de cette révolte; elle est toutefois vraisemblable, car ces chefs pour qui le vieil esprit d'égalité prévalait encore, s'insurgeaient légitimement de voir les prérogatives du duc s'étendre. Dudon, à son habitude, ne donne pas de date. Toutefois il raconte que, le soir de la bataille — mais c'est peut-être une légende — Guillaume aurait appris la naissance de son fils, Richard : comme on sait, par ailleurs, que celui-ci avait une dizaine d'années à la mort de son père en 942, la révolte de Rioulf aurait donc eu lieu vers 932. Selon Orderic Vital, elle aurait eu lieu en 933 ou en 935 : dans le premier cas, c'est après avoir vaincu Rioulf que Guillaume aurait reçu le Cotentin et l'Avranchin; dans le second cas, c'est peut-être le don du Cotentin et de l'Avranchin qui aurait déclenché la révolte.

Il semble aussi que Guillaume Longue-Epée ait voulu établir son protectorat en Bretagne. Non seulement Dudon l'affirme, mais on a retrouvé, au Mont-Saint-Michel, un denier frappé à son nom où il porte le titre de « duc des Bretons ». Les prétentions de Guillaume étaient plus théoriques que pratiques, mais il est vrai que les ducs normands sont intervenus à plusieurs reprises dans les affaires du diocèse de Dol.

Le mariage de Guillaume Longue-Epée et de Liégarde, dicté par des raisons d'ordre politique, fut sans descendance. Et pourtant Guillaume avait eu auparavant un fils, Richard, d'une union illégitime. Guillaume de Jumièges cite le nom de cette concubine, Sprota, et Flodoard ajoute qu'elle était d'origine bretonne. Seul Dudon garde le silence à ce sujet et se contente de présenter l'enfant comme étant « né de sa très chère épouse ». Toujours est-il que la naissance hors mariage

Avers, avec la légende :
+ VVILEIM D
(inversé) V + IRB (inversés)
pour VVILEIM
DUX BRI (TONUM),
Guillaume duc des Bretons.

Revers, avec la légende :
+ RIVALLON ˙.˙
il pourrait s'agir du nom
du monétaire.

Denier trouvé au Mont Saint-Michel et attribué à Guillaume Longue-Epée.
(Photo J. Pilet-Lemière).

de Richard n'empêcha pas qu'on le reconnût comme l'héritier de son père : il n'y eut aucune objection.

Le roi Louis d'Outremer s'est servi de l'amitié de Guillaume, si l'on en croit Dudon, pour obtenir un traité d'alliance avec Otton de Germanie, afin de faire face à la puissance croissante des Grands du royaume auxquels il se heurtait de plus en plus. C'est peut-être à Baudemont (sur l'Epte) que Louis aurait rencontré Guillaume pour lui demander son aide; et Dudon raconte l'entrevue entre les deux souverains, à Visé-sur-Meuse en 942, avec force détails tout droit sortis de la légende (1) — mais flatteurs pour la famille ducale normande.

Or le succès de Guillaume Longue-Epée se retourna en définitive contre lui. Arnoul, le comte de Flandre, redoutait une expansion normande en direction de la Somme. Le port de Montreuil, sur la Canche, aujourd'hui à l'intérieur des terres, appartenait à Herluin, vassal d'Hugues le Grand. En 939, Arnoul résolut de s'en emparer par la ruse. Herluin, qui réussit à prendre la fuite, réclama l'aide de son suzerain, mais Hugues refusa de se battre contre Arnoul. Herluin chercha alors l'appui de Guillaume, qui finit par accepter et reprit la ville. Il promit à Herluin, qui en était redevenu le maître, de continuer à lui apporter son soutien pour éviter toute nouvelle attaque de la part du comte de Flandre. Celui-ci proposa de rencontrer Guillaume sur une île de la Somme, près de Picquigny. Tous deux s'y rendirent, le 17 décembre 942, avec quelques hommes, et l'entrevue fut cordiale. Mais alors que Guillaume repartait à la force des rames, on le rappela sur l'île sous prétexte qu'on avait oublié un point important pendant les discussions. A peine le duc avait-il remis pied à terre que des hommes d'Arnoul le tuèrent. Les assassins étaient au nombre de quatre : Eiricus, Balzo, Robert et Ridulfus — du moins, si l'on en croit Dudon. La conspiration a-t-elle été dictée par le désir de vengeance de l'empereur Otton, ou encore celui des parents de Rioulf, comme on l'a dit parfois ? C'est peu vraisemblable. Il paraît beaucoup plus probable qu'Arnoul ait organisé le guet-apens de sa propre initiative.

Les Normands pleurèrent leur duc comme un saint ou un martyr. Aussi bien Dudon que la *Complainte* affirment qu'il conservait dans un coffre dont il portait la clé sur lui, un froc monacal, et qu'il envisageait de finir ses jours dans un monastère. Il s'agit là encore d'une légende (2). Guillaume fut inhumé comme son père en la cathédrale de Rouen.

Richard (3), le fils de Guillaume, n'avait que dix ans à la mort de

1) Dudon évoque notamment la tradition selon laquelle Guillaume Longue-Epée aurait forcé Otton à se lever pour laisser la place d'honneur à Louis d'Outremer — et une autre qui veut qu'après la rencontre, Guillaume devint le parrain du fils du roi, nouveau-né baptisé Lothaire. Toutefois on considère généralement que Lothaire est né en 941, et il ne pourrait s'agir alors que d'un autre fils du roi.

2) Une légende semblable existe au Danemark au sujet du roi Erik Plovpenning, qui mourut lui aussi assassiné, 300 ans plus tard.

3) Richard Ier fut surnommé tardivement — ce n'était pas encore le cas au XIIe siècle — Richard sans Peur.

son père. Mais les chefs normands, auxquels s'associèrent certains Bretons, le désignèrent aussitôt comme son successeur. Toutefois les convoitises furent nombreuses.

Louis d'Outremer, tout d'abord, entendit mettre la main sur le duché. Il ne tarda pas à venir s'établir à Rouen, où on lui fit bon accueil; mais bientôt on se rendit compte que le jeune Richard était pratiquement devenu l'otage du roi. Devant l'hostilité des chefs et de la population, Louis fut contraint de reconnaître publiquement qu'il n'avait pas fait le jeune prince prisonnier, mais qu'il voulait seulement se charger de son éducation. Et il dut lui rendre entière liberté. Son principal vassal, Hugues le Grand, duc de France, choisit de venir à Bayeux, où on l'avait préféré au roi Louis.

Et dans le même temps, de nombreux Vikings débarquèrent en Normandie. Rollon et Guillaume avaient toujours défendu le pays contre toute attaque venue du Nord. Quelques mois seulement après la mort de Guillaume, Louis d'Outremer et Hugues le Grand devaient se battre contre les nouveaux arrivants païens, menés, selon Flodoard, par un certain « roi Sétric » — autrement dit Sigtryggr. Sans doute était-il norvégien et parti d'Irlande ou des Hébrides; mais il pourrait aussi s'agit de ce roi Sigtryggr à la mémoire duquel Ásfriðr, sa mère, fit élever deux pierres runiques aux environs de Hedeby, dans le sud du Jutland, où il venait tout juste de succéder à son père (1).

Sous l'influence de ces Vikings, nombreux furent ceux qui, en Normandie, retrouvèrent leurs croyances païennes : ce fut notamment le cas d'un chef nommé Turmod (c'est-à-dire Þormóðr) qui fit alliance avec Sigtryggr. Et c'est un véritable parti scandinave qui se créa et prit une soudaine ampleur en Normandie. Hugues le Grand en profita pour prendre Evreux, et Louis d'Outremer livra bataille contre Sigtryggr alors qu'il remontait la Seine avec une importante flotte. Sigtryggr fut tué pendant le combat et son armée mise en fuite. Richer rapporte toute une légende sur cette victoire du roi sur les Vikings, selon laquelle son armée, forte de 800 soldats, aurait anéanti et décimé

1) « Ásfriðr a fait ces monuments à la mémoire de Sigtryggr, son fils et celui de Gnúpa » et « Ásfriðr, fille d'Oðinkar, a fait ces monuments à la mémoire du roi Sigtryggr, son fils et celui de Gnúpa. Gormr a gravé ces runes. »
Au Xe siècle, Hedeby était tombé aux mains d'une dynastie suédoise. Gnúpa, qui avait épousé la fille d'un chef jutlandais, fut successivement battu par le roi allemand Henri Ier (et baptisé en 934) puis par le roi danois Gormr le Vieux (et mourut au combat).

9000 Vikings. Le roi lui-même aurait été blessé par Turmod dont il aurait tranché la tête de son épée, et Sigtryggr tué de trois coups d'épieu alors qu'il s'enfuyait dans les roseaux.

Fort de cette victoire sur les païens — preuve de la fermeté qu'il opposait aux nouvelles attaques scandinaves — Louis d'Outremer ne désespérait pas de se rendre maître de la Normandie. Il força Hugues le Grand à lui restituer Evreux, puis chargea Herluin de mener une attaque contre Arnoul de Flandre, pour venger ostensiblement la mort de Guillaume. Herluin réussit à remporter une victoire sur Arnoul et à tuer Balzo, l'un des assassins de Guillaume Longue-Epée. Flodoard raconte même qu'il fit envoyer les mains coupées de Balzo à Rouen ! Puis le roi fit la paix entre Herluin et le comte de Flandre, et emmena le jeune Richard dans son palais royal de Laon, usant de son droit de garde — en tant que suzerain et tuteur du prince — avec un zèle sûrement excessif.

Seuls les chroniqueurs normands racontent que Richard s'enfuit de Laon, avec l'aide de son conseiller Osmund et l'appui d'Hugues le Grand, et rentra à Rouen où l'on fêta son retour et sa libération. Flodoard, en revanche, après avoir dit que « le fils de Guillaume » devint duc et que les païens tentèrent de le convertir à leurs croyances, en 943, ne le mentionne plus avant l'an 960 où, pour la première fois, il donne son nom : Richard. Les rapports entre Louis d'Outremer et Hugues le Grand se dégradèrent encore davantage entre 944 et 945 : le roi offrit d'abord à son vassal les domaines d'Evreux et de Bayeux, tout en se réservant Rouen, puis il se rétracta quand un des chefs de Rouen, Bernard le Danois, bien qu'ayant pris son parti, réussit à le convaincre que la Normandie était indivisible.

C'est alors que les Normands firent appel à un chef viking que les textes nomment « Haigrold », autrement dit Haraldr. La personnalité de ce Haraldr est aussi controversée que celle de Rollon lui-même. Flodoard et Richer le mentionnent simplement comme celui « qui commandait à Bayeux », mais la tradition normande, Dudon en tête, veut qu'il fût roi de Danemark. Le nom de « Haraldr » est effectivement, à cette époque-là, un nom presque uniquement donné à des hommes de rang royal et, au Danemark, Haraldr blátönn (à la dent bleue) avait succédé à son père, Gormr, en 940. C'est lui qui, selon Dudon, répondit favorablement aux envoyés de Normandie, fit construire une flotte et débarqua dans les salines de Corbon, à l'embouchure de la Dives, où les gens du Bessin et du Cotentin se joignirent à lui (1). Toutefois l'historien danois Saxo Grammaticus, qui connaissait les ducs Richard Ier et Richard II, ignore cette expédition de Haraldr à l'ouest. D'autres ont suggéré qu'il pouvait s'agir du roi norvégien Haraldr gráfeldr (fourrure grise), qui serait un lointain cousin du duc Richard si Rollon était effectivement le Göngu-Hrólfr des sagas — son frère, Þórir, avait épousé la sœur du prince norvégien — et c'est au titre de parent que Dudon prétend que Haraldr est intervenu.

Il est certain en tout cas que Haraldr était à la tête d'une nouvelle armée scandinave. Des Vikings continuaient à venir dans le pays, mais ils finissaient par se soumettre à l'autorité des chefs de Rouen. La rencontre entre Haraldr et Louis d'Outremer eut lieu le 13 juillet 945 — Dudon en a fait une description étonnamment vivante. Le roi et son armée étaient d'un côté de la Dives ; sur l'autre rive, les gens du Bessin et du Cotentin avaient rejoint les troupes de Haraldr. Ces derniers passèrent la rivière et, lorsqu'ils se rendirent compte de la présence d'Herluin aux côtés du roi Louis — Herluin était la cause du meurtre de Guillaume —, ils laissèrent éclater leur colère. Au plus fort de la querelle, Herluin fut tué, ainsi que dix-huit chefs francs, et le roi chercha à s'enfuir — mais il fut fait prisonnier. Echappant à ses gardiens, il acheta l'appui d'un chef normand qui le cacha sur une île de la Seine, mais fut bientôt contraint de se rendre.

La reine Gerberge, son épouse, voulut le faire libérer. Otton refusa de l'aider, mais Hugues le Grand accepta et traita avec les chefs normands, notamment Bernard le Danois. Le roi fut échangé à Saint-Clair-sur-Epte contre des otages et quelque temps après, au même endroit, une nouvelle rencontre eut lieu entre toutes les parties. Richard fut reconnu par tous comme héritier légitime du duché (2), mais Hugues

1) Guillaume de Jumièges raconte que Haraldr avait été chassé de Danemark par son fils « Suénon » (c'est-à-dire Sveinn) et que le duc Guillaume l'aurait laissé s'établir dans le Cotentin : c'est là que les chefs normands seraient allés lui demander son aide. Cette explication est tout à fait impossible, puisque du vivant de Guillaume Longue-Epée, Sveinn ou bien n'était pas né, ou bien n'était qu'un enfant. Haraldr ne fut chassé par son fils qu'en 985.

2) Dudon raconte également un épisode mettant en scène Rodolphe Torta, un chef franc qui représentait le roi dans l'administration du duché. Son abus de pouvoir et sa grande avarice furent l'occasion pour le jeune Richard de montrer sa force de caractère : il réussit à le faire chasser de Normandie. Mais on ignore tout de lui — à supposer que l'anecdote soit authentique.

le Grand garda le roi dans une prison de Chartres pendant encore un an, jusqu'à l'été 946.

Le roi avait eu le temps de mûrir sa vengeance et il obtint pour cela l'aide de son beau-frère, Otton. Ensemble ils marchèrent sur Paris, mais ne firent que dévaster la rase campagne ; puis ils franchirent l'Epte et avancèrent jusqu'à Rouen. Mais la ville se défendit si vaillamment qu'ils renoncèrent à en faire le siège. Ils se retirèrent en définitive sans obtenir de résultat. Dudon donne de nombreux détails sur cette expédition, détails qu'il tient probablement de Richard en personne et d'autres témoins, comme les prêtres de l'église de Saint-Ouen où Otton fit halte pour prier. Quant à Hugues, il lança une attaque contre le comte de Flandre en qui il voyait l'instigateur de l'expédition, mais en pure perte.

Toujours est-il que la crise était surmontée, que l'autonomie normande était rétablie et que Richard allait enfin pouvoir gouverner son duché. Il résidait volontiers à Fécamp, sa ville natale, où son père avait installé une de ses résidences castrales préférées, qui offrait le double avantage d'être située dans une zone de forte colonisation scandinave et à proximité de la mer. En fait Richard avait deux autres palais : celui de Rouen, que les textes appellent « la tour », doublée d'une salle de réception (représentée sur la Tapisserie de Bayeux), et celui de Bayeux, qu'il fit construire vers 990 dans les ruines de la citadelle romaine. Si Rouen jouissait des prérogatives honorifiques de capitale, Fécamp jouait un rôle comparable lorsque le duc s'y déplaçait, et Bayeux devint la deuxième ville du duché, à partir de laquelle était sans doute administrée la partie occidentale de la Normandie. (1)

Louis d'Outremer mourut prématurément, d'une chute de cheval, en septembre 954, et c'est son fils Lothaire, âgé de 13 ans, qui lui succéda, avec sa mère pour régente. Et en 956, Hugues le Grand laissait, en mourant, la tutelle de son fils aîné — le futur Hugues Capet — au duc Richard, ainsi que la promesse d'un mariage avec sa fille Emma.

C'est avec le comte de Chartres, Thibaud le Tricheur, que Richard eut alors maille à partir. Thibaud avait épousé la veuve de Guillaume Longue-Epée, Liégarde, et celle-ci ne fit rien pour atténuer la haine naturelle de Thibaud envers le duc. Aussi Thibaud chercha-t-il à plusieurs reprises à convaincre Lothaire d'en finir avec le duché de Nor-

1) Ces fonctions furent reprises par Caen au XIIe siècle, surtout après le grand incendie qui ravagea Bayeux en 1105.

mandie, ce que chroniqueurs et annalistes rapportent différemment selon qu'ils sont normands ou francs. Seuls Dudon et Guillaume de Jumièges indiquent, par exemple, qu'une armée franque prit la ville d'Evreux par surprise et la remit à Thibaud. C'était une brèche à la frontière méridionale du duché. En 862, l'armée de Thibaud pénétra jusqu'aux abords de Rouen : Richard et ses hommes l'arrêtèrent à Ementruville (aujourd'hui Saint-Sever) après de rudes combats.

Dudon prétend qu'en 965 les Normands, se sentant menacés, lancèrent un nouvel appel au roi de Danemark et que celui-ci leur envoya toute une flotte en renfort. Mais il est plus vraisemblable que les Normands profitèrent du passage d'une bande de Vikings. Ceux-ci purent remonter la Seine jusqu'à Jeufosse et, de là, ravagèrent à l'envi le pays de Thibaud. Le comte de Chartres promit de rendre Evreux à Richard et le rencontra près de Rouen où il jura, sur les reliques qu'on avait apportées, de faire la paix avec le duc. Une entrevue à Jeufosse entre Normands et Francs prépara l'accord que Lothaire vint lui-même entériner en juin ou juillet 965. Lothaire reconnaissait l'autorité du duc sur la Normandie ; et les Vikings enrôlés par Richard cessèrent leurs pillages. A ceux qui voulurent s'établir dans le pays il fut distribué des terres et demandé de se convertir. Les autres reprirent la mer, chargés de vivres : des hommes du Cotentin les accompagnèrent comme pilotes jusqu'en Espagne où les mena ensuite leur expédition — si l'on en croit le récit de Dudon !

Richard, à qui Hugues le Grand avait promis sa fille, Emma, l'épousa vers 960 : il avait alors une trentaine d'années. Or Emma mourut très jeune, peu après 968, sans avoir eu d'enfant. Peu après, Richard épousa une femme d'origine danoise, Gonnor (Gunnvör), dont la famille était implantée dans le pays de Caux. Il est d'ailleurs probable qu'elle ait d'abord été sa concubine. Nombreuses sont les anecdotes concernant l'union de Richard et Gonnor. Ainsi Robert de Torigny raconte-t-il — 200 ans plus tard — que c'est la femme d'un forestier de Sauqueville, non loin d'Arques, dont le duc avait entendu vanter la beauté, qui pour ne pas trahir son mari, jeta dans les bras du duc sa propre sœur, Gonnor, qui était encore plus belle qu'elle. Quant à Guillaume de Jumièges, il indique que Richard ne fit consacrer son mariage avec Gonnor que pour que son fils Robert, ainsi légitimé, puisse être consacré archevêque.

Il n'empêche que Gonnor donna au duc huit enfants — cinq fils et trois filles —, parmi lesquels on trouve Richard II, son successeur, Robert, archevêque de Rouen de 989 à 1037 et comte d'Evreux, et

Emma, qui épousa le roi Ethelred en 1002 et fut reine d'Angleterre. Il semble, par ailleurs, que Richard Ier ait eu plusieurs concubines et que deux de leurs fils accédèrent aussi au rang de comte.

Richard peut s'enorgueillir d'avoir assuré à la Normandie une paix qui dura jusqu'à sa mort, en 996. Il mit ces trente années à profit pour gérer efficacement les affaires de l'Eglise. Les sièges épiscopaux furent à nouveau pourvus et les évêques eurent à leur tête le propre fils du duc, l'archevêque Robert, si bien que la dynastie ducale obtenait ainsi un droit de regard direct sur l'épiscopat normand. Car Richard tenait à exercer son autorité tant sur les évêques que les abbés, qu'il nommait, et il tranchait lui-même les litiges au sein du clergé sans jamais s'en référer à Rome. Il s'efforça de faire revivre les monastères et de réformer la vie monastique, en s'inspirant des règles de Cluny. En 960 Gérard de Brogne ranimait Saint-Wandrille, en 966 le moine Mainard, de Gand, redonnait vie à l'abbaye du Mont-Saint-Michel. Plusieurs comtes normands suivirent certainement l'exemple du duc et firent preuve de générosité envers l'Eglise, mais nous n'en avons guère de traces.

En revanche, Dudon de Saint-Quentin ne manque pas d'afficher son admiration pour la magnifique église que le duc fit reconstruire à Fécamp, non loin de sa résidence : l'église de la Trinité, consacrée en 990. Faute de traditions scandinaves — les premières églises du Nord furent construites en bois — on fit appel à des architectes locaux ou de pays voisins. Nous ne savons pas comment était la vaste église de Fécamp, mais elle s'apparentait peut-être, par son style, à l'église de Vieux-Pont-en-Auge, qui reflète les traditions des pays de Loire, ou à la partie occidentale de l'église Saint-Pierre de Jumièges, qui date aussi du Xe siècle et doit encore à l'art carolingien.

La Normandie vivait donc en paix, mais tout n'allait pas pour le mieux de l'autre côté de ses frontières. En Flandre, après la mort du comte Arnoul en 965, le roi Lothaire voulut reprendre le pays en main. Les héritiers d'Arnoul s'y opposèrent et une médiation s'imposa. Selon Flodoard, le roi avait effectivement occupé la Flandre et c'est l'évêque Roric, de Laon, qui aurait servi de médiateur. Pour Dudon, le roi ne se serait emparé que des territoires au sud de la Lys, et les Flamands se seraient adressés à Richard pour qu'il joue ce rôle. Le roi aurait fini par restituer ces territoires, toujours selon Dudon ; les *Annales* de Flodoard prennent fin au milieu de l'année 966 et ne parlent pas de cette restitution.

En Bretagne, le comte Conan de Rennes avait réussi à prendre Nantes en 981 et se faisait appeler duc de Bretagne. Sa fille Judith épousa le futur Richard II et la sœur de Richard épousa le fils de Conan, Godfred. Conan obtint l'appui des Normands, mais il fut battu par le comte d'Anjou à la bataille de Conquereuil en 992. Conan lui-même mourut au combat, mais son fils Godfred reprit le titre de duc de Bretagne.

Lothaire mourut en mars 986. Son fils, Louis le Fainéant, lui succéda. Il n'eut guère le temps que de convoquer une assemblée des Francs à Compiègne : il mourut d'une chute de cheval la veille de la réunion, au mois de mai 987, âgé de vingt ans. Hugues Capet fut élu et sacré roi à Noyon en juillet 987 : il associa très vite son fils Robert à la royauté (1) et s'installa à Paris.

Richard Ier vit d'un œil favorable Hugues Capet — dont il avait épousé la sœur — monter sur le trône et il s'avéra son fidèle allié. Guillaume de Jumièges le clame en tout cas haut et fort. On le voit dans l'appui qu'il apporta au roi Hugues à deux reprises, lors des guerres avec le comte Eudes de Chartres, le fils de Thibaud le Tricheur. Il participa notamment à la reprise de la ville de Melun avec son armée. (2) Et, si l'on en croit Guillaume de Malmesbury, un accord fut également conclu en 991 entre Richard et Ethelred II, le roi d'Angleterre, par lequel les Normands s'engageaient à ne plus aider les Vikings danois qui depuis une dizaine d'années lançaient de nouvelles attaques contre les côtes anglaises.

Richard Ier mourut à Fécamp, en 996. Il fut inhumé au pied de la gouttière du sanctuaire érigé quelque temps auparavant dans son église de la Trinité. Son fils, Richard II — on le trouve parfois, tardivement, surnommé « le Bon » —, lui succéda.

Richard II régna pendant trente ans et s'employa essentiellement à réorganiser les structures de son duché qui, de plus en plus, s'éloignait de ses origines nordiques. Comme son père, il aimait Fécamp, et il y érigea un véritable palais, faisant de ce site le principal centre de gouvernement après Rouen.

La première année de son règne fut marquée par un soulèvement des paysans normands qui réclamaient le droit d'exploiter les grandes

1) Cette association au trône eut pour effet, à plus long terme, de supprimer l'élection du roi au profit de l'hérédité.

2) Richer affirme qu'au moment de la seconde guerre (993-994), Richard aurait favorisé Eudes. Mais il n'y a en fait aucune preuve de quelque infidélité que ce soit du duc normand à Hugues.

La France de l'an 1000 et ses voisins
0
400 km
Principauté Orcadienne
Royaume Hébridais
Royaume d'Ecosse
Royaume d'Irlande
Dublin
Territoires Scandinaves
Man
Pays de Galles
Royaume d'Angleterre
Londres
Mer du Nord
Royaume de Norvège
Royaume de Suède
Royaume de Danemark
Mer Baltique
Royaume de Pologne
Aix-la-Chapelle
Saint Empire Romain Germanique
Royaume de Hongrie
Océan Atlantique
Comté de Flandre
Tournai
Vermandois
Rouen
Laon
Beauvais
Reims
Duché de Normandie
Compiègne
Châlons
Duché de Bretagne
Paris
Comté de Champagne
Comté d'Anjou
Comté de Blois
Orléans
Troyes
Nantes
Angers
Blois
Langres
Compté de Nevers
Nevers
Poitou
Poitiers
Duché de Bourgogne
Duché d'Aquitaine
Clermont
Lyon
Auvergne
Bordeaux
Royaume de Bourgogne
Milan
Royaume d'Italie
Venise
Croatie
Comté de Toulouse
Duché de Gascogne
Toulouse
Marquisat de Gothie
Arles
Royaume de Léon
Royaume de Navarre
Royaume de Castille
Aragon
Roussillon
Comté de Barcelone
Etats de l'Eglise
Rome
Mer Méditerranée
Califat de Cordoue

forêts, les lacs et les cours d'eau. Seul Guillaume de Jumièges évoque ce mouvement paysan. Il raconte comment les responsables furent sévèrement châtiés par le comte d'Ivry — on coupa à chacun d'eux un pied et une main — sur l'ordre de Richard qui entendait conserver ses privilèges, s'opposant farouchement à toute tentative d'organisation des classes inférieures qui le menacerait. D'ailleurs le *Roman de Rou,* même s'il a été écrit un siècle plus tard, montre l'aspect résolument aristocratique de cette cour qui entoure un duc dont le prestige ne cesse de croître.

Il est vrai qu'à l'intérieur de son duché, Richard II cumule tous les pouvoirs : il impose sa justice, il perçoit les impôts, il nomme les évêques et veille sur l'église, il réquisitionne les hommes pour défendre le pays, il fait régner l'ordre public. L'autorité de duc est incontestée : il a tous les droits ; le roi, son suzerain, n'en a aucun sur le duché. Et Richard fait battre monnaie.

A la tête des « pagi », qui étaient restés intacts en Normandie — sauf peut-être dans le nord du Cotentin —, Richard place des comtes ou des vicomtes. Les comtes sont tous issus de la famille ducale, qu'ils soient nés d'unions légitimes ou non. On les trouve notamment dans les zones frontalières, zones de transition entre la Normandie et les pays limitrophes : à Ivry (pour l'Evrecin et ce qui restait du Méresais), à Eu (pour la partie normande du Talou), à Avranches (pour l'Avranchin), à Exmes (pour l'Hiémois). Le duc leur déléguait certains pouvoirs, mais il avait la possibilité de les révoquer le cas échéant, en dépit de leur noble origine. Alors que les comtes gardaient pour leur propre usage une partie des impôts, les vicomtes — placés, à l'origine, dans les « pagi » où il n'y avait pas de comte — devaient tout remettre au duc. Mais ils avaient par ailleurs à peu près les mêmes charges que les comtes, d'administration et de défense. On comptait, en 1025, une douzaine de vicomtes, dont certains à titre héréditaire, surtout en Normandie occidentale — à Bayeux ou à Avranches, par exemple — (1).

Ainsi Richard II gouvernait-il au milieu de cette cour, qui comprenait un petit noyau formé des membres de la famille ducale, auquel s'ajoutaient des évêques et les vicomtes. Rouen était la capitale du

1) Alors que dans beaucoup d'autres provinces les châtelains commencent à jouer un rôle important, il n'y en a pas en Normandie — sauf sur certaines marches, comme à Moulins-la-Marche.

duché, mais le duc et sa cour se déplaçaient volontiers, notamment au palais de Fécamp, ou au demeurant, en tout lieu où le duc le jugeait nécessaire. Or s'il pouvait destituer ou exiler qui bon lui semblait, le duc avait aussi besoin des services de sa cour — ne serait-ce, en premier lieu, pour reconnaître le futur héritier et lui jurer fidélité. Richard II a peut-être aussi essayé d'avoir un chancelier pour rédiger actes et diplômes : un certain Hugues est cité en 1025. Mais en fait aucune chancellerie ne s'est développée en Normandie. Les 25 actes qui émanent du duc Richard ont été rédigés par des clercs — deux sont de la main de Dudon de Saint-Quentin.

Le prestige de Richard II était le reflet de l'importance du duché de Normandie sur le plan politique — tant dans ses rapports avec la France qu'avec l'Angleterre.

L'accord que son père avait conclu avec le roi Ethelred, avait été rompu en l'an 1000. Les Normands accueillirent des Vikings danois qui vinrent liquider à Rouen un butin amassé dans le Kent. La flotte anglo-saxonne riposta en lançant une expédition en Cotentin. Mais après avoir débarqué dans le Val de Saire, ils furent vite repoussés et ce fut un lamentable échec. Malgré cela, Richard II renoua l'accord en mariant sa sœur Emma au roi anglais, qui était d'ailleurs beaucoup plus âgé qu'elle. Le duc lui promettait sa neutralité. Sans doute nourrissait-il l'espoir d'exercer une certaine influence outre-Manche : c'est en tout cas l'origine des droits du futur Guillaume le Conquérant sur l'Angleterre, puisqu'il était le petit-neveu d'Emma.

Le mariage eut lieu au printemps 1002. Six mois plus tard, le 13 novembre, Ethelred organisa le massacre des Danois établis en Angleterre. L'année suivante, Sveinn, le roi de Danemark, lança une expédition contre l'Angleterre en représailles ; et depuis la ville d'Exeter qu'il prit sans coup férir — car elle avait été confiée en douaire à Emma —, Sveinn traversa la Manche avec quelques bateaux pour rencontrer Richard, car il ne voyait pas d'un bon œil la nouvelle alliance dynastique. Le duc le reçut chaleureusement et ils conclurent un pacte d'amitié. Les Danois continuèrent d'attaquer l'Angleterre dans les années qui suivirent et, en 1009, Richard refusa d'apporter à Ethelred l'aide que celui-ci sollicitait.

Une autre sœur du duc, Mathilde, avait épousé le comte Eudes de Chartres. Nous ignorons la date de ce mariage, mais nous savons qu'Eudes était déjà remarié en 1005. Or Mathilde était morte sans descendance et Richard réclamait à Eudes la moitié de la ville de Dreux qu'elle avait reçue en dot. Comme Eudes refusait et que la position stratégique de Dreux, aux portes de la Normandie, était importante pour Richard, celui-ci fit élever une forteresse sur l'Avre, qu'il appela Tillières. Eudes tenta de s'en emparer d'assaut, mais en vain. Il fallut l'intervention du roi pour mettre fin à la querelle : il servit de médiateur lors d'une rencontre à Coudres en 1013 ; Eudes conserva Dreux et Richard les terres qui dépendaient de Tillières.

La présence d'une importante flotte viking à Rouen a peut-être poussé Eudes et le roi à accélérer le processus de paix : les ravages causés par les Vikings du temps du comte Thibaud étaient encore dans les mémoires. Cette fois-ci, il s'agissait du futur roi norvégien Óláfr (Saint Olaf).

Guillaume de Jumièges raconte qu'Óláfr et un autre chef viking, « Lacman » (autrement dit Lögmaðr), y vinrent à la demande de Richard, après avoir pillé Dol, en Bretagne. Les exploits d'Óláfr à l'ouest nous sont connus de source scandinave. Ils sont contés dans la *Óláfs saga helga* par Snorri Sturluson qui cite à l'appui les vers de deux scaldes et amis du roi : Sighvatr Þórðarson, dont les *Víkingavísur* évoquent en effet la bataille livrée dans le Hringsfjörðr — le « fjord en rond », qui n'est autre que la baie du Mont-Saint-Michel — où Óláfr fit raser la forteresse de « Hóll », autrement dit Dol ; il guerroya jusqu'en Espagne puis, au retour, dévasta le Poitou et brûla « Varrandi », la ville bretonne de Guérande. Et Óttarr svarti (le noir), qui mentionne aussi le Poitou et même la Touraine (« Túskaland »).

La saga dit qu'Óláfr, au retour de son expédition le long de la côte atlantique, s'en vint en Normandie, où il passa l'hiver. C'est là que, selon Guillaume de Jumièges, Óláfr se serait converti au christianisme, pendant son séjour auprès du duc Richard, en 1013-1014 : il aurait été baptisé par l'archevêque Robert, le propre frère du duc. Le *Livre des miracles d'Óláfr* mentionne également ce baptême. Toutefois Snorri fait erreur lorsqu'il affirme que deux ducs gouvernaient alors la Normandie : Guillaume et Robert, les fils de Richard. En réalité Richard était seul duc, et si Robert devint par la suite Robert le Magnifique, Guillaume ne monta jamais sur le trône.

Toujours est-il que les affaires d'Angleterrre allaient continuer de se traiter en partie en Normandie. Car à la même époque, Ethelred était finalement renversé par les Danois. Ses deux fils, Alfred et Edouard, se réfugièrent à Rouen, tandis que sa veuve, Emma, épousait le fils de Sveinn tjúguskegg, Knútr, qui monta sur le trône d'Angleterre en 1016. Les rapports entre Normands et Danois furent tendus

La baie du Mont-Saint-Michel. (Photo J. Renaud.)

pendant tout son règne. Alfred et Edouard — le futur Edouard le Confesseur — se prirent d'amitié pour les fils de Richard, les futurs ducs. Ils ne tentèrent rien pour reconquérir leur pays avant la mort de Knútr, en 1035 (1).

1) Pourtant la *Óláfs saga helga* raconte que les deux fils d'Ethelred se trouvaient à Rouen lors de la venue d'Óláfr, et qu'ensemble ils envisagèrent de faire alliance pour reprendre l'Angleterre aux Danois. Óláfr obtiendrait le Northumberland s'ils réussissaient. La saga évoque ensuite l'échec sur place, en Angleterre, face aux forces danoises : les fils d'Ethelred fuirent avant même d'engager la bataille, et Óláfr cingla vers le nord de l'Angleterre.

Cependant, Richard II fut aussi l'ami et l'allié de Robert le Pieux — qui avait succédé à son père sur le trône en 996 — et, à plusieurs reprises, il lui fut d'une aide précieuse. Lorsque pendant une douzaine d'années le roi se battit en Bourgogne pour ramener le duché à la couronne après la mort du duc Henri, Richard lui fournit de nombreuses troupes : 30 000 hommes, selon les dires de Raoul Glaber, dès le début des hostilités en 1003. Richard combattit aussi aux côtés de Robert le Pieux et de l'empereur Henri II contre le comte Baudouin de Flandre — et n'épargna guère la région d'Arras. Il fit même office de médiateur entre le roi et le comte Eudes de Blois à propos du droit de succession du comte en Champagne.

Guillaume de Jumièges, Robert de Torigny et Robert Wace racontent tous également la campagne mémorable qu'entreprit le futur Richard III — sans doute associé au gouvernement avant de succéder à son père — pour venger son beau-frère, le comte Renaud de Bourgogne, emprisonné par le comte Hugues de Chalon-sur-Saône. Richard a dû faire preuve de beaucoup de diplomatie afin d'obtenir le droit pour son armée de traverser le pays jusqu'en Bourgogne. Mimande fut prise et Hugues se rendit.

Le prestige du duc est tel que, pour la première fois, des relations suivies sont mises en place avec la papauté. Richard II fit appel au réformateur italien, Guillaume de Volpiano, abbé de Saint-Bénigne de Dijon, qui, après un premier refus, finit par accepter de venir en Normandie réformer les abbayes selon l'esprit de Cluny. L'abbé Guillaume s'installa à Fécamp, où le duc avait transformé la collégiale en une abbaye bénédictine, et il déploya une activité remarquable, tant à Fécamp que dans plusieurs autres couvents tels que Montivilliers, Bernay ou Saint-Taurin d'Evreux. En accord avec le duc, il œuvra pour obtenir le privilège d'exemption : plusieurs monastères normands devinrent indépendants de l'épiscopat et furent placés directement sous l'autorité papale. Le duc avait une telle confiance en l'abbé Guillaume qu'il lui confia aussi par la suite les abbayes de Jumièges, de Saint-Ouen et du Mont-Saint-Michel.

La générosité de Richard II ne se limitait pas à la Normandie : il se montrait très libéral envers les églises et les monastères du monde entier, si l'on en croit un disciple de l'abbé Guillaume, qui témoigne que même des moines du mont Sinaï venaient tous les ans bénéficier de ses largesses. Et lorsque l'abbé Richard de Saint-Vanne, à Verdun, voulut organiser le grand pèlerinage en Terre sainte qui eut lieu en 1026, il obtint le patronage du duc.

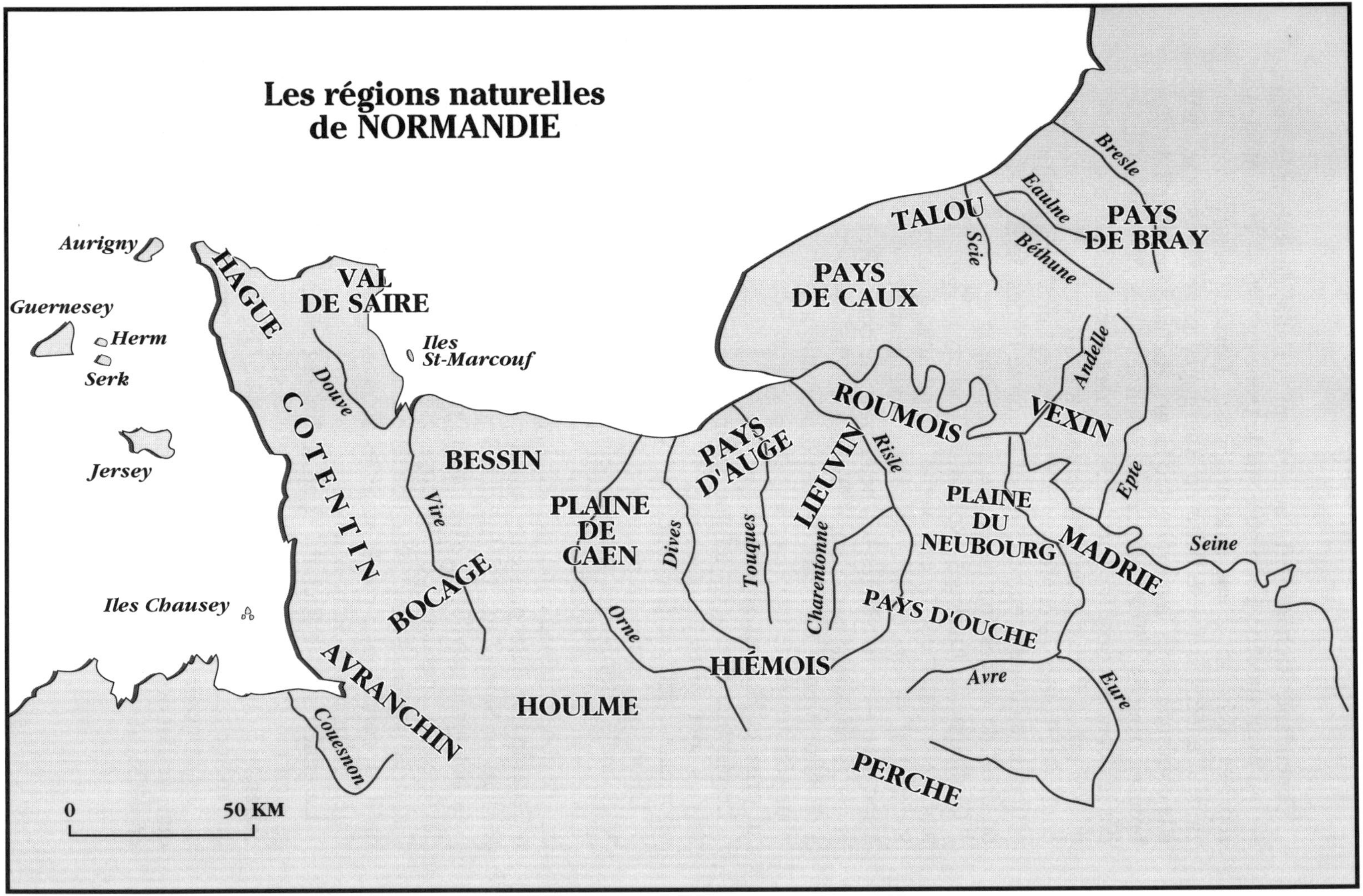
Les régions naturelles
de NORMANDIE
Aurigny
Guernesey
Herm
Serk
Jersey
Iles Chausey
HAGUE
VAL
DE SAIRE
Iles
St-Marcouf
Douve
COTENTIN
BESSIN
Vire
BOCAGE
AVRANCHIN
Couesnon
HOULME
PLAINE
DE
CAEN
Orne
Dives
PAYS
D'AUGE
Touques
LIEUVIN
Charentonne
HIÉMOIS
ROUMOIS
Risle
PAYS DE CAUX
TALOU
Scie
Eaulne
Béthune
Bresle
PAYS
DE BRAY
Andelle
VEXIN
Epte
PLAINE
DU
NEUBOURG
MADRIE
Seine
PAYS D'OUCHE
Avre
Eure
PERCHE
0
50 KM

Le duché de Normandie avait déjà acquis une réelle importance économique. Jusqu'au début du XIe siècle, les échanges commerciaux se faisaient surtout avec l'Europe du Nord, par les mers que fréquentaient les Vikings et les marchands scandinaves. Rouen était un port dont les activités restaient orientées vers le Nord. Les trouvailles de monnaies normandes à l'étranger nous permettent de l'affirmer : on en a retrouvé aux Hébrides, au Danemark, en Poméranie, en Pologne et même en Russie. La fin du règne de Richard II marqua un tournant dans les relations extérieures : les trouvailles de monnaies normandes indiquent que les échanges se faisaient désormais avec les autres provinces et le monde méditerranéen. Ceci est symptomatique de l'évolution politique de la Normandie qui découvrait les possibilités offertes par le sud de l'Italie.

Il faut d'ailleurs noter la richesse monétaire exceptionnelle du duché normand (1) : entre les mains des ducs, les tributs payés aux Vikings de la Seine n'avaient pas été dilapidés. Déjà Guillaume Longue-Epée avait droit de monnaie : il mettait son nom sur les deniers frappés à Rouen et supprimait toute référence à l'autorité royale. La fiscalité, directe et indirecte, était assez bien organisée : droits sur le commerce et les transports, les tonlieux, d'une part ; et impôt hérité du « cens royal » carolingien, la graverie, d'autre part.

Dans ce duché économiquement fort, les conditions de vie étaient relativement bonnes. Les paysans normands ignoraient le servage — qui existait aussitôt franchie la frontière — et les tenanciers de la réserve seigneuriale n'étaient pas écrasés de corvées, ce qui leur permettait de cultiver leurs propres terres (2). Aux « alleus », terres tenues du duc ou d'un seigneur à titre héréditaire et grevées de « coutumes » et de « services », s'ajoutèrent les « bénéfices », terres tenues d'un chevalier, à charge d'un service armé. La féodalité s'organisait en Normandie, mais elle n'était pas encore franchement structurée; toutefois le duc Richard avait évité de constituer des fiefs d'un seul tenant

1) Le trésor monétaire de Fécamp, enfoui entre 970 et 990, n'est pas sans rapport avec la présence fréquente de la cour du duc, et témoigne du développement du monnayage sous Richard Ier et Richard II.

2) Nous ignorons pratiquement quelles formes prenaient ces cultures, mais nous savons que l'élevage (vaches et cochons) était encore une activité marginale. Vers la fin du Xe siècle, les vignobles de Longueville (près de Vernon) et d'Argences (près de Caen) prirent de l'ampleur, de même que les salines de Bouteilles (près de Dieppe), de Varaville (sur la Dives) et de la baie du Mont-Saint-Michel.

de façon à limiter la puissance de ses « fidèles » (le mot « vassal » n'est attesté pour la première fois qu'en 1057).

La classe dirigeante ne comprenait, à côté de la grande famille ducale, que quelques grandes familles d'origine scandinave. Mais celles-ci formaient une minorité active qui avait ses racines dans les régions les plus colonisées par les Vikings comme le pays de Caux, le nord du Cotentin ou les vallées de la Seine et de la Risle (1). De grandes familles franques, qui avaient résisté à l'envahisseur ou étaient venues s'implanter dans le courant du Xe siècle, côtoyaient et se mêlaient aisément à l'aristocratie scandinave. Et c'est au début du XIe siècle que les éléments les plus divers, bretons, angevins, tourangeaux et autres, vinrent grossir cette noblesse dont le principal lien demeurait avant tout la fidélité au duc.

Richard II laissa, comme son père, une nombreuse descendance. Il épousa tout d'abord Judith, la fille du duc Conan de Bretagne, mais nous ignorons à quelle date. A cette occasion, Judith reçut en cadeau, de la part de son époux, plus de 110 biens territoriaux disséminés en Normandie, preuve de l'immense richesse du duc en terres. La grande partie du sol normand dont il était propriétaire, représentait une puissance foncière exceptionelle sur laquelle il asseyait, entre autres, son autorité politique. Le domaine ducal était hérité du fisc carolingien, des églises disparues lors des incursions vikings, de personnes privées qui avaient fui leurs terres, et comprenait en outre presque toutes les villes principales.

Judith mourut en 1017, après avoir fondé l'abbaye de Bernay où elle fut enterrée. Elle eut trois fils : Richard et Robert — les futurs ducs — et Guillaume, qui fut moine à Fécamp. Une de ses filles, Adeliza, épousa Renaud de Bourgogne.

Richard épousa ensuite une Normande, dont on ignore les origines : Papia. Celle-ci eut deux fils dont l'un, Mauger, fut archevêque de Rouen, et l'autre, Guillaume, comte d'Arques. Richard mourut le 23 août 1026 et fut inhumé à côté de son père, au pied de la Trinité de Fécamp.

1) Citons, à titre d'exemples, la famille de Harcourt, issue d'un certain Torfi, père de Þorólfr et Þorketill; la famille de Mézidon, dont trois membres s'appelaient Stigandi; ou la famille des Goz (qui furent vicomtes d'Hiémois puis d'Avranchin), issue d'un certain Ásfriðr, père de Þorsteinn.

Richard III lui succéda. Il avait déjà trois enfants, de mère inconnue, quand en janvier 1027 il obtint la main de la fille de Robert le Pieux, Adèle, encore toute jeune. Le 14 mai 1027, il était présent à Reims, lorsque le dernier fils du roi, Henri, fut sacré et associé au trône, son frère aîné Hugues étant mort prématurément. Quelque temps plus tard, le 6 août, Richard, qui avait à peine trente ans, mourait lui-même, empoisonné, peut-être par son frère cadet.

Si la mort par empoisonnement est reconnue par tous — Wace parle même d'une enquête menée pour découvrir l'origine du poison —, Guillaume de Malmesbury est le premier à suggérer que Robert en ait pu être l'auteur, suivi en cela par Benoît, 150 ans après le crime. Il est vrai que Robert s'était querellé avec son frère auparavant, mais aussi qu'il n'était pas à Rouen quand Richard et plusieurs personnes de son entourage succombèrent.

Robert, surnommé par la suite le Diable, ou le Magnifique, (1) était jeune et d'un tempérament extrêmement vif. Dès le début de son gouvernement, il envenima les relations avec l'Eglise, en privant certains couvents de leurs terres pour les distribuer à ses « fidèles ». Son oncle, l'archevêque Robert, fut contraint de l'excommunier. La seule façon de sauver son titre fut pour le duc Robert de reconnaître ses torts et de se réconcilier avec son oncle, à qui il rendit le comté d'Evreux que lui avait octroyé Richard II. Les Grands qui avaient aussi empiété sur les droits de l'Eglise, suivirent son exemple, et la politique d'entente avec le clergé fut rétablie. C'est alors, en 1032, qu'il restaura l'abbaye de Cerisy, à l'ouest de Saint-Lô, que Saint Vigor avait fondée à l'époque mérovingienne, mais qui n'avait jamais été reconstruite depuis sa destruction par les Vikings. Cette restauration est la première à l'ouest du duché où, jusqu'alors, la dynastie de Rouen avait parfois peine à assurer sa protection : jusqu'au milieu du XIe siècle, l'évêque de Coutances résida surtout à Rouen, et le Mont-Saint-Michel était le seul centre monastique que les clercs n'avaient pas déserté. Il est vrai que le Cotentin faisait figure de région à demi barbare encore à cette époque ! L'aristocratie prit aussi en main l'effort que la famille ducale fut longtemps seule à réaliser : c'est ainsi que le vicomte d'Arques, Gosselin, fonda en 1030 la Trinité-du-Mont de Rouen, dont le premier abbé fut le célèbre réformateur allemand, Isembard.

1) Robert ne portait aucun de ces surnoms de son vivant : on l'a surnommé « le Diable » au XIIe siècle, et c'est plus récemment encore qu'il est devenu « le Magnifique ».

A la mort de Robert le Pieux, en 1031, la reine mère, Constance, se ligua avec son fils Robert et le comte de Chartres contre le successeur désigné, Henri Ier. Celui-ci se réfugia en Normandie : il vint à Fécamp, où le duc accepta de l'aider. Avec l'appui des comtes de Flandre et d'Anjou, ils furent vainqueurs. Robert reçut le duché de Bourgogne et sa mère mourut en juillet 1032. Le roi Henri, en remerciement, céda à Robert le Magnifique ses droits sur la partie française du Vexin.

Robert le Magnifique eut aussi maille à partir avec son cousin, Alan de Bretagne, qu'il força par les armes à lui prêter hommage. Puis il décida de faire un pèlerinage en Terre sainte. Après avoir obtenu des seigneurs normands d'une part, et du roi Henri d'autre part, la promesse de reconnaître son fils Guillaume, alors âgé de sept ans, comme héritier légitime — bien que la mère de l'enfant, Herleva (ou Arlette) fût sa concubine et la fille d'un pelletier de Falaise — , il s'en fut jusqu'à Jérusalem en grande pompe. Mais il tomba malade et mourut, au retour, à Nicée (en Anatolie), au mois de juillet 1035.

Dans le duché, la crise dura douze ans, mais le pire fut évité : la construction de l'Etat normand, si brillamment entreprise, allait pouvoir s'achever, non moins brillamment, sous la conduite du duc Guillaume (1). A la mort de Robert le Magnifique, les Normands étaient encore, aux yeux de leurs contemporains, un peuple original dont les traits particuliers étaient ceux de leurs origines nordiques. D'ailleurs beaucoup de Normands portaient encore à l'époque un nom scandinave (ou anglo-scandinave); et Richard II n'accueillait-il pas à Rouen, au début du XIe siècle, les chefs d'une armée viking qui avait fait des ravages en Bretagne et sur la côte atlantique ? Pourtant la Normandie se départait de plus en plus de son empreinte nordique. Si, après 940, l'engagement du chef normand prenait déjà la forme vassalique, après 1035, la féodalité, qui reposait sur une évaluation et une répartition minutieuse des fiefs, l'emportait définitivement : elle ferait la force et la grandeur de la Normandie de Guillaume le Conquérant.

1) On le surnomma « le Conquérant » dès le XIIe siècle : de son vivant, c'était « le Bâtard ». Plusieurs sources contemporaines le nomment ainsi, par exemple la *Chronique anglo-saxonne* (en 1066) ou Adam de Brême (vers 1075).

DEUXIÈME PARTIE

L'HÉRITAGE

CHAPITRE PREMIER

LES DÉCOUVERTES ARCHÉOLOGIQUES

Il est surprenant de constater qu'en Normandie les archéologues n'ont fait que relativement peu de découvertes datant de l'époque viking et, malheureusement, celles qui ont été faites de façon fortuite ou par des amateurs ont été souvent insuffisamment ou mal interprétées.

La plus ancienne découverte remonte à 1865. C'est dans un champ, à l'entrée du village de Pîtres (au confluent de l'Andelle et de la Seine), au lieu-dit « Triège de Saint-Martin », qu'un cantonnier découvrit des ossements humains, des débris de poterie et de fer, et surtout deux belles fibules ovales en bronze. Il s'agissait là d'une sépulture viking et, qui plus est, d'une tombe de femme — or, nous l'avons vu, peu de femmes scandinaves sont venues en Normandie ! Les fibules sont des broches : elles servaient aux femmes à fixer les bretelles qui maintenaient une sorte de tablier qu'elles portaient par-dessus leur robe. Ces fibules allaient donc de pair et étaient épinglées devant chaque épaule; entre elles pendait souvent un cordon garni de perles en verre, aux couleurs vives.

Les fibules de Pîtres, en forme de carapace de tortue, mesurent 12 cm de long et 7,5 cm de large : elles sont composées de deux coquilles de bronze, superposées et rivées l'une à l'autre : la partie supérieure est ajourée et ornée d'animaux fantastiques et d'entrelacs. On a retrouvé quantité de telles parures — ainsi que des colliers, des bracelets et des broches rondes ou en forme de trèfle — dans tout le

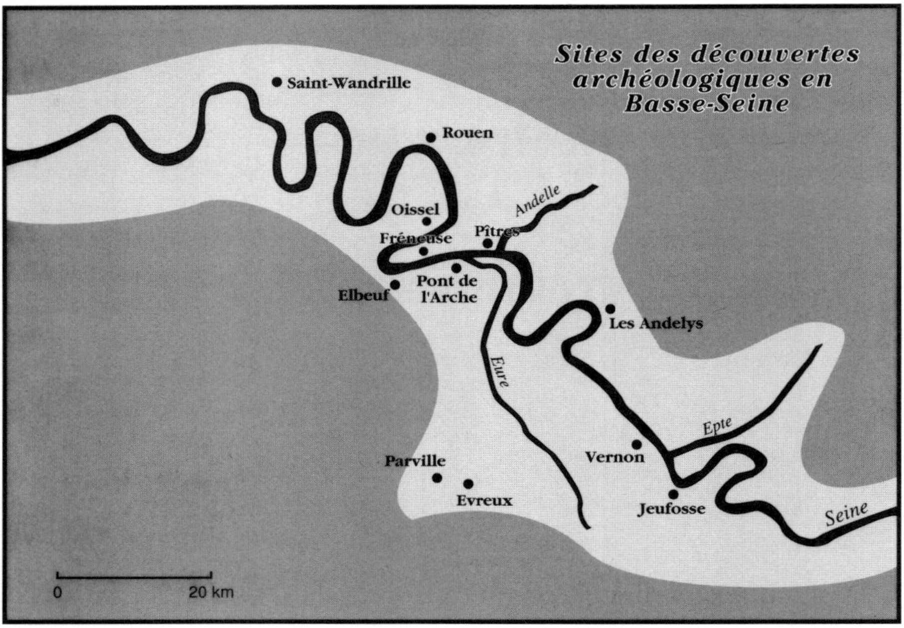

domaine scandinave. En Normandie, ce sont les deux seuls bijoux que nous connaissions aujourd'hui, conservés au Musée des Antiquités de Rouen (1). Elles datent vraisemblablement de la seconde moitié du IXe siècle.

D'autres objets, d'origine nordique certaine, ont été retrouvés en Normandie, le plus souvent dans le lit de la Seine : ce sont des armes.

Deux épées en fer, à double tranchant, conservées au Musée des Antiquités de Rouen, sont à coup sûr scandinaves — et ce sont les seules. L'une est complète, longue de 92 cm, avec une lame large de 5 cm : la garde est rectangulaire et le pommeau demi-circulaire; l'autre, de même type, a perdu la partie arrondie du pommeau — il n'en reste que le quillon — et la lame est cassée à 26 cm de la garde. Toutes deux sont caractéristiques des épées vikings du Xe siècle. La première fut retrouvée lors de dragages de la Seine entre Rouen et Elbeuf, vers 1882-1884, la seconde au niveau de Saint-Wandrille.

1) Le Musée de Rouen possède une autre paire de fibules de même type, également en bronze, et un bracelet en bronze, scandinaves, mais dont on ignore la provenance.

Epée viking datant du Xe siècle, trouvée dans la Seine. Conservée au musée de Rouen. (Photo Y. Deslandes.)

L'épée de Parville, d'origine continentale, conservée au musée d'Evreux.
(Photo Musée d'Evreux.)

Epée viking datant du Xᵉ siècle, trouvée dans la Seine. Conservée au musée de Rouen. (Photo Y. Deslandes.)

Hache viking trouvée dans la Seine, datant de la fin du Xe siècle. Conservée au musée des antiquités de Rouen. (Photo Y. Deslandes.)

Une troisième épée, dont il ne reste que 30 cm d'une lame large de 6 cm, comporte un pommeau en forme d'accent circonflexe. Elle est vraisemblablement d'origine anglo-saxonne, mais c'est un type d'épée que les Vikings utilisaient fréquemment dans la seconde moitié du IXe siècle. Elle fut retrouvée pendant les dragages de 1882-84 entre Freneuse et Oissel. Elle est également conservée à Rouen. Une épée d'un type proche de celle-ci a été mise au jour à Elbeuf en 1883, lors de la construction du chemin de fer : mais la garde est arquée au lieu d'être rectangulaire. L'origine anglo-saxonne est tout aussi probable; elle est conservée au Musée de Cluny. Quant à l'épée découverte dans la forêt de Parville, non loin d'Evreux, son pommeau demi-circulaire d'une seule pièce indique une origine continentale, mais c'était un type d'épée souvent utilisé ou imité par les Vikings au Xe siècle. Trois autres épées, retrouvées dans le lit de la Seine — deux dans la région de Rouen, une au pont de Vernon vers 1860 — datant aussi du IXe ou du Xe siècle, sont de type continental, mais ont pu appartenir aux envahisseurs scandinaves.

Il est vrai que l'épée était l'arme à laquelle le Viking attachait le plus d'importance : les strophes scaldiques et les sagas ne tarissent pas d'éloges sur les épées, toutes meilleures, à les en croire, les unes que les autres. C'était l'arme la plus noble, celle dont on faisait volontiers présent à un ami pour l'honorer.

Deux haches en fer, provenant aussi des dragages de la Seine, sont conservées au Musée de Rouen. L'une, longue de 20 cm, présente un tranchant asymétrique très large (plus de 23 cm) et elle est d'un type scandinave bien connu de la fin du Xe siècle et du début du XIe. L'autre est un peu plus petite (16 cm de long) et son tranchant, symétrique, est plus étroit. Elle est d'un type très courant en Scandinavie pendant la seconde moitié du IXe siècle et le début du Xe. Une troisième hache, trouvée lors de dragages de la Seine aux Andelys, est exposée au musée des Antiquités nationales, à Saint-Germain-en-Laye. Plus grande que la précédente, elle est d'un type semblable, avec une douille prolongée par des saillants triangulaires : c'est une très belle hache viking, particulièrement ouvragée.

Les lames des haches pouvaient être de différentes formes et on trouve, dans les textes, diverses appellations en fonction de la forme. Arme offensive par excellence, la hache, au tranchant acéré de fer trempé, était d'un emploi redoutable lorsqu'elle était maniée avec dextérité.

Enfin, parmi les nombreuses lances sorties, pour la plupart, du lit de la Seine, seules deux ou trois semblent être d'origine viking. L'une est conservée au musée des Antiquités nationales : longue d'environ 50 cm, sa large flamme triangulaire est ornée d'incrustations dorées en son milieu et sa douille est cantonnée d'ailerons. Elle fut retrouvée aux Andelys. L'autre, conservée au musée d'Evreux, possède aussi une large flamme triangulaire, mais sa douille est courte et fermée. Quant à la troisième, conservée au musée de Rouen, elle est aussi longue, mais beaucoup plus effilée, et sa douille est dotée d'appendices latéraux. Ce dernier type, dont il existe d'autres exemplaires assez proches retrouvés lors de dragages, n'est pas à proprement parler scandinave, mais bien celui d'une lance d'origine continentale, courante

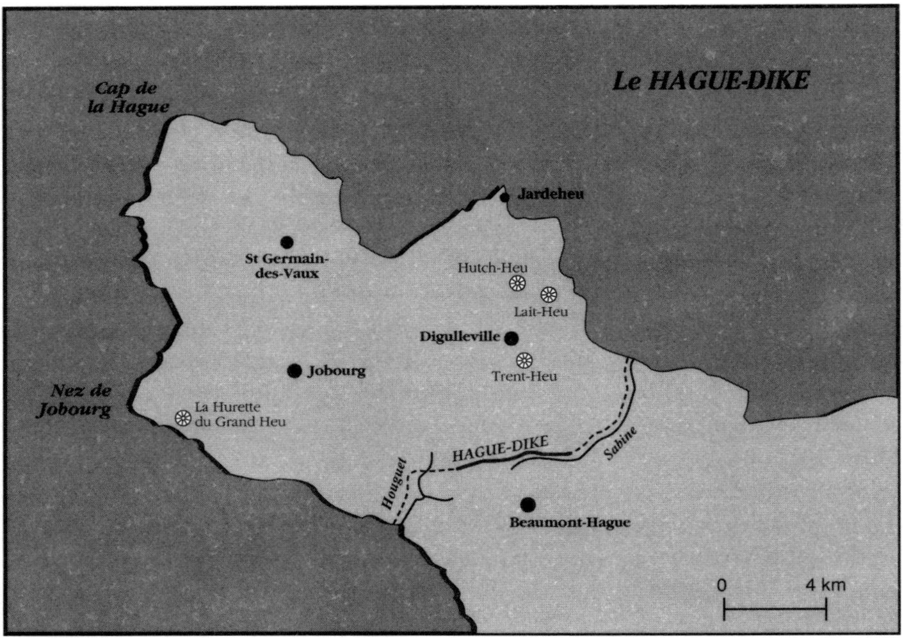

au IXe siècle, que, tout comme certaines épées, les Vikings ont pu récupérer, imiter, voire importer malgré l'interdiction officielle dont Charlemagne avait pris l'initiative.

La lance (ou l'épieu) était la troisième arme des Vikings, dont ils se servaient soit pour le combat à distance, soit pour le corps à corps.

Ces quelques armes (1), qui datent de la deuxième moitié du IXe ou du début du Xe siècle, sont les seuls vestiges identifiés avec certitude des expéditions vikings en Normandie.

Il faut aussi mentionner le Hague-Dike, cette grande levée de terre qui barre encore la péninsule de la Hague sur 4 kilomètres. Partant de la vallée du Houguet et suivant une partie de celle de la Sabine, il constituait ainsi un immense camp retranché : l'extrême pointe de la Hague en est à 9 kilomètres. Or l'ouvrage — qui a beaucoup souffert avec le temps — n'a rien d'une fortification homogène : il pré-

1) Une lance d'origine viking, à longue flamme losangée et à douille courte et rivetée de bronze, est également conservée au Musée de Nantes.

① Sépulture naviforme.

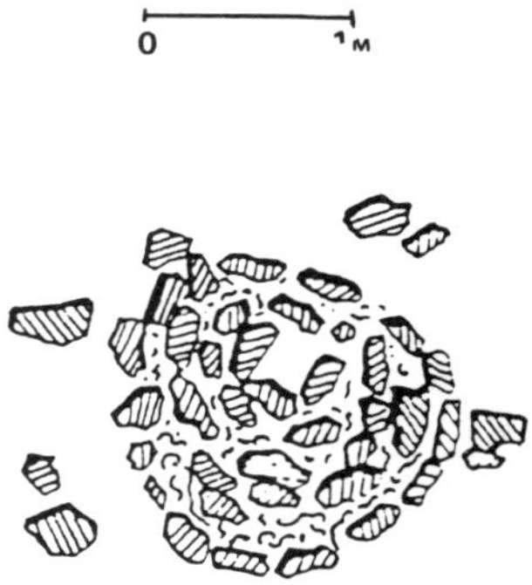

② Sépulture à incinération.

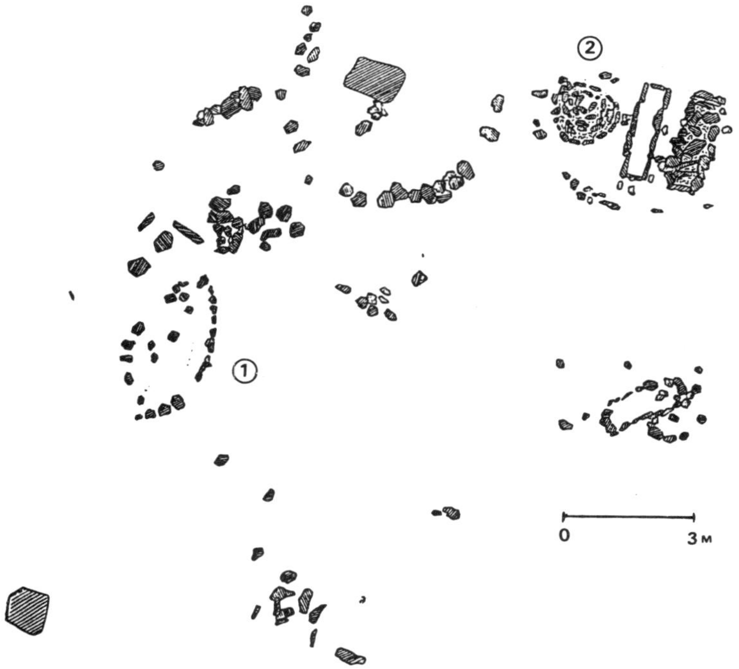

LA NÉCROPOLE DE RÉVILLE
Document C.R.A.M. - Université de Caen

Nécropole de Réville avant les fouilles. (Photo C.R.A.M., Caen)

Réville, sépulture naviforme. (Photo C.R.A.M., Caen).

sente deux parties très différentes, de part et d'autre de l'actuelle route qui conduit de Digulleville à Beaumont-Hague. A l'ouest, le rempart est élevé — il atteint parfois une hauteur de 6 mètres — et construit à même le plateau. Il est fait de simples couches de terre superposées et maintenues par des pierres sèches. A l'est, au contraire, il est beaucoup moins haut et utilise l'escarpement naturel du versant nord de la vallée de la Sabine le long de laquelle il serpente. En outre, les fouilles entreprises de 1951 à 1953 y ont montré la présence de nombreux trous laissés par des poteaux (dont il ne reste plus rien). Ce sont là les traces d'une palissade de bois qui surmontait le rempart, précédée d'un fossé vers le sud. Il était donc construit pour défendre la Hague contre d'éventuelles attaques venant de la terre. Ce dispositif est d'une structure semblable à celle de la partie la plus ancienne du Danevirke, érigé par les Danois au sud du Jutland au début du IXe siècle.

Certes le Hague-Dike n'est pas une fortification viking : il fut construit par les Celtes entre 900 et 800 avant notre ère. Mais la partie orientale du rempart a vraisemblablement été complétée par les

Réville, sépulture naviforme. (Photo C.R.A.M., Caen).

Réville, sépulture à incinération. (Photo C.R.A.M., Caen).

Le vase de Réville. Musée de Normandie, Caen. (Photo P. David.)

Vikings, pour qui les murs de protection étaient un dispositif de défense habituel. Installés dans la Hague, ils l'auront découvert et en auront tiré profit. Ils lui auront également donné le nom qu'on lui connaît : « Hague » vient du norrois « haka », qui a le sens de « promontoire », et « Dike » vient de « dík » ou « díki », qui désigne une levée. Malheureusement, aucun objet n'a été découvert aux abords du rempart.

De l'autre côté de la presqu'île du Cotentin, en 1962, une grande marée creusa la plage de Réville, au nord de la pointe de Saire, et découvrit les vestiges d'une nécropole située en arrière des rochers du Dranguet. La plupart des tombes étaient de forme presque rectangulaire, sortes de caissons dont les larges pierres plates étaient enfoncées dans la vase. Il n'y restait plus que quelques ossements très abîmés par la mer. Ce sont des sépultures typiques de l'époque franque. Mais deux autres tombes avaient la forme d'une coque de navire d'un peu plus de 3 mètres de long sur 2 mètres de large; et une dernière, formée de quatre dalles posées à angle droit au milieu de trois cercles en pierres concentriques, contenait encore de petits fragments d'os en partie calcinés, preuve qu'il y avait eu là incinération. Cette sépulture à incinération — vraisemblablement surmontée d'un tertre à l'origine — ainsi que les deux tombes naviformes étaient des sépultures vikings.

Un seul objet a été retrouvé : un vase d'origine scandinave, dont la forme est très proche de celle de vases retrouvés en Scandinavie, par exemple à Birka, en Suède. Le site de Jarlshof (1), aux Shetland, a fourni des poteries de forme absolument identique : seul le matériau en est différent, mais il dépend de la terre utilisée. Le vase de Réville est conservé au musée de Normandie, à Caen. On peut penser que les Vikings ont placé à côté de tombes déjà existantes leurs propres sépultures — comme le cas s'est produit assez fréquemment dans les îles Britanniques. Aujourd'hui ces vestiges ont à nouveau disparu sous un banc de sable.

En fait, il a dû exister bien davantage de sépultures ayant abrité les restes de Vikings. Certaines ont été pillées au fil des siècles, d'autres mal explorées lors de fouilles faites au XIXe siècle. Et même plus récemment des bévues ont été commises — comme ces deux tertres à une dizaine de kilomètres de Rouen, délibérément rasés il y a environ trente ans, avant l'instauration d'une juridiction plus stricte. Dans la Hague, par exemple, au-delà du Hague-Dike, il existait encore au début du siècle dernier plusieurs monticules, dont les noms se terminaient en « heu » (du norrois « haugr »), peut-être de petites redoutes établies par les Vikings; il n'en reste pratiquement rien. « Licheu », « Tracheu », « Daneheu », ont disparu; à Trent-Heu, il n'y a pas trace de monticule, pas plus qu'à Jardeheu, où un corps des douanes l'a remplacé en 1840, et qu'à Lait-Heu, point culminant qui a beaucoup servi à des fins militaires (notamment pendant la Seconde Guerre mondiale). Seule l'éminence de Hutch-Heu existe encore, mais dans un piètre état. Il en va de même des tertres, dont beaucoup ne sont plus connus que par des mentions souvent imprécises, et dont ceux qui subsistent — par exemple dans la lande de Jobourg — ont été soit pillés,

1) Ce site illustre parfaitement la continuité entre la préhistoire et l'histoire : on y distingue aisément les établissements successifs. Le premier remonte à l'âge de pierre, le second correspond à l'âge de fer et comprend un « broch »; il a été utilisé jusqu'à l'arrivée des Norvégiens. Le village de ces derniers s'est agrandi jusqu'au XIIIe siècle. Une ferme médiévale prit le relais, remplacée à la fin du XVIe siècle par la demeure du « Laird ».

soit fouillés sans précautions. Certains étaient probablement d'origine scandinave, mais il est impossible de le vérifier aujourd'hui.

Il est vrai que la christianisation rapide, surtout dans la partie orientale de la Normandie, a dû faire disparaître assez tôt les tombes avec mobilier funéraire. La seule sépulture à bateau — comme il s'en trouve en quantité en Scandinavie — qui ait été mise au jour en France, est celle de l'île de Groix, au large des côtes bretonnes.

Un tertre situé à l'extrémité du cap fermant à l'ouest la petite baie de Port-Maria, sur la face atlantique de l'île, fouillé en 1906, à la hâte, dans de très mauvaises conditions, renfermait les restes carbonisés d'un bateau, des ossements calcinés et un important mobilier funéraire. Du bateau, long d'une quinzaine de mètres, il ne restait que du charbon de bois, plus de 800 rivets et des éléments du décor de la poupe. On a retrouvé des armes : fragments de deux épées, de deux haches, de trois lances et de plusieurs fers de flèches, ainsi que les restes de 21 umbos de boucliers — l'umbo en étant la partie centrale, en métal — ; des outils : marteau en fer, pinces de forgeron, deux poinçons, fragments de gouge et pierre à aiguiser; mais aussi un chaudron en bronze avec divers éléments décoratifs, des boucles de harnais, une boucle de ceinture et une autre, plus petite, des pions et dés à jouer, etc. C'était, à l'évidence, la sépulture d'un chef viking dont le corps avait été placé à l'intérieur du bateau, avec ses armes et les objets personnels dont il aurait besoin dans l'au-delà. Le tout fut incinéré et recouvert de terre pour former un tertre, comme il en existe de très nombreux exemples en Scandinavie et comme les sagas l'évoquent fréquemment. Quelques-uns de ces objets sont exposés au musée de Carnac, mais la plupart sont conservés au Musée des Antiquités Nationales de Saint-Germain-en-Laye. La sépulture de l'île de Groix semble dater de la deuxième moitié du Xe siècle et serait donc un exemple assez tardif de ce type d'inhumation.

En Normandie, nous ne connaissons aucun autre vestige de l'époque viking. Il s'est révélé impossible de dater avec précision la barque — ou plus exactement son empreinte, longue de 18 mètres, marquée par les rivets — , enfouie dans l'anse de la Saline, à Fermanville, sur la côte nord du Cotentin, découverte en 1968 : entre le IVe et le Xe siècle… C'était vraisemblablement une barque saxonne. Nous ne saurons jamais non plus si la « gondole » du marais de Carentan était un bateau viking : pendant tout un hiver elle a servi, tout juste après la guerre, de bois de chauffage à ceux qui l'avaient découverte et appelée ainsi (1).

Ce sont, au total, bien peu de découvertes, quand on considère le nombre des envahisseurs scandinaves des IXe et Xe siècles. Il est vrai qu'aucune recherche systématique n'a été entreprise en Normandie pour étudier les traces de l'occupation. C'est peut-être une des raisons de la rareté des vestiges. En draguant l'estuaire de la Seine là où la barre a dû surprendre plus d'une embarcation viking, en fouillant les zones côtières marécageuses, propices à la conservation, en essayant de retrouver le camp « d'Oscelle » ou les restes de fortifications édifiées pendant le long siège de Saint-Lô, peut-être trouvera-t-on un jour d'autres témoignages de cette époque. Rien n'interdit de l'espérer.

Mais on peut imaginer d'autres raisons que le retard de l'archéologie. Un grand nombre de sépultures par incinération sur des barques incendiées, lancées au large, comme c'était aussi la coutume, qu'ont remplacées très tôt les sépultures chrétiennes, sans mobilier, voilà qui a pu avoir une certaine répercussion. On sait aussi que les côtes ont parfois avancé ou reculé, et qu'elles ne sont plus forcément de nos jours celles de l'époque viking. Il est possible enfin que des objets d'origine scandinave aient été fondus à Villedieu, apportés là par les paysans qui les trouvaient dans leurs champs, avec des objets d'autres époques et leurs propres ustensibles à « recycler » (2).

Toujours est-il que, même si une partie du patrimoine archéologique scandinave a été gaspillé, on est encore en droit de s'attendre à de nouvelles découvertes qui enrichiront notre connaissance des Vikings en Normandie.

1) Sans doute pour sa ressemblance avec la « gondole » des pêcheurs de Grandcamp, une barque à fond plat, construite à clin et très relevée aux extrémités, conçue pour être échouée facilement sur la plage.

2) Au début du XVIIIe siècle, on disait que Villedieu était la ville où l'on pouvait se procurer la plus belle collection de monnaies anciennes qui soit, parce que tous les jours les paysans en apportaient qu'ils trouvaient en labourant leurs champs et vendaient aux fondeurs. Au siècle dernier, on sait que beaucoup de haches en bronze y ont ainsi été fondues.

CHAPITRE II

LA DESCENDANCE SCANDINAVE

Lorsqu'à la fin du XIXe siècle, les Normands prirent conscience de leur passé scandinave, ils voulurent en mesurer l'ampleur.

C'est alors que furent entreprises plusieurs études anthropologiques. L'enquête de R. Collignon, médecin militaire au 25e régiment d'infanterie, a porté en grande partie sur les jeunes recrues, lors des conseils de révision. Il notait par exemple, en 1880, que dans le département de la Manche, plus de 60% d'entre elles avaient les yeux clairs, que 30 à 40% avaient les cheveux blonds, roux ou châtains, et que l'indice céphalique — qui exprime le rapport entre la longueur et la largeur du crâne — était le plus bas (80-81) dans le nord du Cotentin. Il en conclut à une prédominance du dolichocéphale blond, au teint clair et aux yeux bleus, notamment dans les arrondissements de Cherbourg et de Valognes (1), par opposition au type brachycéphale brun et de plus petite taille du sud du département, où l'indice céphalique, dans l'arrondissement d'Avranches, atteint 86-87.

1) Il est arrivé à de semblables conclusions pour les arrondissements de Bayeux, Caen, Pont-l'Evêque et Lisieux, en Basse-Normandie.

Le dolichocéphale se caractérise par un contour ovalaire du crâne, allongé d'avant en arrière. Au contraire, le contour du crâne du bracycéphale est plus dilaté en largeur.

Les recherches d'Edmond Spalikowski, qui ont davantage porté sur la Haute-Normandie, l'ont conduit à tirer des conclusions un peu différentes mais qui, globalement, vont dans le même sens. De là à faire valoir la forte composante nordique de certains secteurs, il n'y avait qu'un pas. A cet égard, le département de la Manche est apparu comme le plus nordique, en dépit de l'Avranchin, où la population est la plus « foncée » et l'indice céphalique le plus élevé de toute la Normandie. La répartition des deux types de population, malgré les nuances dues au métissage, se fait assez nettement à peu près au niveau de Granville.

L'étude statistique de la répartition des groupes sanguins a, par la suite, corroboré ces données. Les groupes sanguins sont un facteur héréditaire plus stable que la forme du crâne, la taille ou la pigmentation. Le groupe A, surtout élevé dans les pays scandinaves qui en sont le foyer de fréquence la plus forte en Europe, est bien représenté dans l'ensemble de la Normandie. Mais il laisse la place au groupe O dans le sud-ouest de la province, notamment dans l'Avranchin où celui-ci atteint jusqu'à 70%.

Et récemment, l'étude des groupes tissulaires (1) est allée dans le même sens. Elle a permis d'établir des cartes de répartition géographique mettant en évidence des différences assez nettes dans la fréquence des gènes. En Normandie on note, par exemple, une fréquence importante de B7 et de B8, ce qui est également le cas en Scandinavie, alors qu'elle est faible sur le pourtour méditerranéen où la fréquence de B5, au contraire, est maximale. Mais ce sont surtout les déséquilibres de liaison (2) qui renseignent sur la dynamique des populations, puisque ces phénomènes peuvent être la conséquence du mélange d'un petit nombre de migrants avec une population donnée : ceci permet de rechercher le point de départ de leur migration. C'est ainsi que les grandes migrations indo-européennes sont illustrées par le déséquilibre A1-B8 très important dans l'Europe de l'ouest et au Moyen-Orient et qui n'existe pas en Inde où toutefois les allèles A1 et B8 sont fréquents. Un autre axe de migration, venant du nord celui-

1) De même qu'une partie des antigènes portés par les globules rouges déterminent un groupe sanguin, d'autres, portés par l'ensemble des cellules nucléées, déterminent un groupe tissulaire ou H.L.A. (Human Leucocyte Antigenes).

2) Le groupe tissulaire est déterminé par différents gènes localisés sur le même chromosome : le déséquilibre de liaison représente une association préférentielle entre certains de ces gènes.

là, est formé par le déséquilibre A3-B7, semblant correspondre à l'expansion viking : on le retrouve en Normandie. En fait, sur les dix premiers déséquilibres constatés parmi la population normande de souche, sept sont communs avec ceux des populations nordiques et germaniques, contre deux seulement avec ceux des Méditerranéens.

L'étude qui portait sur la Basse-Normandie aurait été plus affinée si elle avait été poursuivie en isolant le Nord-Cotentin pour une comparaison plus poussée avec la Scandinavie. L'apport germanique en général est évident, mais, pas plus que les groupes sanguins, les groupes tissulaires ne permettent de définir rigoureusement l'apport spécifiquement nordique.

Certes, la physionomie de tel marin ou de tel paysan de pure souche, dans le nord du Cotentin notamment, parce que c'est géographiquement la région restée le plus longtemps dans un relatif isolement, rappelle aujourd'hui encore l'image qu'on a de son homologue scandinave. Mais si la colonisation viking a inévitablement laissé des traces dans la population normande, il est impossible d'en préciser véritablement l'ampleur.

D'une part les Vikings n'étaient pas tous blonds aux yeux bleus : cette vision fait partie du mythe romantique. Si c'était probablement le cas pour la majorité d'entre eux, il y avait aussi parmi eux des bruns aux yeux noirs. Le scalde le plus célèbre du Xe siècle, Egill Skallagrímsson, en est la parfaite illustration ! Et certains auteurs de sagas jouent parfois sur l'opposition physique de deux personnages — par exemple, ces deux « jarls » des Orcades qui s'affrontèrent jusqu'à la mort : le blond Rögnvaldr et le brun Þorfinnr (1).

D'autre part ils ne vinrent pas seuls : on comptait dans leurs rangs bon nombre de mercenaires dont ils louaient les services et des esclaves de diverses origines. C'est ainsi que les Norvégiens qui s'établirent dans le nord du Cotentin, amenèrent des associés, des esclaves et peut-être aussi des femmes celtiques de l'Irlande ou des Hébrides d'où ils venaient. On s'en rend compte en voyant certains toponymes

1) La description faite dans *l'Orkneyinga saga* est éloquente :
« Rögnvaldr était particulièrement beau, aux longs cheveux dorés comme de la soie. Très tôt il était devenu grand et fort et il avait belle allure... » « Le jarl Þorfinnr était exceptionnellement grand et fort, il était laid, il avait les cheveux noirs, des traits anguleux, un grand nez et des sourcils touffus... »

du Nord-Cotentin : Digulleville, dans la Hague, a pour premier élément le prénom irlandais « Dicuil », Doncanville, dans le Val de Saire, le prénom « Duncan », fréquent aux Hébrides, et le premier élément de Quinéville rappelle le prénom écossais moderne Kenneth. On note, en outre, parmi les patronymes modernes, Néel, Murdac ou Beccan, tous trois dérivés du géalique.

Enfin — et c'est cela surtout qui fausse toute étude anthropologique cherchant à définir la descendance scandinave — les Vikings se sont installés dans une province déjà peuplée de Saxons et de Francs, issus eux aussi de la souche germanique, dont les caractères ethniques sont en réalité communs à tous. Car il y a eu, dans la future Normandie, quelques établissements saxons (surtout au IVe siècle), dont les textes historiques ne nous permettent guère de préciser l'ampleur, mais auxquels le pays entre Bayeux et Coutances ainsi que les vallées de la Vire et de l'Orne semblent avoir servi de sites (1). Ces colonies saxonnes, fondées par les armes, ont évidemment laissé leur empreinte. Et la conquête franque, qui ne s'est pas limitée à de petits secteurs comme l'invasion saxonne, s'est faite pacifiquement après la bataille de Soissons, en 486, qui mit fin à l'ère gallo-romaine. Les Francs ont pris les terres vacantes dans toute la province, se sont mêlés à l'ancienne population et, en quatre siècles, ont élaboré un nouveau type de société. Bien plus que les Saxons, les Francs ont nettement marqué la Normandie du point de vue anthropologique.

Saxons, Francs et Scandinaves ont un type assez semblable : ils sont grands, ils ont les yeux clairs, les cheveux blonds et le crâne allongé; ils sont, pour beaucoup, du groupe sanguin A et se distinguent, entre autres, par un déséquilibre H.L.A. A3-B7. La descendance scandinave existe en Normandie — elle est même indéniable — mais l'anthropologie ne peut avoir de valeur démonstrative rigoureuse, d'autant plus qu'il y a eu brassage avec d'autres populations et que celui-ci ne fait que s'accélérer de nos jours.

Il faut aussi considérer les principaux traits de la psychologie normande, dans la partie septentrionale de la province, qui ne sont pas sans rappeler ceux du monde nordique. On peut d'ailleurs les rappro-

1) La présence des Saxons en Normandie est attestée au VIe siècle par Grégoire de Tours, qui mentionne les « Saxones Bajocassini », autrement dit les Saxons de Bayeux ou du Bessin. Et plusieurs textes du IXe siècle évoquent sous le nom d'« Otlinga Saxonia » une circonscription peut-être située dans le Bessin.

cher de bien des traits caractéristiques des personnages des sagas islandaises : or ces personnages sont les anciens Scandinaves, présentés d'un point de vue scandinave.

L'aspect le plus connu du Normand est son relativisme, qui s'exprime dans la célèbre formule : « p'têt'ben qu'oui, p'têt'ben qu'non ! » Or ce sens des nuances se double d'une certaine réserve : il n'aime pas les excès de langage — contrairement à la tendance à l'exagération du Méridional — et ne prend pas de positions trop carrées, comme l'illustre cette autre formule non moins fameuse : « pour une année où y a des pommes, y a pas de pommes; pour une année où y a pas de pommes, y a des pommes ! » Or on trouve ce même laconisme dans les sagas : moins on parle, moins on en dit et moins on prête à fausse interprétation. Il n'y a pas de paroles en l'air, tout est mûrement réfléchi. « Parle à profit ou tais-toi ! » dit le proverbe islandais; il s'applique aussi aux Normands. Le mutisme de Guillaume le Conquérant n'est-il pas devenu légendaire ? Les Normands ne sont pas bavards, ils ne se livrent pas facilement et leur réserve est souvent proche de la froideur. Ils ne sont pas très accueillants de prime abord.

Le réalisme normand est un second aspect qu'on retrouve aussi dans les sagas : les descriptions y sont souvent d'un réalisme très cru, et qu'on pense à la classification des blessures qui permettait, selon l'ancienne loi islandaise, de déterminer la compensation que le blessé était en droit d'exiger (1). Le Normand a d'ailleurs horreur des abstractions et partage avec le personnage des sagas le même sens du concret, du réel. La langue norroise est impropre à rendre les abstractions et toute la sagesse populaire s'exprime de façon très concrète, très réelle.

Le Normand a le sens de l'intérêt matériel; on a pu dire de lui : « quand il n'a rien emporté, il croit avoir oublié quelque chose », et lui-même se plaît à dire : « mieux vaut faire envie que pitié ! » Il en va de même dans les sagas, où l'on entend parler, par exemple, de marchandages à n'en plus finir; le paysan normand aussi aime bien gagner un marché, quitte à ce que ce soit au détriment d'autrui. Il

1) On distinguait en effet la simple lésion, la blessure plus profonde mais qui n'atteint pas l'os, celle qui atteint l'os sans être trop grave, et la blessure importante avec effusion de sang. Encore fallait-il que le blessé fasse aussitôt constater l'état de sa blessure par des témoins.

y a, de part et d'autre, la même ardeur à ne pas perdre la face. Le Normand sait attendre et tirer profit de son attente; l'ancien Scandinave fait montre du même opportunisme : « il faut prendre la rivière comme elle va », dit le proverbe. Le fait de s'adapter aux circonstances amène le Normand à faire facilement volte-face : d'où sa mauvaise foi, que rend l'expression « une parole de Normand ». C'est peut-être un jugement qui remonte au temps des invasions et qui se vérifie chez les personnages des sagas dont la duplicité est souvent déroutante et se traduit par le manque de franchise, la ruse, le revirement de conduite. Les Picards sont sans doute à l'origine du dicton : « de Normandie, mauvais vent, mauvaises gens ». Dans les sagas, la fraude et le mensonge se pratiquent sans scrupule.

Ceci explique deux autres traits caractéristiques tant du Normand que de l'ancien Scandinave : la prudence et la méfiance. Les Normands sont à l'origine d'une formule qui en dit long : « j'en jurerais, mais je ne le parierais pas ». De même, dans le *Hávamál* — poème eddique très ancien, longue leçon de morale dite par le dieu Óðinn — , une grande partie des sentences concernent la prudence. Le Normand est méfiant, l'ancien Scandinave l'était aussi : « méfie-toi de tes ennemis et des amis de tes ennemis », ou encore : « ne loue la bière que quand elle est bue et la femme que quand elle est morte ! »

Et pourtant le Normand se veut fidèle à la parole donnée. S'il conclut une transaction en tapant dans la main de son interlocuteur, c'est une vieille habitude scandinave. Dans les sagas, la transaction se faisait devant témoins et se terminait par une poignée de main qui comportait tout un rituel. En outre le Normand a gardé des anciens Scandinaves l'amour de la procédure, de la chicane. Les paysans normands ont intenté beaucoup de procès — pour des histoires de bornage des champs, par exemple — et une pièce comme *Les Plaideurs* s'est moquée de leur esprit procédurier. Aujourd'hui ils préfèrent un bon accord à un mauvais procès, mais c'était encore l'inverse au siècle dernier : « c'est mon droit et j'y tiens ». Les sagas font le récit d'innombrables procès et l'ancien code de lois islandais était d'une minutie incroyable — pourtant l'injustice triomphait aussi quelquefois.

S'ils sont assez conservateurs, les Normands n'en ont pas moins le goût du risque et de l'aventure. Ils ne manquent pas de bravoure, mais elle est réfléchie et s'illustre par le geste de Charlotte Corday, un geste prémédité, qu'elle n'a pas fait sur un coup de tête. Le courage et la vaillance des anciens Scandinaves se passent de tout commentaire : les sagas en témoignent à longueur de pages.

Le Normand aime l'ordre et l'autorité — mais pas la tyrannie —, le personnage des sagas a aussi, dans l'ensemble, le plus grand respect pour toute autorité, politique ou religieuse. Ils ont également, l'un comme l'autre, un sens de l'indépendance très poussé. Le Normand est un individualiste, mais ses activités profitent à la communauté. De même, le personnage des sagas est un individualiste — « à chacun de savoir où investir sa marchandise », dit le proverbe — mais son sens collectif l'amène à la copropriété, aux associations et aux guildes.

Signalons enfin — dernier trait de caractère des Normands — leur sarcasme. L'humour normand est parfois féroce, comme en témoigne par exemple cette expression : « y cause mieux qu'un ch'vau, mais y court moins vite ! » Dans les sagas aussi, l'ironie et l'humour sont aigres et grinçants. Il n'y a pas de plaisanterie gratuite, l'humour est lucide et froid.

La comparaison entre les Normands et les personnages des sagas — dont beaucoup sont au fond proches des Vikings qui colonisèrent la Normandie — est fort éloquente. Les Normands ont, d'une certaine manière, conservé le tempérament dont ils ont hérité des Vikings : toutefois le tempérament normand n'est plus aussi typé aujourd'hui, dans la plupart des cas, si bien qu'une telle comparaison était sans doute plus vraie au XIXe siècle. Ce à quoi il convient d'ajouter que le caractère franc ou saxon — donc germanique — n'était probablement pas très éloigné du caractère nordique et qu'il faudrait l'y associer dans le tempérament du Normand qui, ne l'oublions pas non plus, a subi en outre l'influence romane.

Dernier aspect de la descendance scandinave, beaucoup de Normands portent encore aujourd'hui des noms de familles dérivés du norrois. Les patronymes ne se sont fixés que vers le XVe siècle en Normandie et, pendant les cinq ou six cents ans qui précédèrent, on a continué à donner des noms scandinaves. Curieusement, ils se sont conservés sous forme de patronymes, mais ont à peu près disparu en tant que prénoms. « Toustain » et « Anquetil » furent les derniers prénoms scandinaves employés comme tels : ils sont attestés jusqu'au début du XVIe siècle.

Toutefois les noms francs et scandinaves (et même saxons) présentent une grande similitude. Lorsqu'on les étudie en composition toponymique, on arrive tant bien que mal à les différencier — pas toujours d'ailleurs — mais lorsqu'on a affaire à des patronymes modernes, seule une poignée d'entre eux ne font aucun doute quant à leur origine norroise. En voici quelques-uns :

Anquetil	vient du norrois	Ásketill.
Aumond, Esmond, Osmond	vient du norrois	Ásmundr.
Auzouf, Osouf	vient du norrois	Ásúlfr.
Hastain	vient du norrois	Hásteinn.
Havard	vient du norrois	Hávarðr.
Quétil, Quetel, Quetier	vient du norrois	Ketill.
Thouroude, Troude	vient du norrois	Þorvaldr.
Torchetil, Turquetil	vient du norrois	Þorketill.
Tostain, Toutain, Toustain	vient du norrois	Þorsteinn.
Tougard	vient du norrois	Þorgarðr.
Turgis, Tourgis	vient du norrois	Þorgils.
Turgot	vient du norrois	Þorgautr.
Turmod	vient du norrois	Þormóðr.
Turquier, Turquet	vient du norrois	Þorkell.
Turrou	vient du norrois	Þorúlfr.

On peut probablement y ajouter : Onfroy (du norrois Unfriðr), Anfrie ou Anfrey (de Ásfriðr), Auger ou Augé (de Álgeirr), Rou (de Hrólfr), Inguier (de Ingvarr), Yver ou Yvard (de Ívarr) — et Stigand, issu d'un nom plus particulièrement anglo-scandinave, Stígandi. Mais dans beaucoup d'autres cas, il est impossible de savoir si l'origine est scandinave ou franque. Voici quelques exemples parmi les plus courants :

Anger vient soit du norrois Ásgeirr, soit du franc Ansger.
Angot vient soit du norrois Ásgautr, soit du franc Ansgaud.
Baudry vient soit du norrois Baldrekr, soit du franc Balderik.
Burnouf, Bunouf vient soit du norrois Björnúlfr, soit du franc Bernulf.
Esnouf vient soit du norrois Arnólfr, soit du franc Arnulf.
Héraut, Héroult vient soit du norrois Haraldr, soit du franc Herold.
Igou, Ingouf, Ygouf vient soit du norrois Ingólfr, soit du franc Ingulf.
Renouf vient soit du norrois Runólfr, soit du franc Ragnulf.
Vigot vient soit du norrois Vígautr, soit du franc Widgaud.

Aujourd'hui encore la répartition des prénoms scandinaves devenus noms de familles correspond assez bien aux zones de peuplement : la mode des prénoms nordiques a prévalu dans les territoires où la densité des colons scandinaves était la plus forte. C'est ainsi que dans la partie méridionale de la Normandie, les Anquetil, Toutain, etc; sont rares et d'un apport récent, alors qu'ils sont assez nombreux dans le pays de Caux, le Vexin et le Lieuvin, la plaine de Caen et le Cotentin.

On peut aussi remarquer que 30% des patronymes normands commencent par « le » : Lepetit, Legros, Lemarchand, etc. Ils sont particulièrement nombreux dans le nord du Cotentin, et c'est un pourcentage nettement supérieur à celui du reste de la France. L'influence du sobriquet scandinave pourrait en être en partie la cause. Les surnoms sont d'ailleurs fréquemment attestés dans les textes les plus anciens, ainsi : Guillaume Bellebarbe (en 1047), Jacques le Cat (en 1311),Galterius Marc-d'argent (en 1198), Henri le Porc (en 1200), Guillaume Vuerreglaz (c'est-à-dire verglas, en 1093), Adam Barbeusle (en 1198), etc. Et on trouve aussi encore en Normandie des patronymes issus de vocables norrois, comme Le Vauman (de « *hvalmann », baleinier), Godeman (de « góðr », bon, et « maðr »/« mann », homme), Guineman ou Vineman (de « vinnumaðr », ouvrier agricole), etc.

Si de vieilles gens disent encore, par exemple : « Pierre à Jacques » — c'est-à-dire Pierre, le fils de Jacques — , c'est peut-être aussi la lointaine habitude nordique (1). C'est d'ailleurs de cette façon que s'expliquent les patronymes issus de prénoms scandinaves : le prénom de la personne était à l'origine suivi de la mention « fils de » ou « fille de » et du prénom du père. On trouve par exemple : Robertus filius Turchitilli ou Emma filia Tustini. Puis on a omis la mention « fils de » ou « fille de » : Robertus Turchitilli (Robert Turquetil), Emma Tustini (Emma Tostain). Et c'est ainsi que le second prénom (celui du père) a été figé sous forme de patronyme.

L'anthropologie et l'anthroponymie ne permettent pas de faire ressortir de façon probante l'élément nordique dans la population normande moderne, mais leurs données en recoupent d'autres : historiques, linguistiques et toponymiques. C'est l'ensemble de ces données qui nous donne une image assez précise de l'établissement scandinave en Normandie.

1) La pratique s'est maintenue en Islande, où il n'existe pas de patronymes : on dit toujours « fils de » ou « fille de », suivi du nom du père. Par exemple : Örnulfur Pálsson (Örnulfur, fils de Páll) ou Sigríður Pálsdóttir (Sigríður, fille de Páll).

CHAPITRE III

LE PATOIS NORMAND

Lorsque les Vikings débarquèrent dans la future Normandie, au IXe siècle, ils parlaient tous pratiquement la même langue. Cette langue norroise présentait encore une certaine unité, en dépit de quelques différences dialectales, et tous se comprenaient aisément. La colonie suédoise du sud du Jutland n'était pas étrangère du point de vue de la langue; et lorsque les scaldes islandais vinrent composer leurs vers à la cour des rois norvégiens ou danois, ils le faisaient dans la langue commune à tous — une langue à laquelle les anciens Scandinaves donnèrent longtemps le nom de « dönsk tunga », littéralement « langue danoise ». Cette expression semble avoir été l'expression consacrée dans toute la Scandinavie et, même en Islande, elle a signifié « la langue maternelle » bien après la diversification des langues scandinaves ébauchée à la fin du XIe siècle (1).

Autrement dit, il était impossible aux étrangers qui les entendaient parler de savoir si les Vikings étaient danois ou norvégiens (ou même

1) L'Islandais Snorri Sturluson, homme politique passionné d'histoire et de littérature, mort en 1241, raconte dans le prologue de sa magnifique collection de sagas, la *Heimskringla,* que son œuvre contient les récits des chefs qui avaient été à la tête d'un royaume en Scandinavie et parlaient « la langue danoise ». Or il s'agit avant tout des rois norvégiens.

suédois). Leur langue était proche de celle que les Islandais parlent encore de nos jours car, en Islande, elle s'est conservée de façon presque inchangée. Un incroyable conservatisme linguistique y a en effet figé le norrois, devenu du XIIe au XIVe siècle, langue culturelle par excellence puisqu'elle a permis la floraison d'une riche littérature écrite en prose et en vers.

L'alphabet latin ne fit, progressivement, son apparition en Scandinavie qu'à la suite de la conversion au christianisme : la langue parlée par les Vikings était essentiellement orale. Cependant, une forme d'écriture permettait de la transcrire, l'écriture runique. Les runes en usage à l'époque viking ne comprenaient plus que 16 signes (au lieu des 24 vers l'an 700) et avaient perdu le caractère magique ou secret qu'elles avaient à l'origine. Il existait plusieurs variantes du « fuþark » — l'alphabet runique est ainsi appelé du nom de ses six premiers signes. Au Danemark, y compris les vieilles provinces danoises de la Suède, c'étaient les runes dites « danoises »; en Suède et sur une zone allant de la Norvège occidentale à l'île de Gotland, une écriture quelque peu simplifiée s'est développée : les runes dites « suédo-norvégiennes » (1); en Norvège, l'écriture a subi leur double influence : ce sont les runes dites « de Jæder » d'une part, et les runes « norroises » de l'autre, qui se sont aussi trouvées exportées vers les colonies de l'ouest. Voici, à titre d'exemple, le « fuþark » danois, tel qu'il figure sur la pierre de Gørlev, en Seeland :

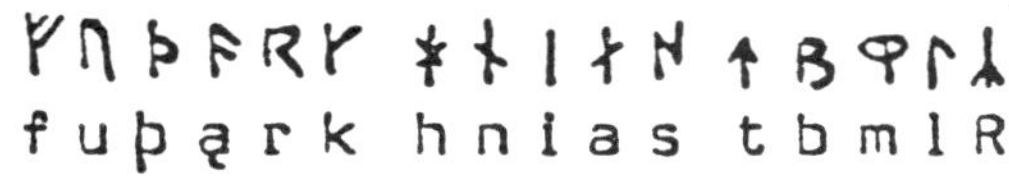

On remarque qu'il n'y a pas de signes pour rendre les consonnes p, d et g, qui sont donc exprimées par les runes, b, t et k. Il n'y a pas non plus de signes pour rendre les voyelles e et o, qui doivent être exprimées par les runes pour i (ou a) et u. En revanche, la distinction entre le r roulé et le r grasseyé subsiste, sous forme de deux signes différents et l'expression de la nasalité est établie pour a avec un signe particulier.

1) En fait cette désignation prête à confusion, étant donné que la plupart des inscriptions en Suède comme en Norvège ont été faites en runes « danoises ». Mais il est vrai que les runes « suédo-norvégiennes » n'ont pas été utilisées au Danemark !

A l'époque viking, on avait pris l'habitude de dresser des pierres runiques : il s'agissait, le plus souvent, de célébrer la mémoire d'un chef, en gravant un texte sur une pierre après l'avoir dressée. L'inscription était souvent encadrée de traits servant de guide à chaque ligne, ce qui est à l'origine de ce qu'on appelle le « serpent runique », car les traits sinueux furent bientôt ornés d'une tête et d'une queue. Mais d'autres inscriptions n'ont pas de caractère funéraire, gravées sur de petits objets par exemple. Il est même probable qu'on ait gravé en runes des messages sur des plaquettes de bois pour porter des nouvelles — mais le bois résiste mal au temps.

Les Scandinaves ont pratiqué l'épigraphie runique hors de Scandinavie. Nous ne connaissons que trois inscriptions sur le secteur suédois, mais il en existe beaucoup sur le secteur norvégien, d'ailleurs inégalement réparties : très nombreuses dans les archipels écossais et au Groenland, plus rares aux Féroé et en Islande. Les Danois en ont laissé quelques-unes en Angleterre, mais en Normandie l'art des runes semble n'avoir jamais été pratiqué.

Cependant, il est vrai qu'un texte runique est conservé en Normandie, mais il n'est pas scandinave ! En effet, les Anglo-Saxons ont également fait usage de runes et, contrairement aux Scandinaves qui réduisirent le nombre des signes, ils le portèrent à 28 et parfois à 31 (et même à 33) ! (1)

Or le trésor de la collégiale Saint-Évroult, à Mortain, comprend un chrismale, petit coffret destiné, à l'origine, à être porté autour du cou par un moine en voyage, et servant de pyxide ou de reliquaire. En hêtre doublé de cuivre, celui-ci est long de 13,5 cm, large de 5 cm et haut de 11,5 cm; il se présente sous la forme d'une maison dont l'un des versants du « toit » (c'est-à-dire du couvercle) est gravé de trois lignes horizontales :

g o o d h e l p e æ a d a n

1) Voici la suite des runes anglo-saxonnes gravées sur un scramasaxe (sorte de sabre à un tranchant) trouvé dans la Tamise, près de Londres :

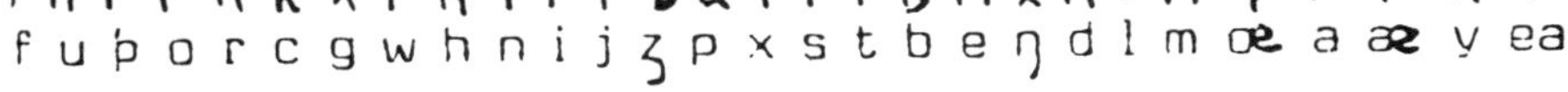

f u þ o r c g w h n i j ʒ p x s t b e ŋ d l m œ a æ y ea

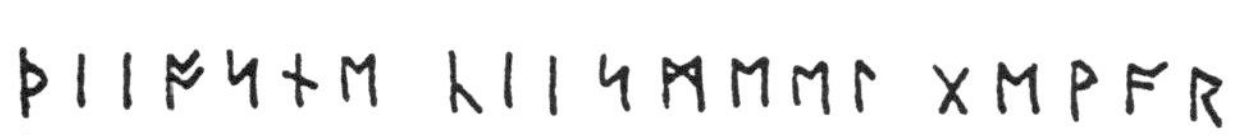

þiiosne ciismeel gewar

ahtæ

L'inscription signifie : « que Dieu aide Aedán, il fit ce chrismale ». Il s'agit d'un chrismale northumbrien, datant de la fin du VIIe ou du début du VIIIe siècle, qui a probablement été rapporté du nord de l'Angleterre en Normandie par Robert, comte de Mortain, qui fonda la collégiale en 1082.

Il n'existe par conséquent aucune trace écrite de la langue norroise en Normandie, hormis les quelques mots latinisés que les clercs ont employés pour décrire certaines notions qu'ils ne pouvaient évoquer autrement : par exemple la « hamfara », que seule une longue périphrase latine était capable de définir sinon. Mais ceci n'est la preuve que de l'emploi attardé de quelques mots essentiellement à caractère juridique. La seule langue écrite était le latin.

Or les colons scandinaves trouvèrent sur place épouses et concubines. Les femmes indigènes ont ainsi joué un rôle essentiel dès le début de l'établissement dans les rapports entre occupants et occupés. Qu'apprend un enfant de sa mère si ce n'est sa langue et l'ensemble des traditions qu'elle représente ? Les unions mixtes ont eu pour conséquence directe l'asphyxie de la langue norroise, tandis que les Vikings se convertissaient au christianisme et s'intégraient dans une communauté avec laquelle ils allaient peu à peu se fondre.

Au bout de quelques générations, le norrois tomba en désuétude. Nous n'avons de preuves de son usage que jusque vers le milieu du Xe siècle. Dudon de Saint-Quentin rapporte en effet deux anecdotes qui indiquent que le norrois était encore parlé du temps de Guillaume Longue-Epée. La première, c'est que vers 940 celui-ci confia son fils à Bothon pour qu'il l'emmène à Bayeux afin que le jeune Richard y apprenne la langue de ses ancêtres. Dudon précise que c'est parce qu'à Bayeux on parlait plus communément norrois que roman, alors qu'à Rouen la langue romane l'emportait sur l'autre. Benoît, dans sa *Chronique des ducs de Normandie,* va encore plus loin en affirmant que déjà du vivant de Guillaume, on ne parlait plus norrois à Rouen (1). La seconde anecdote a trait à la rencontre de Vizé (en 942), où le duc Herman de Saxe se serait adressé à Guillaume en norrois : devant la surprise du duc normand, il lui aurait expliqué qu'il avait appris cette langue en captivité chez ses compatriotes. C'est dire en tout cas que Guillaume Longue-Epée était capable de s'entretenir en norrois.

Robert Wace, par ailleurs, confirme que Richard Ier n'avait pas désappris la langue — et qu'il n'était pas le seul — vers 869 : des chefs normands en colère exprimèrent au duc, en norrois, leur mécontentement :

« Forment les oissiez daneschier e crier
E encuntre Richart durement estriver »,
peut-on lire dans le *Roman de Rou.*

Si Bayeux a pu rester ville norroise plus longtemps que Rouen, c'est parce qu'elle n'était pas aussi directement accessible aux influences de la Francie. Il est aussi très vraisemblable que la « danesche langue » s'est maintenue davantage dans les zones les plus isolées, notamment les zones maritimes où des « poches » norroises subsistèrent au moins jusqu'au début du XIe siècle. Peut-être, dans les derniers temps, ne savaient-ils plus tout dire en norrois, mais ils devaient avoir conservé les mots de la vie quotidienne et les termes techniques ayant trait à leurs activités. Le norrois s'est éteint, certes, mais il avait été parlé suffisamment longtemps en Normandie pour y laisser des traces.

Quand on considère le patois normand (ou plutôt *les* patois normands) d'aujourd'hui, on se rend compte que sur le plan de la morphologie — c'est-à-dire des différentes formes (verbales, nominales, etc.) — et de la syntaxe — c'est-à-dire de la construction des phrases — il se différencie assez peu du français. En revanche, sa prononciation et son vocabulaire lui apportent la plupart de ses particularités — tout en restant presque exclusivement dans le domaine linguistique français.

Certes, il convient de constater que le domaine dialectal normand le plus caractérisé phonétiquement coïncide grossièrement avec la zone

1) Benoît écrit en effet :
« Si a Rouen le faz garder
Et norir gaires longuement
Il ne saura parler neient
Daneis; kar nul nel'i parole...
Mes a Baiues en a tanz
Ki ne sevent se Daneis non. »

colonisée par les Scandinaves telle que la toponymie nous permet de la définir. Il se situe au nord d'un faisceau d'isoglosses (1) qui délimitent trois phénomènes particuliers :
— Le c latin suivi d'un a a abouti à la prononciation [k] (au lieu de [ʃ] en français) : « cat » (chat), « branque » (branche).
— Le latin suivi d'un e ou d'un i a abouti à la prononciation [ʃ] (au lieu de [s]) : « chendre » (cendre), « chitrouille » (citrouille).
— Le w germanique et le v latin ont abouti à [v] (au lieu de [g]) : « varou » (garou), « vi » (gui).

Et il se situe à l'ouest d'un autre faisceau de trois isoglosses qui marquent la limite des phénomènes suivants :
— les ē et ĭ latins ont abouti à [e] ou [ɛ] (au lieu de « oi » en français) : « té » (toi), « bère » (boire).
— Le son [ar] français est fermé et devient [er] : « ergile » (argile), « quérue » (charue).
— Les [e], [ɛ] et [ɛ̃] ne sont pas labialisés derrière une consonne labiale : « armaire » (armoire), « meins » (moins).

A ces caractéristiques principales s'ajoutent bien d'autres phénomènes qu'on rencontre soit dans des régions assez étendues, soit de façon très locale. On pourrait citer, entre autres, l'évolution du g latin devant a, où il a abouti à [g]au lieu de [ʒ] : « gardin » (jardin); la forte expiration du h aspiré français, qui tend vers [hr] : « hrache » (hache); la palatalisation de c devant u, où il a abouti à [tʃ] : « tchuré » (curé); etc.

Or tous ces phénomènes sont sans grand rapport avec une quelconque influence de la langue norroise. Tout au plus pourrait-on supposer que, là où le norrois s'est imposé, il aura pu renforcer la résistance de l'élément germanique à une certaine évolution de la prononciation du roman — comme le son [k]au lieu de [ʃ], ou le h fortement expiré.

C'est Charles Joret qui, en 1883, a montré que la Normandie était phonétiquement divisée en deux zones, séparées par une ligne allant de Granville à Gisors (en passant au nord de Vire, au sud d'Orbec et à l'est d'Evreux). Au nord de cette ligne, qui correspond aux deux premières isoglosses citées plus haut, et qu'on a nommée depuis lors « la ligne Joret », on appelle un chat un « cat » et on compte en « chin-

1) Une isoglosse est une limite linguistique qui sépare des phénomènes différents — ici, en l'occurrence, des phénomènes d'ordre phonétique.

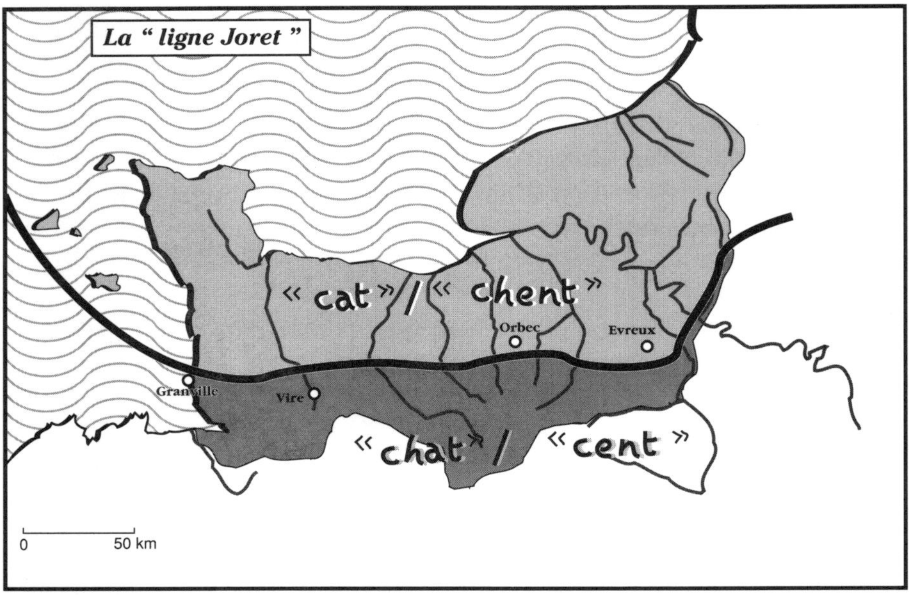

quante» et en «chent». C'est aussi au nord de cette ligne que s'est fait l'établissement scandinave : mais le lien entre les deux est bien mince.

Cependant, c'est dans son vocabulaire que le patois normand a gardé une réelle empreinte norroise — même si celle-ci reste assez limitée. On ne compte plus en effet aujourd'hui qu'une bonne centaine de mots dont l'origine scandinave soit à peu près certaine, auxquels s'ajoutent, il est vrai, une cinquantaine d'autres mots ayant trait à la navigation et que le français a emprunté directement au vieux normand où ils étaient en usage.

Les mots dont le patois normand a fait l'acquisition sont évidemment des mots de la vie quotidienne qui se sont maintenus plus longtemps. La population locale aura fini par en adopter certains pour les avoir entendus très souvent, d'autres parce que ces vocables leur étaient imposés par les nouvelles structures, et le reste parce qu'ils exprimaient des notions pour lesquelles la langue romane manquait de termes précis.

Il en existe, tout d'abord, qui ont trait à la vie dans les campagnes, où s'est faite la colonisation. Certains termes qui décrivent des éléments du paysage — et qu'on retrouve sous forme d'appellatifs en toponymie — sont tombés en désuétude, mais ils ont dû être employés très tôt en vieux normand, car la plupart furent aussi utilisés comme noms de lieux uniquement précédés de l'article défini, au singulier ou au pluriel, et parfois sous une forme diminutive. C'est ainsi qu'un *« tôt » (1) (du norrois « toft ») désignait une ferme, un *« tourp » (de « þorp ») désignait une ferme isolée ou un hameau, un *« tuit » (de « þveit ») un essart, un *« bec » (de « bekkr ») un ruisseau, une *« londe » (de « lundr ») un bosquet, un *« houme » (de « hólmi ») un îlot, une *« dale » (de « dalr ») une vallée, etc. Ces termes ne sont jamais attestés tels quels dans les textes normands anciens, toutefois on trouve dans le patois de Guernesey le mot « houmet », qui décrit un pâturage à demi entouré d'eau, et qui ne peut-être que le diminutif de *« houme ».

A Guernesey également, le mot « oure » (une pente rocailleuse et inculte) vient du norrois « urð », désignant un tas de pierres tombées d'un côteau. Par ailleurs, une « écore » est une berge escarpée : c'est peut-être le norrois « skor » (crevasse, précipice); les « mielles » sont les dunes de sable le long de la côte du Cotentin : on y retrouve le norrois *« mjelar » (ou « melar », pluriel de « melr », une dune) (2); et la « vâtre » (l'eau bourbeuse, la boue) vient peut-être de « vatr », ancienne forme assez rare de « vatn » (l'eau) — d'où le verbe « se vâtrer », se salir dans la boue.

Pour ce qui est des champs et de la terre, une « delle » désigne une pièce de terre labourée — plusieurs d'entre elles forment un « dellage » ; ce mot est utilisé dans la plaine de Caen et le Bessin, et vient sans doute du norrois « deill », mais sous l'influence anglo-saxonne car il a servi davantage dans le Danelag qu'en Scandinavie proprement dite. De même, la mesure agraire normande, l'« acre » — le terme est apparenté au norrois « ákr » (au sens plus vaste de champ, et même de

1) L'astérisque (*) précédant un mot indique que celui-ci n'est pas attesté.

2) En danois moderne, une dune se dit « klit », mais la plus haute dune danoise, dans le nord du Jutland, porte le nom de Råbjerg Mile — où « Mile » est évidemment l'équivalent de « mielle ».

récolte) — , semble avoir été importée par les Scandinaves venus d'outre-Manche (1).

Parmi les mots concernant l'habitat, le « buret » (c'est-à-dire la porcherie) et le « buron » (une petite cabane) sont formés à partir du norrois « búr » (un appentis). Un « cotin » est une petite maison : c'est le norrois « kot », qui a le même sens, et qui a donné aussi le mot normand « cotie » qui décrit une rangée de maisons. Les mots « bédière » ou « bédot » (selon les régions) se disent d'un mauvais lit et viennent du norrois « beðr » (lit, litière). Dans le patois de Jersey, une « bingue » est un panier rond, en osier, à deux anses (peut-être du norrois « bingr », dans le sens de récipient), et dans celui du Cotentin une « flouette » — un « flouet », dans la Hague — est une girouette, sans doute du norrois « fluga » (voler). Un « viquet » (une petite porte) est peut-être à rapprocher du verbe norrois « víkjask » (s'esquiver). Un « tro » (à Jersey et parfois dans le Cotentin) est un pétrin : on y reconnaît le norrois « trog », de même sens. Une « bie », sorte de cruche, est à rapprocher de « biða » (petit récipient en bois). Une « herquette », qui désigne un râteau dans la région de Vire, vient du norrois « herkja » (traîner de-ci, de-là) ; et un « hétier », dans le Val de Saire, est une grande poêle plate : peut-être du norrois « heitr » (brûlant). Citons encore le mot jersiais « cliu », un petit morceau d'étoffe, qui vient du norrois « klútr » (un fichu), et le mot « tondre », dont on désigne l'amadou dans le nord du Cotentin et les îles, du norrois « tundr » (même sens). Enfin une « flique », morceau de pain ou de viande, vient de « flikki » (tranche de lard).

Dans les anciennes salines, les aires de marais ou « dams » (du norrois « dammr » retenue d'eau) étaient bordées de levées de terre ou « dics » (du norrois « díki », même sens) et drainées par des ruisselets ou « fliets » (du norrois « fljót », ruisseau). On disposait les tas de sel sur les « hogues », c'est-à-dire les buttes (du norrois « haugr », même sens).

1) D'autres termes, aujourd'hui tombés en désuétude, qui étaient également utilisés surtout dans le Bessin et un peu dans le nord du Cotentin, ont la même origine anglo-scandinave : il s'agit de « forlenc » (groupe de sillons d'une certaine largeur) — vieil anglais « furlang » —, de « vendinc » (l'endroit où l'on tourne la charrue) — vieil anglais « wending » — , et de « hovelland » (l'endroit où les sillons buttent sur des sillons perpendiculaires) — vieil anglais « heafodland » — . Ils ont dû être apportés en Normandie par des Vikings d'abord fixés dans le Danelag. En revanche le mot « boël », qui désignait une pièce de terre, notamment dans les défrichements, est d'origine romane, forme ancienne de « boyau », servant à décrire l'aspect de la parcelle.

Un « coqueron », dans le pays de Bray, — une « coque », dans la région de Pont-Audemer — est une veillotte de foin qu'on laisse sécher dans un pré : on y voit le norrois « kökkr » (un tas). L'« étoc » est un tronc d'arbre, de « stokkr » (tronc ou bûche) et la « torve » (à Guernesey) la tourbe, de « torf » ou « torfa » (même sens). Parmi les plantes, il y a la « dogue » (ou encore « doque » ou « doche »), la patience, sans doute du norrois *« dokka » — qu'on retrouve dans « ådokka », en suédois —; la « hague », dans le nord du Cotentin et à Jersey, est le fruit de l'aubépine, du norrois *« hag », dans le mot composé « hagþorn » (aubépine); la « génotte » (ou « gernotte), petite plante ombellifère *(Conopodium majus)* dont le tubercule souterrain est comestible, vient du norrois *« jarðhnot » — littéralement : noix (« hnot ») de terre (« jarð«) — qui a donné : « jordnøtt » en norvégien pour désigner la même plante (1); le « vamôque » est le coquelicot, du norrois *« valmogi » (qu'on retrouve en vieux suédois sous la forme « valmoghe »), même sens; le « han » (dans le nord du Cotentin), le souchet à longues racines, vient du norrois « hampr » (chanvre); le « haveron », l'avoine sauvage, vient sans doute du norrois « hafri » (avoine); et le « melgreux », l'oyat, herbe qui pousse sur les dunes, est dérivé d'un composé de « melr » (dune) et « græs » (herbe). Quant aux « gades » ou « grades », ce sont les groseilles à grappes, du norrois « gaddr » (épine).

Le « raquillon » décrit le rebut de foin que les bêtes mangent, dans la région de Cherbourg; d'où le verbe « raquilloner », faucher dans les herbages. Mais un « raquillon » est un trognon de pomme ou de poire, dans le patois de Valognes. Le mot vient de « rask » (rebut). « Rêquer » ou « rêcher », ramasser les derniers fruits, vient peut-être de « rekja » (allonger). La « rimée », la gelée blanche, vient sans doute de « hrím » (même sens), et le verbe correspondant est « rimer », geler blanc. Enfin les « furolles » sont des feux follets, dans le pays de Bray : le mot vient peut-être du norrois « fýrr » (le feu).

D'autres termes se rapportent aux animaux : animaux domestiques comme le « bécard » ou « béquerel », agneau de plus d'un an, mot qui vient de « bekri » (un bélier), et la « harousse », vieux cheval ou vieille jument, qui vient du norrois « hross » (cheval ou jument); animaux sau-

1) Le patois du Havre a aussi le verbe « égernotter » pour l'action de ramasser des tubercules de « gernottes ».

vages, notamment des oiseaux comme, à Guernesey, le « crax », un traquet, mot qui vient peut-être de « krákr » (corneille), et, dans le Cotentin et les îles, la « videco », une bécasse, du norrois *« viðkokkr » (« viðr », le bois, et « kokkr », le coq), et la « maouve », une mouette, de « már », pluriel « mávar » (même sens). Quant au « falle-rouge », le rouge-gorge, il tient le premier élément de son nom du mot norrois « falr », dont le sens est à l'origine très différent : c'est le trou dans lequel on emmanche la pointe d'une lance. La « falle » a pris, en normand, le sens de jabot des oiseaux (1). Le « brûquet » (bréchet, même origine) est sans doute à rapprocher du norrois « brjósk » (cartilage; en vieux danois *« briūsk »). Signalons encore les mots « flo » ou « flio » qui désignent un troupeau (de moutons), du norrois « flokkr » (bande, troupe); le « tierre » qui décrit la corde servant à attacher les chevaux, du norrois « tjóðr » (même sens) — d'où les verbes « tierrer » et « détierrer », attacher et détacher l'animal ; et la « melle », l'anneau du taureau, du norrois « mella » (nœud coulant) — le verbe « emmeller » signifie mettre un anneau à un taureau. Un autre verbe, « enfétonner », qui signifie attacher ou sangler les vaches de telle façon, quand elles sont au pré, qu'elles ne peuvent lever la tête pour manger les pommes dans les pommiers, vient de « festr » (une corde). Enfin l'« éclo », à Guernesey, désigne la trace du sabot d'un cheval : c'est sans doute le norrois « slóð » (trace); le mot « har » signifie poil (du norrois « hár », même sens), dans l'expression « monter à har », c'est-à-dire monter à cru; et la « houlette » est le trou du lapin, du norrois « hol » (trou) (2).

Un certain nombre de mots se rapportent aux personnes et à leur vie quotidienne. On appelle les nouveaux mariés la « bru » et le « bruman » : « bru » vient du norrois « brúðr » (jeune mariée) et « bruman » de « brúðmaðr » qui, à l'origine, signifiait garçon d'honneur. Une « guenette » ou « guenipe » est une femme de mauvaise vie : le mot est sans doute dérivé de « kvinna » (une femme), qui a aussi donné le mot « gouine », passé en français celui-là. Une « hore » ou « horette » désigne une jeune fille, du norrois « hóra » dont le sens était « fille de

1) Le mot « falle », qui désigne également le ventre, a de nombreux dérivés en patois normand : tels que la « fallue », sorte de brioche assez lourde; « défallé » ou « éfallé », décolleté; « fallu », ventru, mais aussi orgueilleux; et l'expression « avoir la falle basse », être affamé.

2) Un autre dérivé, le « houlet », signifie une brèche, une ouverture.

joie » — il y a là encore changement sémantique. Et un « leican » est un nigaud, le mot pourrait venir de « leika » (jouer).

Il faut mentionner quelques-uns des verbes issus du norrois, qui décrivent les activités les plus diverses. « Eyer », voir, observer, vient sans doute de « eyja » (regarder); « launer », traîner, perdre son temps, est peut-être à rapprocher de « lúinn » (fatigué, épuisé); « muler », bouder, vient sans doute de « múli » (gueule); « éluger », fatiguer, ennuyer, vient de « lýjask » (être fatigué); « super », boire en aspirant, de « súpa » (même sens); « floner », se pamer de colère, vient de « flóna » (s'échauffer) — on trouve aussi l'adjectif « flonné », irrité ; « ouiner », pleurer, vient de « veina » (gémir); « minchi », casser, abimer, vient peut-être de « minnka » (diminuer); « tiller », fendre, vient de « telgja » (fendre à l'aide d'une hache ou d'un couteau); « harper », agripper, vient peut-être de *« harpa » (pincer); « haguer », hacher, vient du vieux danois * « hagga » (en islandais « höggva », frapper à coup de hache); « griller » ou « égriller », glisser, vient de *« skriðla » (glisser; en vieux suédois, « skrilla » signifie « patiner »); « blikyi », loucher — dans le Cotentin —, vient de « blíkja » (luire, scintiller); « embarnir », rendre une femme enceinte, vient de « barna » (tomber enceinte); et « gaupailler », manger gloutonnement, est peut-être à rapprocher de « gapa » (ouvrir grand la bouche).

Citons encore, pêle-mêle, les noms « mucre », le moisi, du norrois « mygla » (même sens) — peut-être après confusion avec « mykr » (fumier) — (1) et « hâtie », la haine, du norrois « hata » (haïr), ainsi que les adjectifs « brague », vif, bruyant, peut-être du norrois « braka » (craquer), « écomant », dégoûtant, de « skömm » (la honte), « badé », mouillé, couvert de boue — dans l'Orne — , de « baða » (baigner), et « truté », caillé — dans la Suisse Normande —, peut-être de « þrútna » (gonfler).

Mais c'est incontestablement le vocabulaire maritime qui a subi la plus grande influence norroise : les zones côtières furent les derniers bastions linguistiques scandinaves d'une part, et les Vikings avaient une excellente connaissance de la mer d'autre part.

En patois, le « fiot » et l'« ebbe » désignent respectivement la marée montante et la marée descendante : « fiot » vient du norrois « flóð »

1) « Mucre » s'emploie aussi comme adjectif : moisi, humide; le « remucre » est une odeur de moisi — le mot est passé en français sous la forme « remugle » — et le verbe dérivé, « ramucrir », signifie humecter, humidifier.

(même sens) — qui a aussi parfois donné le mot « flouée », marée —, et « ebbe » peut-être du vieux danois, mais le mot est d'origine bas-allemande ou hollandaise. A Jersey et à Guernesey, le « tangon » est une espèce d'algue, la laminaire, du norrois « þang » (algue), de même la « vélingue », du norrois *« vringla » (enrouler). Les « grunes » désignent les fonds rocheux ne découvrant qu'exceptionnellement : le mot vient de « grúnnr » (fond marin). Les « houlles » sont les trous où l'on pêche dans les rochers : c'est le norrois « hol » ou « hola » (un trou). Et l'« estran », qui désigne la grêve mouillée, au sud de Granville, vient peut-être de « strönd » (côte, grêve).

Pour la pêche, les « dragues » sont, dans le Bessin, les bottes cuissardes qui servent à marcher dans l'eau : le mot vient peut-être du norrois « draga » (tirer, traîner). De ce même verbe est dérivé aussi le mot « dranet », sorte de filet à poissons qu'on traîne — de « dragnet » : « draga » (traîner) et « net » (filet), par opposition au « lag-net », filet qu'on tend (du verbe « leggja », poser), qui a donné le mot « lanet », un filet de pêche, dans le patois du Nord-Cotentin. On retrouve le norrois « net » dans « saunet », un grand filet, — le premier élément reste obscur —, et dans « havenet », un filet à crevettes, avec comme premier élément « háfr », qui signifie aussi « filet » et qui a donné le mot « have ». A Jersey, une « have » est un filet à crevettes muni d'un manche. La « bète » est l'appât qu'on met à l'hameçon, du norrois « beita » (un appât). Le verbe « béter » ou « abéter » décrit l'opération. Les « écrèdes » désignent, à Guernesey, les écailles : c'est peut-être à rapprocher de « skreið » (banc de poissons ou poisson séché). La « rogue » (« roque », dans le Bessin), c'est-à-dire les œufs de poisson, généralement de morue, vient de « hrogn » (même sens). A ce nom, qui est d'ailleurs passé en français, correspond l'adjectif « rogu » ou « rocu », œuvé. Et le verbe « écorer », compter le poisson péché — dans les îles —, vient de « skora » (faire une marque).

Parmi les poissons, il faut citer le « hâ » ou « haou », le milandre ou chien de mer, du norrois « hár » (qui peut avoir le même sens mais qui désignent aussi, en composition, le requin); le « célin » ou « célan », le pilchard, sorte de sardine dont on se sert pour appâter, du norrois « síld » (hareng); la « flondre » ou « fiondre », le flet, du vieux danois « flundra » (même sens); et l'« orfi », l'aiguille de mer, du norrois « hornfiskr » (même sens). Le nom de deux crabes est peut-être à rapprocher du norrois « hófr » (sabot), qui ferait allusion à leur forme : celui du « houvet », le tourteau, et du « houvelin », l'araignée de mer. Le

« havetauque » est une petite pieuvre — sur la côte du Cotentin — on y reconnaît au moins le premier élément, « haf » (la mer); et la « flie » (patelle) a la même origine que le féroïen « fliða », qui désigne le même coquillage.

Cependant, c'est en ce qui concerne le bateau et la navigation que les emprunts au norrois sont le plus spectaculaire — d'autant plus que la majorité d'entre eux a été reprise en français, qui en a conservé l'usage jusqu'à nos jours. Pas tous, certes : certains sont tombés en désuétude et ne sont attestés que dans les textes rédigés en vieux normand. Le mot « betas », la vergue, vient du vieux danois « betās » (en islandais « beiti-áss », même sens); l'« estrenc » (ou « estran »), le cordage, vient de « strengr » (même sens); le « brant », qui désignait une proue très effilée, est issu du norrois « brandr » (l'éperon) et la « feste », sorte de cordage, de « festr » (corde, cordage); la « raque », boule percée servant à faire un racage, vient du norrois « rakki » (racage); l'« estague », l'étai, vient de « stag » (même sens); le « hel », la barre du gouvernail, correspond à l'islandais « hjálm » (gouvernail) et vient sans doute d'une forme « helm » en vieux danois; l'« estière », le gouvernail, est dérivé de « stýri » (même sens); la « sigle », la voile, vient du norrois « segl » (même sens) et sans doute sous l'influence du verbe « sigla » (faire voile); le « tialz », qui désignait la tente dressée à bord d'un navire au mouillage, à la manière scandinave, vient de « tiald » (même sens). Parmi les types de bateaux vikings, deux ont laissé leur nom : la « skeið » et la « snekkja », navires de petite taille, très maniables, qui sont devenus en normand l'« eskei » et l'« esnèque ». Quant à l'« eskipre », le matelot, il s'agit du norrois « skipari » (un marin), et l'« esterman », le pilote, le timonier, est à rapprocher de « styrimaðr » (capitaine). Citons encore les verbes « hanequer » et « déhanequer », ferler et déferler, du norrois « hönk », pluriel « hankar » (rocambeau) et, dans le patois du Havre, « hammer », qui signifie ramer de façon à reculer, de « hamla » (même sens).

Si l'usage de tous ces mots a disparu aujourd'hui, la Normandie a cependant permis à plusieurs dizaines de termes norrois ayant trait à la navigation de passer du vieux normand dans ce qui allait devenir la langue française. Les Normands les ont très vite adoptés puis en firent profiter le reste du pays. En voici les principaux, qu'on trouve en français moderne :

agrès	vient du norrois	« greiði »
arrimer	vient du norrois	« rýma »

bâbord	vient du norrois	« bak-borði »
bardeau	vient du norrois	« barði »
beaupré	vient du norrois	*« bógsproti »
bitte	vient du norrois	« biti »
bord	vient du norrois	« borð »
bouline	vient du norrois	« bóglina »
brayer	vient du norrois	« bræða »
carlingue	vient du vieux danois	« karling »
cingler	vient du norrois	« sigla »
dalot	vient du norrois	« dœlla »
dégréer	vient du norrois	« greiða »
(dégréement, dégréage)		
dran	vient du norrois	« drengr »
écart	vient du norrois	« skarfr »
écarver	vient du norrois	*« skarfa »
écoute	vient du norrois	« skaut »
élingue, élinguer	vient du norrois	« slyngva »
équiper	vient du norrois	« skipa »
étai	vient du norrois	« stag »
étalingue	vient du norrois	*« stáglína »
étambot	vient du norrois	*« stafn-borð »
étambrai	vient du norrois	« timbr »
étrave	vient du norrois	« stafn »
étui	vient du norrois	« stæðingr »
flotte	vient du norrois	« floti »
gréer	vient du norrois	« greiða »
(gréement, gréage)		
guindas, guindeau	vient du norrois	« vindáss »
guinder	vient du norrois	« vinda »
haler	vient du norrois	« hala »
hauban, haubaner	vient du norrois	« höfuð-benda »
hublot	vient du norrois	« húfa »
hune	vient du norrois	« húnn »
jaumière	vient du norrois	« hjálm »
liban	vient du norrois	« lík-band »
ouaiche (ou houage)	vient du norrois	« vök » (gén. « vakar »)
quille	vient du norrois	« kjölr » (pl. « kilir »)
racage	vient du norrois	« rakki »

raquer	vient du norrois	« raka »
ralingue	vient du norrois	*« rálik »
riper	vient du norrois	« rispa »
ris, arriser	vient du norrois	« rif »
sombrer	vient du norrois	« sumla »
tanguer	vient du norrois	« tangi »
tille	vient du norrois	« þilja »
tillac	vient du norrois	« þilja » (pl. « þiljur »)
tolet	vient du norrois	« þollr »
touer (touage, touée)	vient du norrois	« toga »
tribord	vient du vieux danois	*« stíorborð » (isl. « stjórnborði »)
varangue	vient du vieux danois	« vrang » (isl. « röng »)
vibord	vient du norrois	*« vígi-borð »

En fait la Normandie a servi d'intermédiaire pour d'autres emprunts au norrois par la langue française. Il s'agit surtout d'un vocabulaire maritime. Une crique, un raz, un nez, un havre sont respectivement issus de « kriki » (petite baie), « rás » (courant, chenal), « nes » (cap), « höfn » (pl. « hafnar », vieux danois *« hafn », port). La houle vient sans doute de « hola » (creux) et le flot à la fois de « flóð » (flot, flux) et « flot », qu'on trouve dans l'expression « á floti » (à flot, flottant) (1). Une vague, c'est le norrois « vágr » (même sens), le varech c'est « reki » ou « vágrek » (littéralement : ce qui est apporté par les vagues) — vieux danois *« vrek », — (2). Parmi les crustacés, citons le crabe et le homard (respectivement de « krabbi » et « humarr », même sens); et parmi les poissons, la lingue (de « lyng-fiskr »), le lieu (de « lýr ») ou le colin (de « koli »). Un marsouin correspond à « marsvin », qui désignait en norrois un « cochon de mer », sorte de baleine. Quant

1) On trouve en vieux normand l'expression « a flotte » correspondante.

2) D'où le sens particulier d'algues apportées par la mer. A Guernesey, on dit encore « vrek » et, à Jersey, « vraicquir » signifie ramasser du varech — le travail du « vraicqueur ».

au « gord », pêcherie formée de deux rangées de perches en angle, au fond d'une rivière, et fermée par un filet, c'est le norrois « garðr » dans le sens de clôture ou palis.

Mais on trouve également en français des termes d'un tout autre ordre, emprunts les plus divers faits au norrois par le biais du normand. C'est ainsi qu'un hangar vient sans doute de « heimisgarðr » (domicile) ou *« hemsgarðr » en vieux danois; qu'une girouette correspond à « veðr-viti » (même sens) : on trouve « wirewite » en vieux normand, et on dit encore « virouette » à Jersey; qu'une dalle, avant de passer en français, avait le sens de rigole ou d'évier creusé dans la pierre, sens conservés en patois : c'est le norrois « döla » (tranchée, auge). L'expression « de guingois » est sans doute à rapprocher du norrois « vingla » (confondre) ou « vinglaðr » (confus) et « courir le guilledou » de « kveldúlfr » (littéralement : loup du soir). Enfin le verbe flâner vient de « flana » (agir précipitamment et imprudemment).

Il y a encore dans le patois normand bien d'autres mots dont l'origine norroise n'est pas impossible. Mais souvent la racine est commune à tout le groupe germanique : « gnaquer », mordre, et « gnaquée », morsure de chien, ne viennent pas forcément du norrois « gnaga » (ronger); pour la « gare », la berge d'une rivière, on peut hésiter entre le norrois « vörr » et le franc *« warôn »; un « matenot », un compagnon — dans le patois de Jersey — (1), vient soit du norrois « mötunautr », soit du hollandais « mattenot »; et le verbe « brier », pétrir, s'apparente au norrois « bryðja », mais aussi au vieux français « breier » (broyer) issu du germanique *« brekan » (briser).

Toutefois la distribution géographique d'un mot peut faire pencher en faveur de telle ou telle origine : le mot « ridet », un lièvre mâle, par exemple, qui pourrait venir du norrois « riða » (verbe décrivant l'acte d'accouplement d'un animal mâle, surtout du cheval), bien que le ð norrois n'évolue pas normalement en d normand, n'apparaît qu'en Normandie, ce qui rend l'origine scandinave probable malgré tout. De même, l'époque à laquelle le mot a fait son apparition dans la langue est souvent significative. Et si des changements de sens parfois importants se produisent au cours de la dérivation — par exemple, une « gloe », une bûche, vient du mot norrois « glóð » qui signi-

1) Le mot est passé en vieux français, puis en français sous la forme « matelot » (avec le sens de « marin »).

fie « les cendres rougeoyantes » : on est passé de la buche brûlée à la bûche entière ! — , l'influence d'une langue sur une autre se fait aussi sentir sur la forme ou la prononciation : la « loure », sorte de musette, peut venir de « lúðr » (vieux danois « ū », espèce de cor), dont le ū, au lieu de devenir [y], a gardé le son [u]sous l'influence du mot latin « lura » (tuyau). Car des règles bien précises définissent l'évolution phonétique au sein d'une langue et la prononciation des mots étrangers qu'elle emprunte.

Voici comment, dans l'ensemble, voyelles et consonnes scandinaves ont été perçues et reprises par la population de langue romane :

Voyelles

[ā], [ă] > [a], parfois [ao] : « rás » > « raz »; « falr » > « falle »; « mávar » > « maoves » (1).
[a] inaccentué > [ə] : « hora » > « hore ».
[ĕ] > [e] : « bekkr » > « bec ».
[ī], [ĭ] > [i] : « kriki » > « crique ».
[ĭ] inacentué > [e] : « rakki » > « raque ».
[o] > [o], parfois [u] « skora » > « écorer »; « bóglina » > « bouline ».
[ū] > [y], parfois [œ] : « húnn » > « hune »/« heune ».
[au] > [o], parfois [u] : « haugr » > « hogue »/« hougue ».
[iu], [io] > [ie] : « tjóðr » > « tierre ».
[ei] > [e] : « heitr » > « hétier ».

Consonnes

[b] > [b] : « bekri » > « bécard ».
[d] > [d] : « dalr » > « dale ».
[ð] tombe : « biða » > « bie »; « brúðr » > « bru ».
[f] > [f], parfois [v] : « flokkr » > « flo »; « háfr » > « have ».
[g] > [g] : « garðr » > « gord ».
[h] > [h] : « hamla » > « hammer » (2).
[j] > [ʒ] : *« jarð-hnot » > « gernotte ».
[k] > [k] : « krabbi » > « crabe ».
[l] > [l], tombe parfois : « hola » > « houlle »; « holmi » > « houmet ».
[m] > [m] : *« mjelar » > « mielles ».

1) La mutation de a par u s'est faite assez tardivement en vieux danois, ce qui explique certaines formes normandes en a au lieu du ö norrois : norrois « höggva »/vieux danois *« hagga » > normand « haguer ».

2) Dès la fin du IXe siècle, le h tombe à l'initiale devant n, l, r en vieux danois. Des mots comme « rogue » ou « rimée » montrent l'influence danoise en Normandie : au norrois « hrogn » ou « hrím » correspond le vieux danois *« rogn », *« rīm ».

[n] > [n] : « grúnnr » > « grune ».
[p] > [p] : « skipari » > « eskipre ».
[r] > [r] : « rask » > « raquillon ».
le r du nominatif tombe : « brandr » > « brant ».
[s] > [s] : « sigla » > « sigle ».
[t] > [t] : « torf » > « torve ».
[þ] > [t] : « þang » > « tangon ».
[v] > [v] : « vágr » > « vague ».

Toujours est-il que les Vikings n'ont réellement marqué le patois normand qu'en ce qui concerne le vocabulaire. Beaucoup de mots d'origine norroise ont d'ailleurs passé les limites de la Normandie : on les trouve dans le Maine, en Anjou et au Poitou, où ils ont vraisemblablement été apportés par la population normande bilingue des générations qui suivirent la colonisation. Mais il est possible aussi que les Vikings en aient introduit directement dans ces régions-là. De nombreux termes ayant trait à la pêche et à la navigation — domaines dans lesquels les Scandinaves excellaient — ont été empruntés en vieux français et la plupart font toujours partie du lexique maritime français. L'influence linguistique scandinave existe en Normandie : certains l'ont minimisée, d'autres largement exagérée. Il est évident qu'elle n'y a pas été aussi profonde que dans certains autres territoires occupés par les Vikings.

CHAPITRE IV

LES TOPONYMES SCANDINAVES EN NORMANDIE

Autant l'héritage norrois est pauvre — nous l'avons vu — pour ce qui est de l'archéologie ou de la linguistique, autant il est riche en ce qui concerne la toponymie. La Normandie abonde en noms de lieux d'origine scandinave, qui permettent de délimiter la colonisation viking, voire de la dater, d'en déterminer la densité et même de savoir d'où venaient plus précisément ces colons. Les toponymes scandinaves en Normandie sont d'un intérêt considérable.

Mais rappelons tout d'abord les grands principes de la formation toponymique. Les noms de lieux peuvent en effet être de trois sortes : simples, dérivés ou composés.

Les simples ont été donnés très tôt, tant aux paysages : « la Rivière », « le Bois », « les Vaux », qu'aux éléments apportés par l'homme dans ce paysage : « le Pont », « le Moulin », « le Puits », etc. Ces appellatifs géographiques sont évidemment d'un usage restreint puisqu'il y a risque de confusion, aussi ont-il été souvent complétés de façon à les rendre plus précis. En Normandie on trouve par exemple Falaise, Vaux, Maisons, mais aussi Pont-d'Ouilly, Vaux-sur-Seulles, Bois-Guillaume.

Les dérivés ont été formés par l'adjonction d'un suffixe. L'époque gauloise et gallo-romaine a fourni quantité de toponymes de ce type : le suffixe « -ialo » (clairière) a abouti à « -euil » — comme dans Verneuil —, « -briga » (mont) et « -dunum » (citadelle) respectivement à

« -œuvre » et « -dun » — Vendœuvre, Verdun ; ou encore « -magos » (marché) se retrouve dans la forme ancienne de Rouen (« Ratomagos »). Mais le suffixe le plus utilisé a sans doute été « -(i)acum », qui a abouti à la finale « -e », « -ei » ou « -ey » et, en Normandie, à « -y », comme dans Brachy (« le domaine de Braccius ») ou Canisy (« le domaine de Canitius »). Des diminutifs ont permis, en outre, de différencier le village secondaire d'une agglomération principale en en conservant le nom : Authouillet est le diminutif d'Autheuil, Gourel celui de Gueures. Certains toponymes ont même deux suffixes ; c'est le cas, par exemple, de Bucéels (près de Tilly-sur-Seulles) : on a ajouté à « bux » (buis) le suffixe latin « -eta », qui désigne un groupe d'arbres — et qui a abouti à « -aie » en français (chênaie, hêtraie) — et le diminutif latin « -ellum » (devenu « -el ») ; le mot signifie donc petit endroit planté de buis.

Les composés comportent deux éléments dont l'un au moins est un appellatif géographique. Le second élément peut être un adjectif, placé avant ou après. C'est un type de formation très commun, qui appartient à toutes les langues : on pourrait citer Grandchamp, Rougemont, Montaigu, Beaumesnil. Ce peut être aussi un anthroponyme : c'est le type de loin le plus fréquent. Dans le domaine linguistique roman, le déterminant suit le déterminé : aussi trouve-t-on Pont-Audemer ou Champosoult — il s'agit respectivement du nom franc « Haldemar » et du nom norrois « Ásúlfr » (1). Dans le domaine linguistique germanique, le déterminant précède le déterminé : c'est souvent le cas en Normandie où l'anthroponyme germanique est placé avant l'appellatif géographique, qui peut être soit roman, soit germanique lui aussi. Lorsque les Saxons et les Francs ont défriché, ils ont nommé de nombreux endroits, utilisant notamment des suffixes d'origine latine : « -ville » et « -court » sont les plus caractéristiques ; ainsi Barangeville a pour premier élément l'anthroponyme « Béranger », Thibouville, « Tetbolt », Harcourt, « Hariulf » et Béthencourt, « Betto ». Les formations hybrides comprenant un anthroponyme germanique et un appellatif roman, qui se rencontrent dans tout le nord de la France ainsi que dans quelques îlots isolés au sud de la Loire (notamment autour

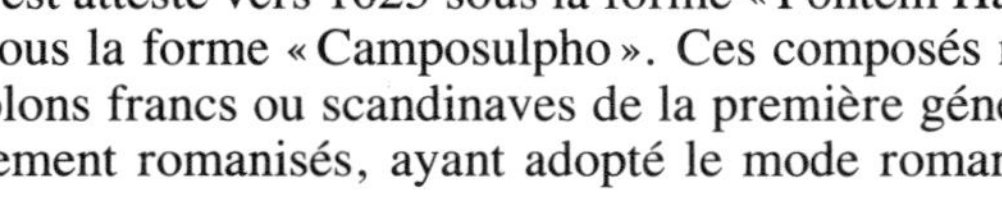

1) Pont-Audemer est attesté vers 1025 sous la forme « Pontem Haldemari », Champosoult en 1125 sous la forme « Camposulpho ». Ces composés ne sont en aucune façon le fait de colons francs ou scandinaves de la première génération, mais bien de gens déjà fortement romanisés, ayant adopté le mode roman de composition.

d'Angoulême et de Toulouse), sont probablement le fait de populations de langue germanique romanisées qui, tout en adoptant un appellatif roman, ont conservé l'ordre de composition germanique.

Enfin il peut s'agir de deux appellatifs géographiques — forme de composition propre aux langues germaniques. Mais on trouve aussi des exemples parmi les noms de lieux gaulois (1) et, en Normandie, certains toponymes purement romans ont dû être calqués sur leurs équivalents germaniques : ainsi Montivilliers et Vimoutiers signifient-ils tous deux « village du monastère », mais le premier remonte à un « monasterii villare », le second à un « vicus monasterii ».

Par ailleurs, lorsqu'on aborde l'étude des noms de lieux, il convient de prendre certaines précautions. Il est bon, dans la mesure du possible, de disposer des formes les plus anciennes attestées d'un toponyme car, derrière la forme moderne, se cache parfois un nom que les altérations subies au cours des siècles ont rendu méconnaissable. Qui pourrait deviner, par exemple, que le Cap Lévy (Val de Saire) doit son nom aux Scandinaves ? Et pourtant la forme ancienne « Kapelwic » montre la composition de « vík » (baie) et de « kapel » (chapelle) — littéralement, « la baie de la chapelle ». C'est ainsi que les Vikings norvégiens installés dans le nord du Cotentin ont appelé cette baie. Par la suite, lorsque le norrois a cessé d'être parlé, on a oublié le sens de « vík » et fait de « cap » le nouvel appellatif géographique — et au bout de plusieurs déformations successives, c'est en définitive le promontoire qui est devenu le Cap Lévy.

Derrière Yébleron (pays de Caux) se cachent l'anthroponyme norrois « Ívarr » et l'appellatif « lundr » (bois, bosquet), car en remontant le temps on trouve attestées les formes « Yebleront » (1317), « Hybelunt » (1236) et « Yvelon » (1133). Derrière Le Val-au-Sou — ou Le Val-aux-Ours —, dans l'Hiémois, anciennement « Vallis Osulfi » (1166), se cache l'anthroponyme norrois « Ásúlfr ». De même, Tout-la-Ville (pays d'Auge) est la déformation de « Torlavilla », forme attestée en 1198, où le premier élément est l'anthroponyme norrois « Þorlákr » ; et Le Navetot (plaine de Caen) a pour premier élément l'anthroponyme « Hovi », comme le montre l'évolution du mot : « Hovetot » en 1077, puis « Nouvetot » en 1473. En revanche, Langrune (à l'embouchure de la Seulles), dont la forme moderne suggère la com-

1) Nanterre par exemple, anciennement « Nemetodarum », est composé de « nemeto » (sanctuaire) et « durum » (forteresse); c'était donc « la forteresse du sanctuaire ».

position de l'appellatif norrois « grúnnr » (haut-fond) précédé de l'adjectif « langr » (long), est attesté anciennement sous les formes « Lengron » (vers 1140) et « Lingruna » (vers 1160), ce qui fait douter de cette étymologie.

Les formes anciennes sont donc précieuses et, s'il en existe plusieurs — car certains noms ont pu être mal transcrits par les copistes qui confondent par exemple un t avec un c, ou un u avec un n —, la recherche est d'autant plus fiable : on peut les vérifier et parfois éliminer une forme aberrante en s'aidant de la phonétique historique. Celle-ci permet également de reconstituer une forme d'origine à partir de la forme moderne lorsqu'il n'en existe pas de plus anciennes, en tenant compte de l'évolution propre à la langue considérée. Et comme il est très rare de rencontrer un toponyme d'un certain type de façon isolée, il faut le rapprocher de ceux qui sont formés sur le même modèle et qui constituent en fait de véritables familles toponymiques au sein d'une même région. Le rattachement à une famille permet souvent de dater un toponyme ou d'éclairer une étymologie obscure.

Pour confirmer les résultats obtenus, il est prudent de vérifier sur une carte ou sur le terrain qu'ils ne sont pas en contradiction avec la topographie des lieux. Une étymologie savamment élaborée peut s'avérer impossible parce qu'elle ne correspond pas aux données topographiques ; et celles-ci permettent même parfois de choisir parmi plusieurs explications possibles pour un même toponyme. Si l'on prend Cottun, dans le Bessin, un nom saxon dont la forme ancienne était « Coltun », on s'aperçoit que le premier élément a cinq origines possibles : « coll » (colline), « col » (charbon de bois), « colt » (poulain), « côl » (froid) ou « Cola » (nom de personne). Le fait que Cottun se trouve en rase campagne dans un pays plat, élimine en tout cas les deux premières possibilités.

Devant la richesse des toponymes scandinaves en Normandie, on peut les diviser en deux grands groupes : d'une part ceux qui décrivent la nature et se terminent notamment par « bec », « dale », « londe », « homme », « hou », « hogue », « heu », « houle », « mare », « fleur », « grune », « vic », « haule », « clif », « hague », « hoc », etc., et d'autre part ceux qui ont trait à l'habitat et à l'activité des hommes, et se terminent par « tot », « torp », « bu », « beuf », « cote », « hus », « gate », « gard », « tuit », etc., ainsi que par « ville ». En outre, il est intéressant de les comparer à ceux des pays nordiques et du Danelag, dont ils sont souvent les équivalents.

DESCRIPTION DE LA NATURE

Lorsque des colons prennent possession d'un territoire, ils donnent des noms aux endroits où ils se proposent de s'installer. Si le pays est déjà peuplé, les nouveaux noms ne reflètent qu'une mise en valeur accrue de leur part ; si le pays n'est pas peuplé entièrement ou ne l'est qu'assez peu, les nouveaux noms sont évidemment les plus nombreux. En prenant possession de la Normandie, les Scandinaves ont donné des noms aux divers éléments du paysage qu'ils rencontraient : la configuration du sol, les accidents du terrain, les eaux, les forêts. Mais ils l'ont fait de façon assez irrégulière, en ce sens que quelques appellatifs reviennent très souvent, alors que d'autres semblent n'avoir été utilisés qu'avec parcimonie, et qu'un certain nombre d'entre eux, courants en Scandinavie ou dans les autres colonies de l'ouest, ne sont pas du tout attestés en Normandie.

Parmi les plus nombreux au sein de ce premier groupe, il y a tout d'abord les toponymes en « bec ». Le norrois « bekkr » (vieux danois « bæk ») signifie « ruisseau » et le mot est passé très tôt dans le dialecte normand. Dans un premier temps, il a servi en toponymie à désigner les petits cours d'eau (1) puis, par extension, à dénommer certaines localités voisines de ces cours d'eau — tout comme en Scandinavie où il est également très courant.

On le trouve très fréquemment employé seul, précédé de l'article (« le Bec »), parfois sous la forme diminutive (« le Becquet »). Correspondant à Bække, au Danemark, ou à Bekken, en Norvège, le *Bec* est, par exemple, un affluent de la Risle ; c'est aussi un ruisseau qui passe à Ailly, près de Gaillon (2). Et le petit cours d'eau qui se jette dans la Calonne, affluent de la Touque, s'appelle le *Becquet.* Citons encore, lorsque l'appellatif est défini à la romane et se rapporte à un lieu-dit, *Le Petit-Bec, Le Bec-au-Cauchoix, Le Bec-Vauquelin* (pays de Caux), *Le Bec-Thomas* (plaine du Neubourg), ou bien — sans doute le plus connu — *Le Bec-Hellouin* (Roumois).

Quand il est en composition, l'appellatif « bec » est le plus souvent

1) On remarquera d'ailleurs que les rivières les plus importantes n'ont pas reçu de noms scandinaves. « Signa » n'est que la transcription norroise de « Seine ».

2) Ce ruisseau s'appelle en fait le *Ru-du-Bec :* c'est un pléonasme qui montre que le sens du mot « bec » a été oublié relativement tôt; il est vrai que peu de colons scandinaves ont dû pénétrer jusque dans le pays de Madrie, au sud-est de la Normandie.

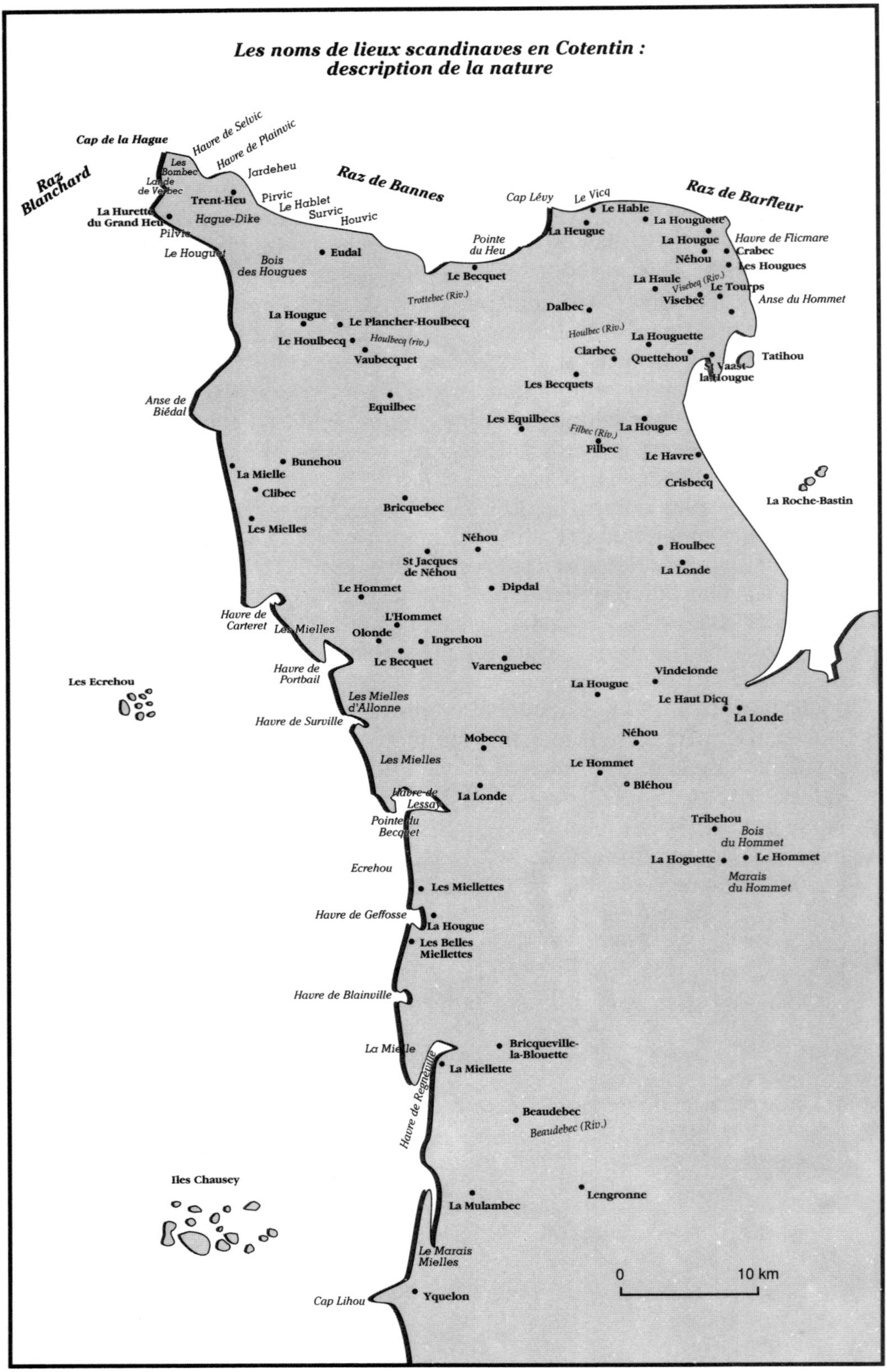
Les noms de lieux scandinaves en Cotentin :
description de la nature
Cap de la Hague
Havre de Selvic
Havre de Plainvic
Les Bombec
Lande de Verbec
Raz Blanchard
Jardeheu
Raz de Bannes
Trent-Heu
Pirvic
Le Hablet
Survic
Houvic
La Hurette du Grand Heu
Hague-Dike
Pilvic
Le Houguet
Bois des Hougues
Eudal
Cap Lévy
Le Vicq
Le Hable
Raz de Barfleur
La Houguette
La Heugue
La Hougue
Havre de Flicmare
Pointe du Heu
Néhou
Crabec
Les Hougues
Le Becquet
La Haule
Visebeq (Riv.)
Le Tourps
Trottebec (Riv.)
Visebec
Anse du Hommet
Dalbec
La Hougue
Le Plancher-Houlbecq
Houlbec (Riv.)
La Houguette
Le Houlbecq
Houlbecq (riv.)
Clarbec
Tatihou
Vaubecquet
Quettehou
St Vaast-la-Hougue
Les Becquets
Anse de Biédal
Equilbec
Les Equilbecs
Filbec (Riv.)
La Hougue
Filbec
Bunehou
Le Havre
La Mielle
Crisbecq
Clibec
La Roche-Bastin
Bricquebec
Les Mielles
Néhou
Houlbec
St Jacques de Néhou
La Londe
Le Hommet
Dipdal
Havre de Carteret
L'Hommet
Les Mielles
Olonde
Ingrehou
Le Becquet
Havre de Portbail
Varenguebec
Les Ecrehou
Vindelonde
La Hougue
Le Haut Dicq
Les Mielles d'Allonne
La Londe
Havre de Surville
Néhou
Mobecq
Les Mielles
Le Hommet
Bléhou
Havre de Lessay
La Londe
Pointe du Becquet
Tribehou
Bois du Hommet
La Hoguette
Le Hommet
Ecrehou
Marais du Hommet
Les Miellettes
Havre de Geffosse
La Hougue
Les Belles Miellettes
Havre de Blainville
La Mielle
Bricqueville-la-Blouette
La Miellette
Havre de Regnéville
Beaudebec
Beaudebec (Riv.)
Iles Chausey
La Mulambec
Lengronne
Le Marais Mielles
0
10 km
Cap Lihou
Yquelon

précédé d'un autre appellatif ou d'un adjectif scandinave indiquant la nature du terrain ou du cours d'eau lui-même : couleur, longueur, profondeur, odeur, etc. Le *Robec* est une petite rivière qui se jette dans la Seine à la hauteur de Rouen. Les formes anciennes « Rodobeck » et « Rodhebec » (attestées vers 1024 et 1030) laissent à penser que le premier élément pourrait être le même que celui du nom norrois de Rouen : « Rúðaborg » (en latin « Rothomagus », d'origine gauloise). Mais il peut aussi s'agir de l'adjectif norrois « rauðr » (rouge), qui indiquerait la coloration de l'eau, peut-être due à la nature des sols traversés. Le *Carbec* est un affluent de la Saire. D'autres ruisseaux portent aussi ce nom dans le Cotentin. Le premier élément en est sans doute l'appellatif « kar » (en vieux danois) ou « ker » (en norrois), qui désigne un vase disposé pour la capture du poisson dans une rivière (cf. Karrebæk, au Danemark). Il existe plusieurs *Houlbec* (ou *Houllebec*) dans le Roumois, l'Evrecin et le Cotentin : par exemple cet affluent de la Douve, ou celui de la Divette (Hague). Le premier élément est l'adjectif « holr » (creux, ici dans le sens de profond) qu'on retrouve dans les Holbæk et Hulbæk danois ou dans Holbeck, au Danelag.

Le *Trottebec* se jette dans la mer à Tourlaville, près de Cherbourg : le premier élément est sans doute à rapprocher du verbe norrois « þrútna » (gonfler, augmenter), car ce ruisseau « gonfle » littéralement lors de fortes pluies. Il y a dans le Cotentin plusieurs *Equilbec* : le premier élément pourrait être dérivé de « skilja » (séparer). N'est-ce qu'une coïncidence si la ligne Joret suit l'un de ces ruisseaux ? On pourrait encore citer le *Rubec*, petit affluent de la Souleuvre (Bocage), le *Rolbec*, un ruisseau du Bessin, le *Bolebec,* qui a donné son nom à *Bolbec,* localité du pays de Caux — le premier élément en est peut-être « bolr » (tronc d'arbre) —, ou encore l'*Orbiquet* qui traverse Lisieux et a donné son nom à *Orbec* — le premier élément est probablement « ør » (gravier), qu'on retrouve dans le danois Ørbæk.

Quand on voit le hameau de *Dalbec* (près de Brillevast, Val de Saire), situé dans un vallon où serpente un ruisseau, on comprend le sens du premier élément, « dalr » (vallée). C'est aussi le cas de *Daubec* dans le pays de Caux (cf. Dalbekkseter, en Norvège). *Filbec*, au contraire, dans le Cotentin, a pour premier élément l'appellatif « fell » (colline) et *Clibec,* au nord de Barneville, « klif » (falaise). Toujours dans le Cotentin, *Bricquebec* — attesté vers 1062 sous la forme aberrante de « Bricrebec » ! — a pour premier élément « brekka » (pente).

Foulbec (dans le Lieuvin) tire son nom d'un ruisseau peu agréable, puisque « fúll », le premier élément, signifie pourri, puant. Il a son équivalent dans le Danelag : Fulbeck. Les *Clarbec* du Val de Saire et du pays d'Auge ont pour premier élément l'adjectif latin « clarus » (clair), mais peut-être n'est-ce que la traduction de l'adjectif norrois « skærr » qu'on retrouve dans plusieurs Skærbæk danois, et sous la forme « skírr » dans Skirbeck (Danelag). Quant aux *Caudebec* (Caudebec-en-Caux, Caudebec-lès-Elbeuf), leur premier élément est l'adjectif norrois « kaldr » (froid), curieusement transcrit en latin par les scribes sous la forme « calidus », qui signifie exactement le contraire ! Le hameau de *Mulambec* (près de Bréhal, Cotentin), au bord d'un ruisseau, comporte l'anthroponyme scandinave « Múli » (1) — qu'on retrouve dans Muneville, localité toute proche et attestée en 1056 sous la forme « Mulevilla ». Et *Mobecq* (dans le Cotentin) a sans doute pour premier élément le norrois « möl », c'est-à-dire des graviers, des galets qu'on trouve, précisément, dans le lit d'une rivière.

Parmi les toponymes en « bec », il faudrait également mentionner *Drubec* (pays d'Auge), *Beaubec, Houlbec* et *Dambec* (pays de Bray), *Annebec* et *Rabec* (Bocage), *Visebec* et *Crabec* (Val de Saire), *Varenguebec, Crisbecq, Olbec, Risbec* (Cotentin), etc. Ils sont particulièrement nombreux en Normandie : très communs dans la région du Nord-Cotentin et de la Basse-Seine, plus rares dans le Bessin (2).

Les toponymes en « dale » (ou « dalle ») sont issus de l'appellatif norrois « dalr » qui signifie « vallée ». Ils ont d'abord désigné les dépressions du sol et, ensuite, les localités qui y étaient situées. L'appellatif « dalr » a été très courant dans la toponymie scandinave, mais moins répandu au Danemark et en Scanie, où la nature est moins accidentée (3). En Normandie, le mot à changé de genre et est devenu féminin,

1) Il est assez rare de trouver un anthroponyme comme premier élément dans les noms en « bec ». Ce pourrait aussi être le cas de *Carbec* — Kári — et, dans un toponyme du Roumois aujourd'hui disparu, « Scamelbec », « Skamel » est un nom danois ou anglo-scandinave.

2) A Vasteville, dans le nord du Cotentin, un ruisseau est appelé La Becque, forme féminine qui n'exclut pas une origine franque ou saxonne, comme il en existe beaucoup dans la Flandre d'expression française. La forme germanique « beck » se rencontre dans de nombreux toponymes bas-allemands (Handsbeck, Schönbeck, Lübeck, etc.), avec le même sens de ruisseau que l'équivalent norrois. En revanche, l'appellatif « bec », quand il a le sens de pointe, est d'origine celtique : il y en a plusieurs sur les côtes du Cotentin.

3) A cela s'ajoute le fait qu'au Danemark l'habitat se plaçait de préférence sur les hauteurs, alors qu'en Norvège ce sont dans les vallées que le peuplement s'effectuait.

et c'est sous cette forme qu'il a dû passer pour un temps dans le dialecte normand.

Employé seul, il est précédé de l'article, par exemple la *Dalle,* vallée près de Bricquebec, le ruisseau de la *Dalle* (à Hottot, pays d'Auge) ou *La Dalle,* hameau de Saint-Vigor (Evrecin) — cf. Dal(er) ou Dale(ne), en Scandinavie. Et souvent il est accompagné d'un adjectif français : *Les Longues Dalles* (à La Pernelle, près de Quettehou), *Les Grandes Dalles, Les Petites Dalles* et *Les Rouges Dalles* (pays de Caux).

En composition, c'est généralement précédé d'un appellatif ou d'un adjectif scandinave qu'on rencontre le dérivé de « dalr ». *Dieppedalle* (près de Rouen) et *Dipdalle* (près de Saint-Sauveur-le-Vicomte, Cotentin) ont pour premier élément l'adjectif « djúpr » (profond) — il en va de même de *Saint-Vaast Dieppedalle* (pays de Caux) — . Ce sont les Dybdal de Norvège, Djupadal de Scanie ou encore Deepdale, Debdale du Danelag. *Brèquedalle* (Roumois), attesté en 1207 comme « Brakedale », comporte l'appellatif « brakni » (fougère) et dans *Becdal* (près de Louviers), « bec » (ruisseau) est employé comme déterminant : on trouve respectivement les équivalents Bregendal et Bækkedal au Danemark. Le premier élément de *Tyrdal* (Hague) est vraisemblablement « þorn » (épine). *Le Val Landal* (Talou), anciennement « Lenguedale » (1245), a pour premier élément l'adjectif « langr » (long) — l'équivalent des Langdal danois et norvégiens. *Oudalle* (pays de Caux) — dont la forme ancienne « Hulvedala » (vers 1025) devrait manifestement ne pas avoir de h à l'initiale ! — a pour premier élément « úlfr » (loup). On pourrait encore citer *Bruquedalle* et *Nauredal* (pays de Bray), *Briquedalle, Niguedalle, Sensedale* et *Croixdalle* — anciennement « Craudalle », 1253 — (pays de Caux), *Mordal* et *Blesdal* (Talou), *Verdal* (Vexin), *Eudal* et l'anse de *Biédal* (Hague), etc.

D'autres encore sont attestés dans les documents anciens, mais ont disparu aujourd'hui; c'est le cas, par exemple, de « Hoquedale » et « Taintal » (près de Fécamp), où « haukr » est l'autour et « steinn » la pierre; de la vallée de « Miredales » (pays de Bray), où « mýrr » est le marais; et de « Randal » et « Rodal » (Hague), qui ont pour premier élément « hrafn » (corbeau) et « ruð » (vieux danois « roð », défrichement). Ils correspondent respectivement aux Haukdal, Steindal, Myrdal, Ravndal, norvégiens et Rodal danois.

Pour les forêts, on ne rencontre aucun toponyme issu de l'appellatif « skógr », qui décrit une grande forêt. En revanche, nombreux sont les toponymes en « londe » (ou « lon »), issus de « lundr » (taillis, bosquet, bois), appellatif largement utilisé en Scandinavie et dans le Danelag, soit seul — cf. Lund, Lunde — , soit en composition. Tout comme « dalr », « lundr » est passé dans le dialecte normand en devenant féminin, et c'est précédé de l'article qu'on le rencontre en toponymie lorsqu'il est seul ou accompagné d'un adjectif français. De même que le « bec » et la « dalle », la « londe » a d'abord désigné un petit bois puis, par extension, il a désigné une localité située dans le voisinage d'un bois ou sur l'emplacement d'un bois défriché.

On rencontre quantité de *La Londe.* Quand il s'agit de noms de forêts, le sens du mot norrois s'est souvent perdu, si bien qu'on le précise par un correspondant français : par exemple, la forêt de *La Londe,* près d'Elbeuf (Roumois) ou le bois de *La Londe,* à Saint-Georges (Bocage), mais aussi, simplement, *La Londe,* à Valliquerville (pays de Caux). Parmi les localités du même nom, il y a deux *La Londe* dans le Roumois, deux dans le pays de Caux et deux dans le pays d'Auge. Il y en a aussi dans la plaine du Neubourg, dans l'Hiémois, dans le Cinglais, dans le Bocage et dans la Hague. On trouve *La Londe* et *La Petite Londe* dans la plaine de Caen, *La Haute Londe* et *La Londe* dans le Bessin. Ce à quoi il faut ajouter les diminutifs *Londet, Londettes* ou *Londel* (pays d'Auge, Evrecin, Hiémois, Lieuvin, Roumois).

Lorsqu'il est en composition — toujours comme second élément — , il peut être précédé d'un anthroponyme scandinave : ainsi, dans *Flancourt-Catelon,* où l'on a le nom vieux danois (et vieux suédois) « Kati »; mais la plupart du temps, c'est un autre appellatif, souvent un nom d'arbre — l'essence dominante du bois d'origine — comme dans *Yquelon* (près de Granville) : « eik » (chêne) devient « eiki- » en composition, et c'est l'équivalent des Egelund au Danemark ; ou dans *Bouquelon* (près de Rouen) et le bois de *Boclon* (près de Fécamp) : « bók » (bouleau), « beyki » (ou « boki ») étant le collectif. Dans *Etoublon* (Cotentin), anciennement « Stobelont » (vers l'an 1000), le premier élément est sans doute le norrois « stubbi » ou « stobbi » (souche), qui se retrouve dans de nombreux toponymes au Danemark : Stubberup, Stobdrup, etc. Dans *Ecaquelon* (Roumois), le premier élément pourrait être l'appellatif norrois « skagi » (langue de terre, cap de basse altitude), mais la localité se trouve à l'intérieur des terres, à quelques kilomètres de la Risle. Un autre appellatif, « skekill » (extrémité d'un champ) conviendrait sans doute mieux. Pour le bois de *Becquelonde* (pays de Caux), on reconnaît l'appellatif « bekkr » (ruisseau). Et dans *Etalonde* (pays de Bray), anciennement « Stenelunda » (1139) mais

« Stanelonde » (1059), le premier élément pourrait être l'appellatif norrois « steinn » (pierre) mais, à en croire la forme plus ancienne, c'est l'anglo-saxon « stan » (même sens) qui conviendrait mieux phonétiquement. « Etalonde » serait une forme hybride anglo-scandinave, ce qui n'a rien de surprenant : parmi les colons scandinaves venus d'Angleterre, il y avait certainement des Anglo-Saxons en quête de butin et de terres nouvelles. « Etalonde » signifierait « le bois de la pierre » — une pierre y servant peut-être de borne ou de point de repère.

Il faudrait encore citer, entre autres, la forêt d'*Orlonde* (pays de Bray), la forêt d'*Azélonde* (pays de Caux), *Gaslonde* et *Vindelonde* (Cotentin) et, parmi les toponymes disparus, l'autre nom de la forêt de Scissy : la forêt de « Quokelunde », qui selon la légende fut en grande partie engloutie par la mer au VIe siècle.

Les toponymes en « homme » et en « hou » sont issus de l'appellatif norrois « hólmr » — ou « hólmi » (vieux danois « hulm ») — qui désigne tout d'abord un îlot, mais aussi une éminence au milieu d'un terrain marécageux ou encore une langue de terre, partiellement entourée par un ou plusieurs cours d'eau. En Normandie, il revêt ces trois significations.

Passé rapidement dans le dialecte normand, le mot « homme » a été utilisé très souvent seul, précédé de l'article, essentiellement dans le Roumois, le pays d'Ouche, le pays d'Auge, la plaine de Caen, le Bocage et le Bessin. Ainsi *Le Homme,* à Falaise et à Evrecy (plaine de Caen), *Le Grand-Homme* et *Le Petit-Homme,* à Merville, et *Le Home-Varaville* (pays d'Auge). « Le Homme » est l'ancien nom de l'île Marie, près de Carentan, et on appelle *Le Houlme* le pays situé entre le Noireau, la Rouvre, la Varenne et l'Egrenne. Il existe également de nombreux « Le Hommet », forme diminutive, et plusieurs d'entre eux désignent des rochers ou des îlots : *Les Hommets* sont des rochers qui se dressent devant Montfarville (au sud de Barfleur); *Le Hommet* est un îlot à l'ouest de Cherbourg; *Les Homets* sont des rochers à l'est de Jersey, et *Le Houmet* est une petite île au nord-est d'Aurigny. On trouve également *Hommet-Benest,* au nord-est de Guernesey, et *Le Noir Houmet,* au nord-ouest de l'île.

Il est assez rare en composition, associé alors à un anthroponyme, scandinave ou autre. *Catholme* (Bocage) a peut-être pour premier élément l'anthroponyme vieux danois « Kati », mais en l'absence de forme ancienne présentant un e (issu de i), il est difficile de se prononcer.

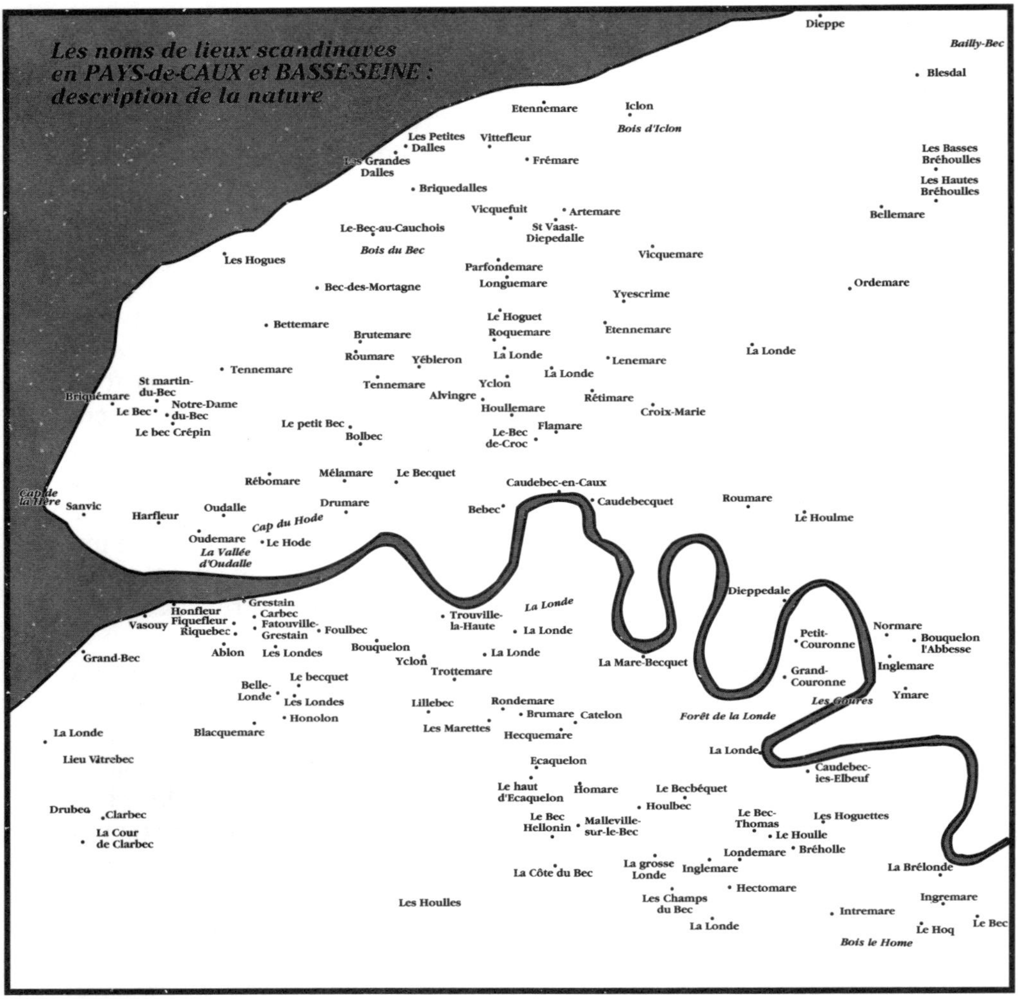
Les noms de lieux scandinaves
en PAYS-de-CAUX et BASSE-SEINE :
description de la nature
Dieppe
Bailly-Bec
Blesdal
Etennemare
Iclon
Bois d'Iclon
Les Petites Dalles
Vittefleur
Les Grandes Dalles
Frémare
Les Basses Bréhoulles
Les Hautes Bréhoulles
Briquedalles
Vicquefuit
Artemare
Bellemare
Le-Bec-au-Cauchois
St Vaast-Diepedalle
Bois du Bec
Vicquemare
Les Hogues
Parfondemare
Longuemare
Ordemare
Bec-des-Mortagne
Yvescrime
Le Hoguet
Bettemare
Brutemare
Roquemare
Etennemare
Roumare
Yébleron
La Londe
La Londe
Tennemare
La Londe
Lenemare
St martin-du-Bec
Tennemare
Yclon
Briquémare
Alvingre
Rétimare
Notre-Dame du-Bec
Le Bec
Houllemare
Croix-Marie
Le petit Bec
Flamare
Le bec Crépin
Bolbec
Le-Bec de-Croc
Mélamare
Le Becquet
Rébomare
Caudebec-en-Caux
Cap de la Hève
Sanvic
Drumare
Caudebecquet
Roumare
Harfleur
Oudalle
Bebec
Le Houlme
Cap du Hode
Oudemare
Le Hode
La Vallée d'Oudalle
Dieppedale
Grestain
Honfleur
Carbec
La Londe
Vasouy
Fiquefleur
Fatouville-Grestain
Trouville-la-Haute
Normare
Riquebec
Foulbec
La Londe
Petit-Couronne
Bouquelon l'Abbesse
Ablon
Les Londes
Bouquelon
La Londe
Grand-Bec
Yclon
La Mare-Becquet
Inglemare
Trottemare
Grand-Couronne
Le becquet
Belle-Londe
Ymare
Les Londes
Lillebec
Rondemare
Les Goures
Brumare
Catelon
Forêt de la Londe
Honolon
La Londe
Blacquemare
Les Marettes
Hecquemare
La Londe
Lieu Vitrebec
Ecaquelon
Caudebec-les-Elbeuf
Le haut d'Ecaquelon
Homare
Le Becbéquet
Drubec
Clarbec
Houlbec
Le Bec Hellonin
Malleville-sur-le-Bec
Le Bec-Thomas
Les Hoguettes
La Cour de Clarbec
Le Houlle
Londemare
Bréholle
La grosse Londe
Inglemare
La Brélonde
La Côte du Bec
Hectomare
Ingremare
Les Houlles
Les Champs du Bec
Intremare
Le Bec
La Londe
Le Hoq
Bois le Home

Robehomme, en revanche, localité située près de la Dives dans une région marécageuse (pays d'Auge) a pour premier élément le nom franc « Raimbert » : les formes anciennes en sont en effet « Raimbertihulmus » et « Raimberthomme » (1250). *Grand-Couronne* et *Petit-Couronne,* près de Rouen, sont également des composés de « hólmr », bien qu'ils soient devenus méconnaissables. Car, en remontant le temps, on trouve les formes « Corona » (dès la fin du XIIe siècle), « Coroma », « Corolme » (vers 1050), « Corhulma » (1035) et « Curtehulm » (1025). Le premier élément est peut-être l'anthroponyme anglo-saxon « Cort » (qui figure dans plusieurs toponymes anglais) et ce serait donc une formation hybride anglo-scandinave. Il faut ajouter *Engohomme,* île de la Seine située en face de Martot (Roumois) et « Torholm », l'ancien nom scandinave de la fameuse « île d'Oscelle », comme le précise, entre autres, une charte de 1080 : « quae insula Oscelli vel Turholmi dicitur ». Le premier élément en est l'anthroponyme norrois « Þórðr ».

Cependant, l'appellatif « hólmr » a également abouti à « hou », après vocalisation du l et chute du m — tout comme « Rólfr » est devenu « Rou » — et, sous cette forme, il a servi, rarement seul, le plus souvent en composition, à désigner des îlots et des rochers des côtes du Cotentin et des îles Anglo-Normandes, ainsi que des localités du Cotentin plus ou moins entourées d'eau. On trouve *Lihou,* petite île à l'ouest de Guernesey, où le premier élément est « hlíð » (pente), ou *Burhou,* petite île à l'ouest d'Aurigny, où c'est probablement « búr » (cabane). *Les Ecrehou,* ligne de rochers à l'est de Jersey, a peut-être pour premier élément « sker » (rocher isolé). Il y a aussi l'île de *Jethou,* au sud de Herm, celle de *Brecqhou,* à l'ouest de Sercq, l'îlot de *Coque Lihou,* au sud d'Aurigny et, sur la côte est du Cotentin, l'île de *Tatihou.* Enfin la pointe du Roc (à Granville) porte aussi le nom de « Cap Lihou ».

Parmi les localités, citons *Quettehou* (près de Saint-Vaast), anciennement « Chetellehou » (1047) et « Keitehulm » (1080), où le premier élément est l'anthroponyme norrois « Ketill »; *Néhou* (près de Saint-Sauveur-le-Vicomte), anciennement « Nealhou » (1195), où le premier élément est « Niáll »), anthroponyme d'origine gaélique; ou encore *Tribehou* (au sud de Carentan), où le premier élément est peut-être l'appellatif norrois « þrep » (élévation).

Les toponymes en « hogue » ou « hougue » sont issus de l'appellatif norrois « haugr », qui signifie un tertre, une éminence, une hauteur, un monticule. Adopté très tôt dans le dialecte normand, il ne se ren-

Brecqhou vu de l'île de Sercq. (Photo J. Renaud.)

contre en toponymie que seul, précédé de l'article défini féminin — alors qu'il était masculin à l'origine — dans tout le nord-ouest de la Normandie. « La Hogue » ou « La Hougue » a d'abord désigné un tertre élevé puis, par extension, une localité à proximité. On trouve, par exemple, *La Hogue,* près de Beuvron (pays d'Auge) et près de Bourguébus (plaine de Caen), *Les Hogues,* à Granville (Cotentin) et à Isigny (Bessin), *La Hougue,* sur Aurigny et près de Saint-Vaast, et *Les Hougues,* à Guernesey. Avec un adjectif français, on peut citer *La Belle-Hogue,* à Jersey, et, sous sa forme diminutive, *La Hoguette,* près de Falaise (plaine de Caen), ou *Les Hoguettes* (Roumois). Il y a aussi un *Hoguet* dans le Bessin et le Bocage, et une *Houguette* près de la pointe de Barfleur.

Or le norrois « haugr » semble être à l'origine d'un autre dérivé, utilisé presque uniquement dans la Hague, mais beaucoup moins que le précédant et rarement seul : « heu » ou « heue ». On trouve, dans la Hague, la pointe du *Heu* (à Bretteville) et le *Grand-Heu* (à Jobourg). Par ailleurs, il n'existe qu'en composition. Dans *Catheu,* rocher au large d'Etretat (pays de Caux), le premier élément est soit l'anthroponyme scandinave « Kati », soit l'appellatif anglo-saxon « catt » (chat sauvage). *La Catheue* est le nom d'un banc de sable au large de Montmartin-sur-Mer (Cotentin). Ce nom est l'équivalent de Kathøj, au Danemark. La pointe de *Jardeheu* (Hague) a pour premier élément « jarðr » (terre); citons encore les monticules près d'Omonville-la-Rogue, toujours dans la Hague : *Trent-Heu, Lait-Heu* (anciennement « Ledheu ») et *Hutch-Heu.*

Les toponymes en « houle » viennent de l'appellatif norrois « hol » ou « hola » (trou, creux), passé dans le dialecte normand sous la forme « houle ». On le rencontre presque toujours seul, précédé de l'article. Ainsi *La Houle,* près de Granville, *Le Houl,* à Catteville (Hague), *Les Houlles* (dans le Bocage) ou *Les Houles* (dans le Roumois). Il y a une « delle » du *Houl,* à Argouges, près de Bayeux (Bessin). En composition, on trouve *Cattehoule,* « delle » à Longnes (Bessin), où le premier élément est vraisemblablement l'anthroponyme scandinave « Kati ».

Il est possible que bien des toponymes en « mare » utilisent l'appellatif norrois « marr » qui signifie, à l'origine, la mer, mais qui en Normandie — où du masculin il devient féminin — a pris le sens de petit étang, d'eau stagnante. En toponymie, où il est extrêmement fréquent, il a d'abord désigné l'étang, puis les lieux habités au voisinage d'une petite étendue d'eau. Emprunté en français, le mot a ensuite été largement employé dans l'ensemble du pays.

On trouve donc quantité de « La Mare » ou « Les Mares » et, sous forme diminutive, « Les Marettes »; par exemple *La Mare,* à Anisy (plaine de Caen), *Les Mares,* à Iville (Neubourg), *La Grande Mare* et *La Petite Mare,* à Blangy (pays d'Auge). L'appellatif est d'ailleurs souvent défini à la romane, tel que dans *La Mare-Auger* (pays d'Ouche), *La Mare-Osmont* et *La Mare-Auvart* (Roumois), *La Mare-Angot* (Bessin), etc.

En composition, les toponymes en « mare » ont pour premier élément soit un anthroponyme, comme le vieux danois « Saxi » dans *Saus-*

semare, « Valr » dans *Vaumare,* « (H)rólfr » dans *Roumare,* ou encore « Koli » dans *Collemare* (pays de Caux); soit un appellatif, comme « Bók » ou « boki » (bouleau(x)) dans *Boquemare* (pays d'Auge), « lundr » (bosquet) dans *Londemare* (Neubourg), « hlið » (pente) dans le *Vaux de Limare* (pays de Caux). Citons aussi *Oudemare, Binemare* et *Tennemare* (pays de Caux), *Botremare* et *Ingremare* (Evrecin), *Aumare* et *Himare* (Roumois); il en existe bien d'autres encore.

Les toponymes en « fleur » semblent issus, pour la plupart, de l'appellatif norrois « flói », qui désigne un golfe, un large estuaire, plutôt que de « flóð », qui signifie flot; car on a sans doute eu tendance à donner le même sens à ces deux mots phonétiquement voisins, de sorte que seul « flóð » est passé dans le dialecte normand. Toujours en composition, « fleur » a été d'un usage très restreint.

Honfleur (Lieuvin), anciennement « Honneflo » (1198) ou « Honflue » (1246), a peut-être pour premier élément l'appellatif norrois « húnn », qui désigne soit la hune, soit un ourson ou un jeune enfant. Ce serait l'équivalent du toponyme islandais Húnaflói. *Fiquefleur,* à l'est de Honfleur, dont la forme la plus ancienne est « Ficquefleu » (1221), a peut-être pour premier élément l'adjectif norrois « feikn » (funeste, terrible), donné à la suite d'un événement malheureux (1). *Harfleur* (pays de Caux), de l'autre côté de l'estuaire, est attesté sous la forme « Harofloth » et « Herosfluet » (1035). Peut-être faut-il voir dans le premier élément le norrois « herjan » (pillage, mise à sac), à moins qu'il ne s'agisse d'un anthroponyme, vraisemblablement franc, « Hari ». C'est probablement aussi un anthroponyme qui constitue le premier élément de *Barfleur* (Val de Saire), peut-être le nom franc « Barbo », comme le suggère la forme ancienne « Barbefloth ».

Toutefois *Vittefleur,* à l'est de Fécamp, dont la forme ancienne est « Guiteflec » (forme aberrante pour « - flet »), serait plus vraisemblablement dérivé du norrois « flet » (maison), en composition avec l'adjectif « hvíti » (blanc) — et *Vicqfleur* (Bocage) est impossible à élucider, faute de formes anciennes.

Les toponymes en « grune » sont issus de l'appellatif norrois « grúnnr » (fond marin, haut-fond), passé très vite dans le dialecte normand, au féminin. Utilisé seul, précédé de l'article, ce nom désigne les bancs ou les rochers à fleur d'eau, sur les côtés du Cotentin et dans les îles

1) Ficquefleur est sur les bords de la Morelle. A l'époque viking, la limite sud de l'estuaire en était vraisemblablement beaucoup plus proche qu'aujourd'hui.

Anglo-Normandes : par exemple *La Grune,* dans l'anse de Plainvic et près du nez de Jobourg; *La Grune,* au nord de Jersey et entre Serk et Herm. Accompagné d'un adjectif, le toponyme devient *La Petite Grune* et *La Grande Grune,* près du cap de la Hague, ou encore *La Basse-Grune* et *Les Vieilles Grunes,* à Guernesey. Il y a aussi *Les Grunes* des Minquiers et, sous forme diminutive, *La Grunette,* près de Flamanville.

Nous avons vu que *Langrune,* à en juger par ses formes anciennes, ne tire peut-être pas son nom des rochers plats qui s'étendent face à la côte. Mais l'origine est scandinave : on pourrait y voir l'appellatif norrois « grund » (étendue d'herbe) en composition avec « lyngr » (bruyère), et le rapprocher de deux autres toponymes normands : *Lengronne,* près de Gavray, et *Lengronne,* près de Cerisy-la-Salle (Cotentin).

Les toponymes en « vic » reprennent l'appellatif norrois « vík » (anse, baie), qu'on trouve rarement seul et précédé de l'article — comme *Le Vic,* nom donné à des rochers devant Cosqueville (Val de Saire) — Mais presque toujours en composition. *Sanvic,* village situé au fond d'une crique près d'Ingouville (pays de Caux), a pour premier élément l'appellatif norrois « sandr » (sable) et correspond aux nombreux Sandvik, Sandvig de Scandinavie. Les autres sont presque tous dans le nord du Cotentin : il faut citer les anses de *Houvic, Survic, Craquevic, Barvic* et *Pirvic* (entre Gruchy et Omonville-la-Rogue), *Plainvic, Selvic,* et *Pulvic* (près du cap de la Hague), et *Pilvic* (près du Nez de Jobourg). Sans oublier le *Cap Lévy* (dans le Val de Saire), anciennement « Kapelwic ».

Et la Normandie recèle bien d'autres toponymes d'origine scandinave décrivant les différents aspects du paysage, dont l'usage a été assez limité.

Les toponymes en « haule » viennent de l'appellatif norrois « hallr » (pente, déclivité), qu'on rencontre seul, précédé de l'article au féminin : par exemple *La Haule* à Yvetot, à Catteville et à Gratot (Cotentin), *Les Haules* à Saint-Martin-des-Besaces (Bocage), ou le bois des *Haules* près d'Etretat (pays de Caux).

Les toponymes en « crique » viennent de l'appellatif norrois « kriki » (même sens), passé très tôt dans le dialecte normand. Seul, on le rencontre dans *La Crique* (pays de Caux), en composition, dans *Yvecrique* (pays de Caux également).

Les toponymes en « havre » et « hable » viennent probablement de l'appellatif norrois « höfn » (gén. « hafnar »; vieux danois *« hafn »), passé dans le dialecte normand pour décrire généralement une baie propice au mouillage. On trouve *Le Havre* de Quinéville (Cotentin) ou *Le Havre* de Goury (Hague). *Le Havre* est aussi le nom du grand port à l'embouchure de la Seine. On trouve également *Le Hable* de Dieppe (Talou), *Le Hable* de Grandcamp (Bessin) ou *Le Hable* d'Omonville (Hague).

Les toponymes en « raz » utilisent l'appellatif norrois « rás » (courant, chenal), passé dans le dialecte normand (1) : par exemple *Le Raz* de Barfleur, anciennement « Catta Ras » ou « Raz-de-Catte » (1120), *Le Raz* du Cap Lévy (Val de Saire) ou *Le Raz-Blanchard* (entre Aurigny et la Hague).

Le *Sund,* qui décrit le détroit entre les îles Chausey et le continent, est l'appellatif norrois « sund » (même sens) qu'on rencontre aussi dans la toponymie scandinave.

Les toponymes en « clif » sont issus de l'appellatif norrois « klif » (falaise), qu'on trouve en composition dans *Carqueclif,* hameau de Sainte-Marie-des-Champs (Vexin), anciennement « Kareclif » (1226), et dans *Risleclif,* près de Conteville (Roumois). D'autres ont aujourd'hui disparu, tels que « Verclive » (ancienne paroisse du Vexin), « Escaleclif » (ancien nom de Doville, Cotentin) et « Witeclive » (ancien nom de la Côte-Blanche, vignoble de Saint-Michel d'Evreux), dans lequel le premier élément était précisément « hvítr » (blanc).

Certains toponymes en « hague » sont issus de l'appellatif « hagi » (enclos, pâturage), employé seul, précédé de l'article : par exemple *Les Hagues* de Macey (Avranchin) et *Le Haguet* (un hameau du Roumois). D'autres sont issus de l'appellatif norrois « haka », qui désigne un promontoire dans la toponymie norvégienne et danoise. Outre le cap de *La Hague,* on trouve, sous sa forme diminutive, *Le Haguet,* un rocher situé devant Guernesey.

Il faut sans doute rapprocher de « haka », plutôt que de « haugr », les toponymes en « hoc », attribués également à des promontoires : la pointe du *Hoc,* à l'embouchure de la Lézarde (pays de Caux), la pointe du *Hoc* près de Grandcamp (Bessin), et le *Cul-du-Hoc,* sur la côte nord de la Hague. C'est à rapprocher du danois « huk » dans Blåvands Huk.

1) Le mot a été emprunté par la langue bretonne et il semble être passé en français (où il est attesté au XVe siècle) par l'intermédiaire du breton.

Les toponymes en « nez » viennent sans doute aussi du norrois. L'appellatif « nes » (cap) est passé dans le dialecte normand et a servi à désigner des promontoires, seul, précédé de l'article. On trouve le *Nez* de Jobourg, le *Nez* de Querqueville et le *Nez* de Carteret (Cotentin) et, dans les îles, la pointe de *Gros-Nez* (Jersey), le *Bec du Nez* (Guernesey) ou le *Nez* (Sercq).

Si la toponymie de ces îles a gardé les traces de la venue des Vikings, il n'en va pas de même du nom même des îles car, contrairement à « hólmr » (îlot), l'appellatif norrois « ey » (île) n'a guère été utilisé. Les formes anciennes de Jersey, Guernesey, Aurigny (Alderney) et Chausey indiquent en effet que la terminaison en « ey » n'est pas forcément le mot norrois, bien qu'il soit tentant de le penser. *Jersey* est attesté comme « Gersoi » vers 1025 (et « Gersui » au XIIe siècle dans le *Roman de Rou), Guernesey* comme « Greneroy » vers 1027 et « Grenerodium » vers 1048 (« Gernerui » dans le *Roman de Rou), Aurigny* comme « Aurenoium » et « Aurrene » vers 1042, et *Chausey* comme « Calsoi » en 1022.

Dans le toponyme guernesiais *Les Terres du Dis,* « dis » vient sans doute de l'appellatif norrois « dys » (tertre).

Plusieurs rochers de la côte du Cotentin pourraient tirer leur nom du norrois « snekkja », par comparaison de leur profil avec ce bateau dont le nom est passé dans le dialecte normand sous la forme « esnèque » : ainsi *La Snèque d'Amont,* près de la pointe d'Auderville, *Le Snéquet,* au large de Regnéville, *La Longuesnèque,* devant le Havre de Goury, et *Le Guesnèque,* dans la baie d'Ecalgrain.

Les toponymes en « dike » ou « dick » viennent de l'appellatif norrois « diki » (levée de terre), utilisé seul comme dans *Le Dicq,* à Criquetot (pays de Caux), *Le Dick* de Vains (Avranchin) ou *Le Dick,* à la pointe sud de Guernesey, et en composition dans *Hague-Dike* (Hague) et l'ancien « Hougue-Dick » près de Denneville (côte ouest du Cotentin). *Le Diguet,* à Louviers, en est peut-être le diminutif.

Les toponymes en « mielles », surtout sur la côte ouest et nord-ouest du Cotentin, reprennent l'appellatif norrois « melr » (pluriel « melar » ou *« mjelar ») qui est passé en normand avec le même sens de « dune ». Ainsi trouve-t-on *Les Mielles* de Barneville, de Sciotot, de Denneville, *Les Miellettes,* à Pirou. On trouve aussi *Les Grandes Mielles,* à Guernesey et, par extension, *La Miellette* est un hameau près de Regnéville.

Le cap de la *Hève* tire peut-être son nom du norrois « höfuð » (tête) — il a autrefois aussi porté le nom de « Clef de Caux » — et

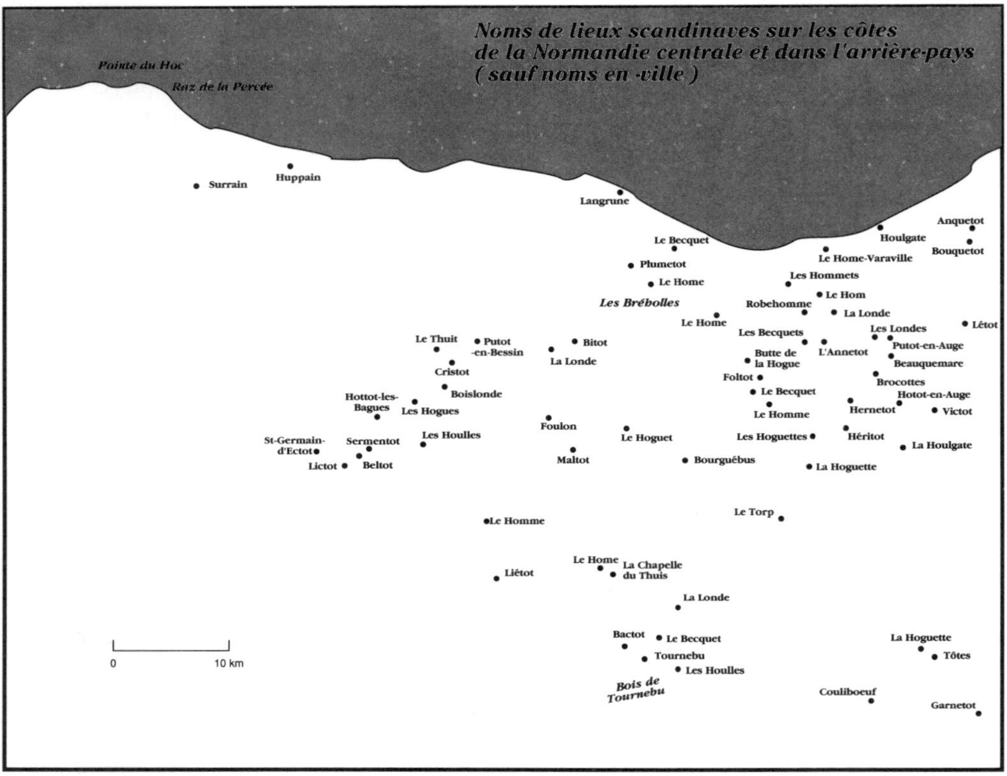

Noms de lieux scandinaves sur les côtes de la Normandie centrale et dans l'arrière-pays (sauf noms en -ville)

Dieppe, mentionné pour la première fois en 1030, est dérivé de l'adjectif norrois « djúpr » (profond) qui a sans doute d'abord qualifié sa rivière. Quelques toponymes en « stain » peuvent être issus de l'appellatif norrois « steinn » (pierre), tels que *Grestain,* à Carbec (Roumois), *La Roche-Bastin,* à Saint-Marcouf, ou *Gouestain,* au Theil (Cotentin). Enfin citons les ruisselets des marais de la Dives qui portent encore le nom de « flet », issus de l'appellatif norrois « fljót » : *Le Filet* de Graie, et *Le Grand Flet* de Magny, à Merville.

DESCRIPTION DE L'HABITAT

En s'installant en Normandie, les colons scandinaves ont évidemment marqué l'habitat et sa toponymie. Ils ont fréquemment rebaptisé d'anciennes localités dont ni l'emplacement, ni la population n'ont changé, et ils ont eux-mêmes créé de nouveaux établissements, souvent de type secondaire, en dehors des centres principaux existant déjà, et qui devinrent généralement des hameaux par la suite.

Les toponymes en « tot » ont connu une extension toute particulière. L'appellatif norrois « toft » (ou « topt ») désignait à l'origine un terrain destiné à une habitation, puis ce même terrain avec l'habitation. C'est ce sens qu'on retrouve dans les nombreux toponymes danois en « toft » — ou « tofte », au pluriel, désignant alors l'ensemble du village. Ce sens a été conservé en Normandie et dans le Danelag, mais il s'y est ajouté celui de « maison avec ses dépendances », et même de « champ » ou « terrain ». Le mot est passé très rapidement dans le dialecte normand et il se rencontre seul, précédé de l'article, essentiellement dans le pays de Caux d'une part : *Le Tot,* près de Clères, de Baromesnil, de Fontenay, d'Ingouville, de Petitville, etc., et dans le Cotentin d'autre part : *Le Tot* près de Réville (Val de Saire) ou d'Equeurdreville (Hague), par exemple. Avec un adjectif français on trouve, entre autres, *Le Grand Tot* et *Le Petit Tot* près de Biville, *Le Tot de Haut* et *Le Tot de Bas* près de Fermanville. Et, au pluriel, on trouve *Les Tots,* près de Teurtheville (Hague), mais surtout au féminin *Tostes,* près de Pont-de-l'Arche, ou encore *Tôtes,* près de Dieppe.

En composition, les toponymes en « tot », qui ont pour la plupart leur équivalent exact en Scandinavie ou dans le Danelag, ont pour premier élément — pour la moitié d'entre eux — un appellatif ou un adjectif norrois, et — pour l'autre moitié — un anthroponyme, scandinave mais aussi franc. Dans bien des cas, il est impossible de déterminer avec certitude l'origine scandinave ou franque de l'anthoponyme; mais lorsqu'il ne fait aucun doute qu'il est franc, la formation toponymique hybride peut s'expliquer de deux façons : ou bien c'est le fait de Scandinaves ayant adopté un nom franc à leur baptême, ou bien ces noms de lieux ont été forgés par une population franque (ou plus exactement gallo-franque) qui a adopté l'usage scandinave du fait qu'ils étaient en contact direct avec les nouveaux colons.

Voyons tout d'abord quelques exemples de toponymes en « tot » dont le premier élément est un appellatif ou un adjectif. Dans le pays de Caux, où ils sont très nombreux, on trouve *Epretot* (anciennement « Espertot »), dans lequel « espi » désigne un bois de trembles — c'est l'équivalent de Espertoft, au Danemark ; *Ectot* (anciennement « Eschetot », 1049), où « eski » désigne un bois de frênes — il y a Essetofte (Danemark) et Eastoft (Danelag) ; *Hectot* (anciennement « Escetot », 1053), qui a la même étymologie; *Seltot,* où « selja » signifie saule — cf. Selletoft (Danemark) ; *Hautot,* où « haugr » signifie colline, éminence — on trouve aussi des *Hotot, Hottot* et *Houquetot,* formes parallèles de Højtoft (Danemark), Huttoft ou Hotoft (Danelag) ; *Criquetot,* dans lequel « kriki » signifie ici un coin, un renfoncement (il a sinon le sens d'anse, de crique); *Outot* (anciennement « Ulvetot »), dans lequel « úlfr » signifie loup — cf. Utoft et Ulvetoft (Danemark) ; *Lanquetot,* où l'adjectif « langr » signifie long (le g de « langr » s'étant assourdi devant t) — cf. Langtofte (Danemark) et Langtoft (Danelag) ; ou encore *Micquetot,* où l'adjectif « mikill » signifie grand — cf. Møgeltofte (Danemark).

Dans le Roumois, on trouve *Appetot* (anciennement « Apletot », vers 1077), dans lequel « epli » signifie pomme — cf. Æbeltoft (Danemark) ; *Martot,* où « marr » (mer) a pris le sens de mare; *Breitot* (anciennement « Breietot »), où l'adjectif « breiðr » signifie large — cf. Bredtofte (Danemark) ; ou encore *Lilletot* (anciennement « Lictel-tot », vers 1055), dans lequel l'adjectif « lítill » signifie petit (le c de la forme ancienne étant sans doute une faute de copiste pour t) — cf. Lilletofte (Danemark). Dans le Neubourg, citons *Vitot,* dont le premier élément est soit l'appellatif « viðr« (bois, forêt), soit « víðir » (saule), soit l'adjectif « víðr » (grand, étendu) : les trois formes sont possibles, aussi bien sémantiquement que phonétiquement. Dans le pays d'Auge, citons *Folletot,* dont le premier élément est vraisemblablement « foli » (poulain); dans le Bessin, *Putot,* où « pyttr » signifie puisard; dans le Cinglais, *Bactot* (anciennement « Baketot », première moitié du XIIIe siècle), où « bakki » signifie le rebord d'un plateau, un côteau ou la berge d'un fleuve ; dans le Bocage, *Pitot,* où « píll » signifie saule — cf. Piltoft (Danemark).

Enfin, dans le Cotentin, où ils sont presque aussi nombreux que dans le pays de Caux, on trouve, par exemple, *Butot* (anciennement « Butetot », vers 1025), où le premier élément est l'appellatif « búð » (baraque), *Fritot,* où le premier élément est peut-être l'adjectif « fríðr » (beau), *Gottot,* où c'est l'adjectif « góðr » (bon), *Métot,* où le premier élément est probablement l'appellatif « melr » (dune) — cf. Meltofte (Danemark). Et dans *Le Vrétot* (Hague), anciennement « Ovretoth » (vers 1062), le premier élément est sans doute l'adjectif « øvri » (supérieur, d'en haut) : ce serait donc « le tôt d'en haut » et, de fait, ce hameau est situé sur une hauteur, près de Bricquebec.

Prenons maintenant d'autres exemples dans lesquels le premier élément est, de toute évidence, un anthroponyme scandinave. Au pays de Caux, on trouve *Brametot,* où le premier élément est un anthroponyme vieux danois, « Brami »; *Hattentot,* où il s'agit du norrois « Hásteinn »; *Gonnetot,* où il s'agit du vieux danois « Gunni » — cf. Gundtoft (Danemark) ou Gunnetoft (Danelag) ; *Runetot,* où il s'agit du norrois « Rúni »; *Sassetot* (anciennement « Saxetot », 1207), où il s'agit de l'anthroponyme vieux danois « Saxi » — cf. Sakstoft et Savsetoft (Danemark) ; *Turretot,* où il s'agit de « Þórir » (vieux danois Þōri); etc.

Citons encore *Colletot* (Roumois), où le premier élément est le norrois « Koli »; *Tourmetot* (plaine de Caen), où c'est le norrois Þormóðr; et, dans le Cotentin, *Herquetot,* où le premier élément est « Helgi » — c'est l'équivalent de Helgatótt (Islande), Helletoft et Helgetoft (Danemark) ; *Quettetot* (anciennement « Ketetot », vers 1200), où il s'agit de « Ketill » — comme dans les Kilstoft ou Keldstoft danois ; etc.

Il existe également un grand nombre de composés hybrides, où l'appellatif « tot » est associé à un anthroponyme franc, du type *Robertot.* Mais certains sont aussi d'une étymologie plus difficile à établir : anthroponyme scandinave ou autre, voire simple appellatif, il n'est pas toujours aisé de trancher.

Pour *Villetot* (Cotentin), on peut hésiter entre l'anthroponyme vieux danois « Villi » et le franc « Wilo » : étant donné la situation de cette

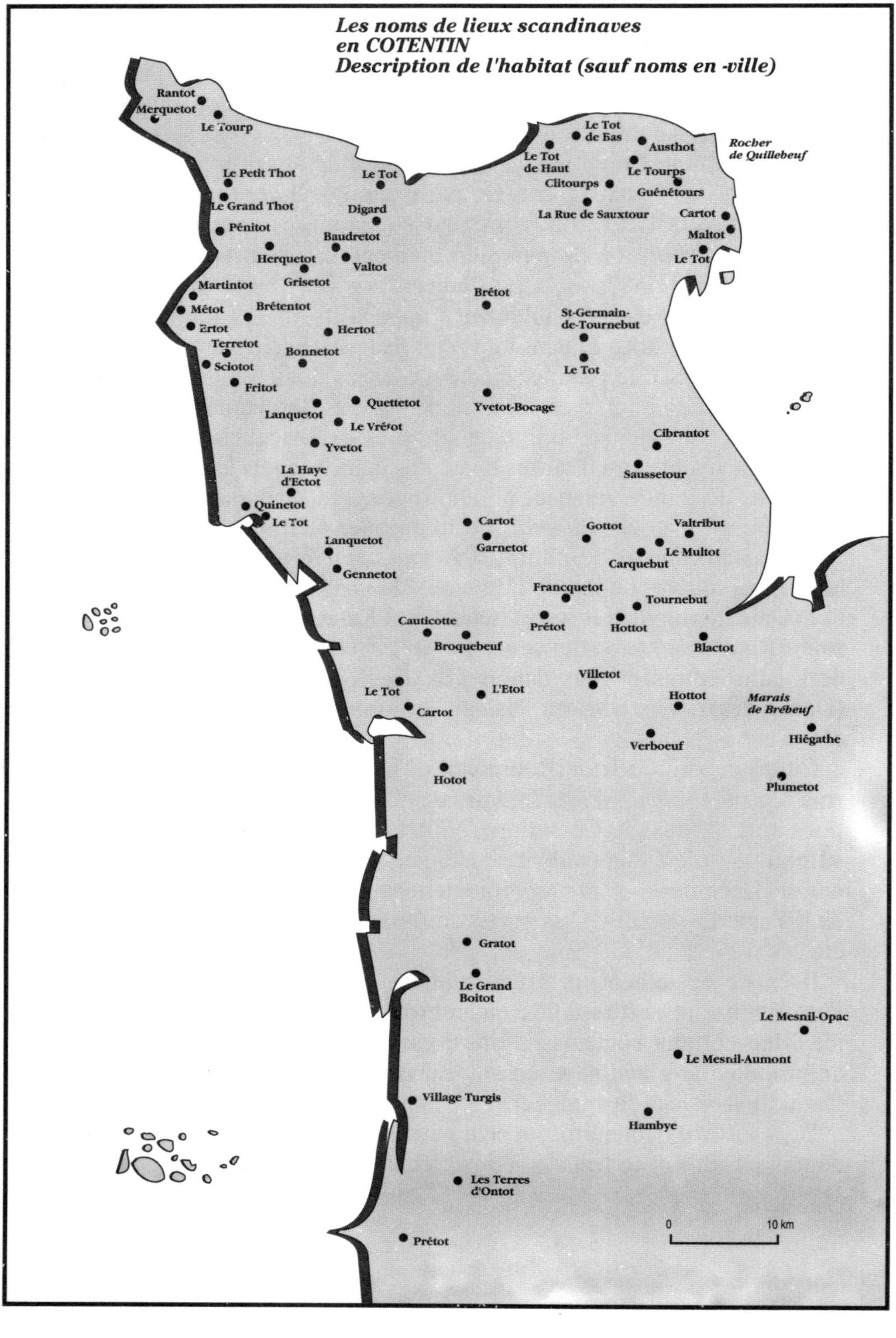

Les noms de lieux scandinaves
en COTENTIN
Description de l'habitat (sauf noms en -ville)
Rantot
Merquetot
Le Tourp
Le Tot
de Bas
Le Tot
de Haut
Austhot
Rocher
de Quillebeuf
Le Tourps
Clitourps
Guénétours
Le Petit Thot
Le Tot
Le Grand Thot
Digard
La Rue de Sauxtour
Cartot
Maltot
Le Tot
Pénitot
Baudretot
Herquetot
Valtot
Grisetot
Martintot
Brétot
Métot
Brétentot
St-Germain-
de-Tournebut
Ertot
Hertot
Terretot
Bonnetot
Sciotot
Le Tot
Fritot
Quettetot
Lanquetot
Yvetot-Bocage
Le Vrétot
Yvetot
Cibrantot
La Haye
d'Ectot
Saussetour
Quinetot
Le Tot
Cartot
Gottot
Valtribut
Lanquetot
Garnetot
Le Multot
Carquebut
Gennetot
Francquetot
Tournebut
Prétot
Hottot
Cauticotte
Broquebeuf
Blactot
Villetot
Le Tot
L'Etot
Hottot
Marais
de Brébeuf
Cartot
Verboeuf
Hiégathe
Hotot
Plumetot
Gratot
Le Grand
Boitot
Le Mesnil-Opac
Le Mesnil-Aumont
Village Turgis
Hambye
Les Terres
d'Ontot
0
10 km
Prétot

localité, la solution scandinave est plausible. Il en va de même pour *Mantot* (pays de Caux), où ce peut être soit le vieux danois « Man », soit le franc « Mann ». Dans *Caltot* (Cotentin), le premier élément peut-être soit l'anthroponyme norrois « Kali », soit l'anthroponyme franc « Karl », soit l'appellatif norrois « kál » (chou). Dans *Blactot* (Cotentin), il peut s'agir soit de l'anthroponyme danois « Blakki », attesté aussi comme surnom en Norvège, soit de l'adjectif norrois « blakki » (brun foncé) — cf. Blacktoft (Danelag). *Etaintot* (pays de Caux) a pour premier élément ou bien l'anthroponyme norrois « Steinn », ou bien l'appellatif « steinn » (pierre) — cf. Steinstoft et Stentoft (Danemark). Et dans *Louvetot* (pays de Caux), le premier élément n'est pas l'appellatif norrois « úlfr » (loup) sous une forme francisée, mais plutôt l'anthroponyme anglo-saxon « Lufa » (bien attesté dans la toponymie du Danelag); il peut s'agir soit d'un Anglo-Saxon, compagnon d'armes des Vikings, soit d'un Scandinave ayant adopté un nom anglo-saxon, ce qui n'était pas rare.

Il existe beaucoup d'autres toponymes en « tot » sur le sens desquels il est impossible de se prononcer, souvent par manque de formes suffisamment anciennes. Toujours est-il que tous ces noms en « tot » sont caractéristiques de l'époque viking : ils ont été donnés au Xe siècle et ont connu la même ampleur dans les colonies scandinaves d'Angleterre qu'en Normandie.

Les toponymes en « torp » ou « tourp », en revanche, sont très peu nombreux en Normandie. Ce radical toponymique, si répandu à l'époque viking au Danemark (y compris l'actuelle Scanie) et dans le Danelag — aujourd'hui devenu respectivement « drup », « trup », « rup » et « thorpe », n'a laissé ici que très peu de traces. Au Danemark, on appelait « torp » un village créé par les habitants d'un autre village; en Norvège (et en Islande) c'était une ferme isolée, une petite ferme. Ces deux sens conviennent aux toponymes normands, qui s'appliquent soit à des hameaux, soit à des fermes isolées.

C'est presque uniquement seul, précédé de l'article, qu'on rencontre « torp » : ainsi *Le Torp, Le Torp-Mesnil* (pays de Caux); *Le Torp,* près de Beuzeville (Roumois); *Le Torp* près de Billy et *Le Torps* près de Villers-Canivet (plaine de Caen); *Le Torp,* hameau de Saint-Floxel (Cotentin); *Le Tourps,* hameau d'Anneville-en-Saire, et *Le Tourp,* ferme d'Omonville (Hague); et sans doute aussi *Torpt* (anciennement « Trop », 1449), village du Lieuvin.

En composition, on ne trouve guère que *Saussetour* (Cotentin), anciennement « Sauxetorp » (fin du XIIe siècle), dans lequel le premier élément est l'anthroponyme « Saxi », et *Clitourps* (Val de Saire), où le premier élément est probablement l'appellatif « klif » (falaise, rocher escarpé). Clitourps est situé à l'intérieur des terres, mais au pied d'une colline qui s'élève à 140 m et qui est le point culminant de la presqu'île de Barfleur. La topographie des lieux vient donc confirmer l'explication proposée. A ces deux toponymes, il conviendrait d'ajouter celui de « Torgistorp », ancien nom du Prieuré, à Clitourps, dont le premier élément est l'anthroponyme norrois « Þorgils » — c'est l'équivalent de « Truelstrup » (Danemark).

Tout aussi rares en Normandie, les toponymes en « bu » (ou « bye »), issu d'un radical toponymique qui a, comme le précédant, connu une très grande extension à travers toute la Scandinavie, ainsi que dans le Danelag (où les formations toponymiques en « by » semblent antérieures à celles en « thorpe »). Au Danemark, il s'agit de « býr », qui signifie presque toujours village, tandis qu'en Norvège on trouve la forme « bær », désignant la plupart du temps une ferme. Ce radical toponymique est très peu représenté en Normandie et, en outre, se confond souvent avec l'appellatif francique « bû » (maison, ferme). C'est peut-être ce dernier qui figure dans les toponymes normands où « bu » (parfois « but ») est employé seul : ainsi *Bu,* prieuré dépendant de l'abbaye de Jumièges; *Saint-Pierre-du-Bû* et *Saint-Martin-du-But,* près de Falaise (plaine de Caen).

En composition, on trouve *Tournebu* (pays de Madrie), anciennement « Tornbu » (1172) et « Tournebeu » (1253), dont le premier élément est certainement l'appellatif norrois « þyrnir » (épines, buisson d'épines) — le y norrois a été rendu par un u et a ensuite abouti à ou. Même étymologie pour *Saint-Germain-de-Tournebut* (Cotentin). Dans *Carquebut* (Cotentin), anciennement « Kirkebi » (1204) et « Querquebu » (1390), le premier élément est l'appellatif norrois « kirkja » (église) — cf. Kirbeby (Danemark) et Kirkby ou Kirby (Danelag). Dans *Bourguébus* (plaine de Caen), anciennement « Borgesbu » (vers 1078) et « Burgesbu » (1079), le premier élément pourrait être l'appellatif norrois « borg » (fort, ouvrage fortifié), or non seulement cet appellatif a été très peu employé en toponymie, mais encore le o bref ouvert aurait dû se conserver en français et non aboutir à [u](écrit : « ou ») : phonétiquement, c'est le vieux saxon « burg » qu'il faudrait y voir. Il s'agirait alors d'un composé hybride saxon-danois signifiant « le village (« býr ») du fort (« burg »). *Houguebye* (Jersey) a pour premier

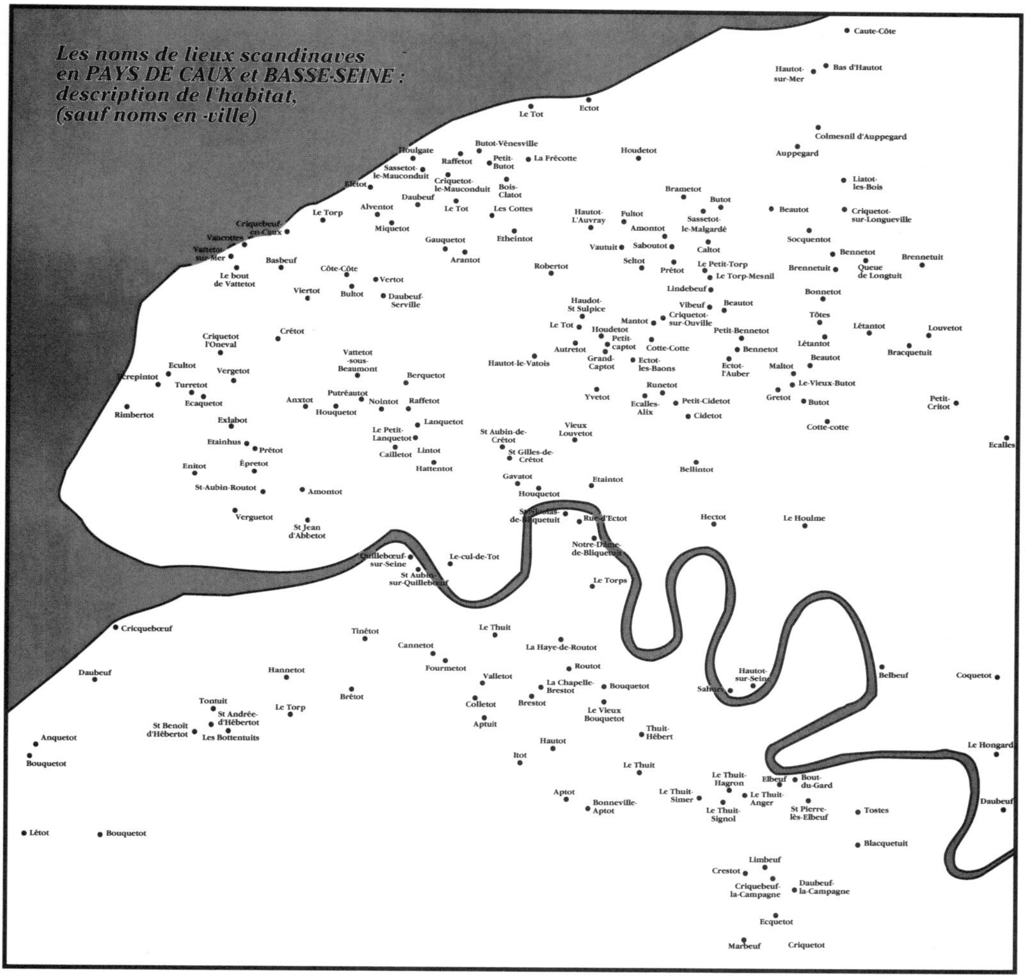
Les noms de lieux scandinaves
en PAYS DE CAUX et BASSE-SEINE :
description de l'habitat,
(sauf noms en -ville)
Caute-Côte
Hautot-sur-Mer
Bas d'Hautot
Le Tot
Ectot
Colmesnil d'Auppegard
Auppegard
Butot-Vênesville
Houlgate
Raffetot
Petit-Butot
La Frécotte
Houdetot
Sassetot-le-Mauconduit
Criquetot-le-Mauconduit
Bois-Clatot
Eletot
Daubeuf
Le Tot
Les Cottes
Brametot
Butot
Liatot-les-Bois
Le Torp
Alventot
Miquetot
Hautot-L'Auvray
Fultot
Amontot
Sassetot-le-Malgardé
Beautot
Criquetot-sur-Longueville
Criquebeuf-en-Caux
Vattetot-sur-Mer
Gauquetot
Arantot
Etheintot
Vautuit
Saboutot
Caltot
Socquentot
Bennetot
Brennetuit
Basbeuf
Le bout de Vattetot
Côte-Côte
Vertot
Robertot
Seltot
Prêtot
Le Petit-Torp
Le Torp-Mesnil
Brennetuit
Queue de Longtuit
Viertot
Bultot
Daubeuf-Serville
Lindebeuf
Bonnetot
Haudot-St Sulpice
Vibeuf
Beautot
Criquetot-sur-Ouville
Mantot
Le Tot
Houdetot
Petit-captot
Tôtes
Létantot
Louvetot
Crétot
Criquetot l'Oneval
Petit-Bennetot
Cotte-Cotte
Autretot
Létantot
Bracquetuit
Vattetot-sous-Beaumont
Hautot-le-Vatois
Grand-Captot
Ectot-les-Baons
Bennetot
Beautot
Ecultot
Vergetot
Ectot-l'Auber
Maltot
Écrepintot
Turretot
Berquetot
Le-Vieux-Butot
Ecaquetot
Putréautot
Runetot
Anxtot
Nointot
Raffetot
Yvetot
Ecalles-Alix
Petit-Cidetot
Gretot
Butot
Petit-Critot
Rimbertot
Houquetot
Cidetot
Exlabot
Lanquetot
Vieux Louvetot
Cotte-cotte
Etainhus
Le Petit-Lanquetot
St Aubin-de-Crétot
Prêtot
Lintot
Ecalles
Cailletot
St Gilles-de-Crétot
Épretot
Enitot
Hattentot
Bellintot
Gavatot
Etaintot
St-Aubin-Routot
Amontot
Houquetot
Verguetot
St Jean d'Abbetot
Hectot
Le Houlme
Rue-d'Ectot
Notre-Dame-de-Bliquetuit
Quillebœuf-sur-Seine
Le-cul-de-Tot
St Aubin-sur-Quillebœuf
Le Torps
Cricquebœuf
Tinétot
Le Thuit
Cannetot
La Haye-de-Routot
Routot
Fourmetot
Daubeuf
Hannetot
Valletot
Hautot-sur-Seine
Belbeuf
Coquetot
La Chapelle-Brestot
Bouquetot
Sahurs
Brétot
Colletot
Brestot
Tontuit
Le Torp
St Andrée-d'Hébertot
Le Vieux Bouquetot
St Benoît d'Hébertot
Les Bottentuits
Aptuit
Thuit-Hébert
Anquetot
Hautot
Le Hongard
Bouquetot
Itot
Le Thuit
Le Thuit-Hagron
Elbeuf
Bout-du-Gard
Aptot
Le Thuit-Simer
Le Thuit-Anger
Daubeuf
Bonneville-Aptot
Le Thuit-Signol
St Pierre-lès-Elbeuf
Tostes
Létot
Bouquetot
Blacquetuit
Limbeuf
Crestot
Criquebeuf-la-Campagne
Daubeuf-la-Campagne
Ecquetot
Marbeuf
Criquetot

élément l'appellatif « haugr » (tertre, monticule). Si, dans ce toponyme, tout comme dans *Hambye* (Cotentin), le radical est « bye » (avec un y), c'est sans doute parce que la forme d'origine était encore diphtonguée (en « iu »).

Comment expliquer le fait qu'il y ait si peu de toponymes en « torp » et en « bu » sur le territoire normand ? Pourquoi les colons, en grande majorité danois, qui ont apporté avec eux les types de formation toponymique en usage dans leur pays ou dans les colonies d'Angleterre — d'où certains d'entre eux étaient originaires — ont-ils renoncé à utiliser précisément ces deux types importants ? Tout simplement parce qu'ils ont adopté un autre mode de dénomination : celui qu'ils découvrirent en Normandie et qui nous vaut les très nombreux noms de lieux en « ville » dans lesquels le premier élément est un anthroponyme scandinave.

L'appellatif latin « villa » était utilisé à l'époque romaine pour désigner une maison de campagne, une ferme d'agrément. En gallo-roman, ce sens s'est étendu à tout domaine rural et, comme souvent les « villæ » sont devenues de véritables villages, « villa » a fini par signifier « village ». Cet appellatif a été employé en toponymie dès de IVe siècle et, dans la moitié nord de la France, les toponymes en « ville » sont en fait caractéristiques de l'influence germanique : en Normandie, ils ont souvent pour premier élément un anthroponyme franc ou même saxon. Lorsque les colons scandinaves se sont fixés dans certaines régions de la Normandie à la fin du IXe et surtout au cours du Xe siècle, ils y ont trouvé une quantité de toponymes en « ville », héritage des populations gallo-franques. Francisés en l'espace d'une ou deux générations, ils ont très vite adopté le type toponymique le plus courant autour d'eux parmi les populations autochtones (1). Les Saxons et les Francs qui les avaient précédés en Normandie en avaient fait autant. C'est donc du fait des colons scandinaves que l'emploi de « ville » en composition toponymique s'est continué jusqu'au delà du Xe siècle — alors qu'il était tombé en désuétude dans le reste de la France.

Aussi n'est-il pas étonnant de constater que les toponymes en « ville » — qui se comptent par centaines — dont le premier élément est un anthroponyme scandinave, ont tous leurs parallèles en « trup », « drup », « rup » et « by » au Danemark, en « thorpe » et « by » dans le Danelag.

1) Il n'est même pas nécessaire de supposer un stade intermédiaire, où les toponymes auraient été entièrement scandinaves. Cependant la forme ancienne de *Biville* (Hague), « Buistotvilla » (vers 1020), semble illustrer un cas où « ville » aurait remplacé « tot ».

Il est parfois difficile d'affirmer l'origine scandinave d'un anthroponyme, étant donné l'analogie qui existe avec les anthroponymes francs et saxons. Il convient toujours de recourir à des critères de répartition géographique de fréquence et d'extension dans l'emploi de cet anthroponyme. Mais lorsque l'origine scandinave est prouvée, il peut se révéler appartenir à un pays nordique en particulier, parfois même à une région particulière de ce pays, et nous renseigne alors utilement sur l'origine de tel ou tel établissement scandinave en Normandie.

Prenons tout d'abord des exemples de toponymes en « ville » pour lesquels il ne fait aucun doute qu'ils sont formés à partir d'un anthroponyme scandinave. Dans *Acqueville* (Hague), anciennement « Agevilla » (1164), « Aghi » est un anthroponyme spécifiquement danois, surtout représenté dans la toponymie du Jutland — cf. Agerup (Danemark), Authorpe (Danelag). Dans *Ancteville* (Cotentin), anciennement « Ansquetevilla » (1232), « Ásketill » est un anthroponyme norrois commun à toute la Scandinavie; la forme réduite, « Askell », est surtout représentée au Danemark (vieux danois « Askil ») — cf. Eskilstrup (Danemark), Asselby (Danelag). Les formes anciennes d'*Ancourteville* (-sur-Héricourt), *Ancretteville* (-sur-Mer), *Anquetierville* — pays de Caux — et *Anctoville* (-sur-Bosq) — Cotentin — montrent que ces toponymes ont également « Ásketill » comme premier élément. Dans *Anneville* (Cotentin), anciennement « Anslevilla » (1154), il s'agit d'« Ásleikr », anthroponyme norrois commun, particulièrement bien représenté en Norvège. Dans *Appeville* (Roumois), il s'agit de l'anthroponyme danois « Api » — cf. Aptrup (Danemark), Apethorpe (Danelag).

Dans *Auzouville* (pays de Caux), anciennement « Osovilla » (1195), « Ásúlfr » est un anthroponyme norrois attesté dans toute la Scandinavie. Même étymologie pour *Ozeville* (Cotentin). Dans *Barneville* (Cotentin), « Barni » est un anthroponyme danois — cf. Bannerup (Danemark), Barnby (Danelag). Les formes anciennes de *Basseneville* (pays d'Auge) et *Banneville* (-la-Campagne) (plaine de Caen) montrent que le premier élément est aussi « Barni ». Dans *Bolleville* (Cotentin), « Bolli » est un anthroponyme commun à toute la Scandinavie — cf. Bollerup (Danemark), Bulby (Danelag). (Notre-Dame-de-) *Bondeville* (pays de Caux) a pour premier élément « Bóndi » : c'est un anthroponyme danois, à l'origine un surnom (« bóndi » signifie paysan) — cf. Bonderup (Danemark), Bondy (Danelag). Dans *Branville*, « Brandr » est un anthroponyme norrois commun — cf. Brandstrup (Danemark), Brandsby (Danelag). Le premier élément de *Brectou-*

Les noms de lieux scandinaves en Cotentin : noms en - ville et anthroponymes

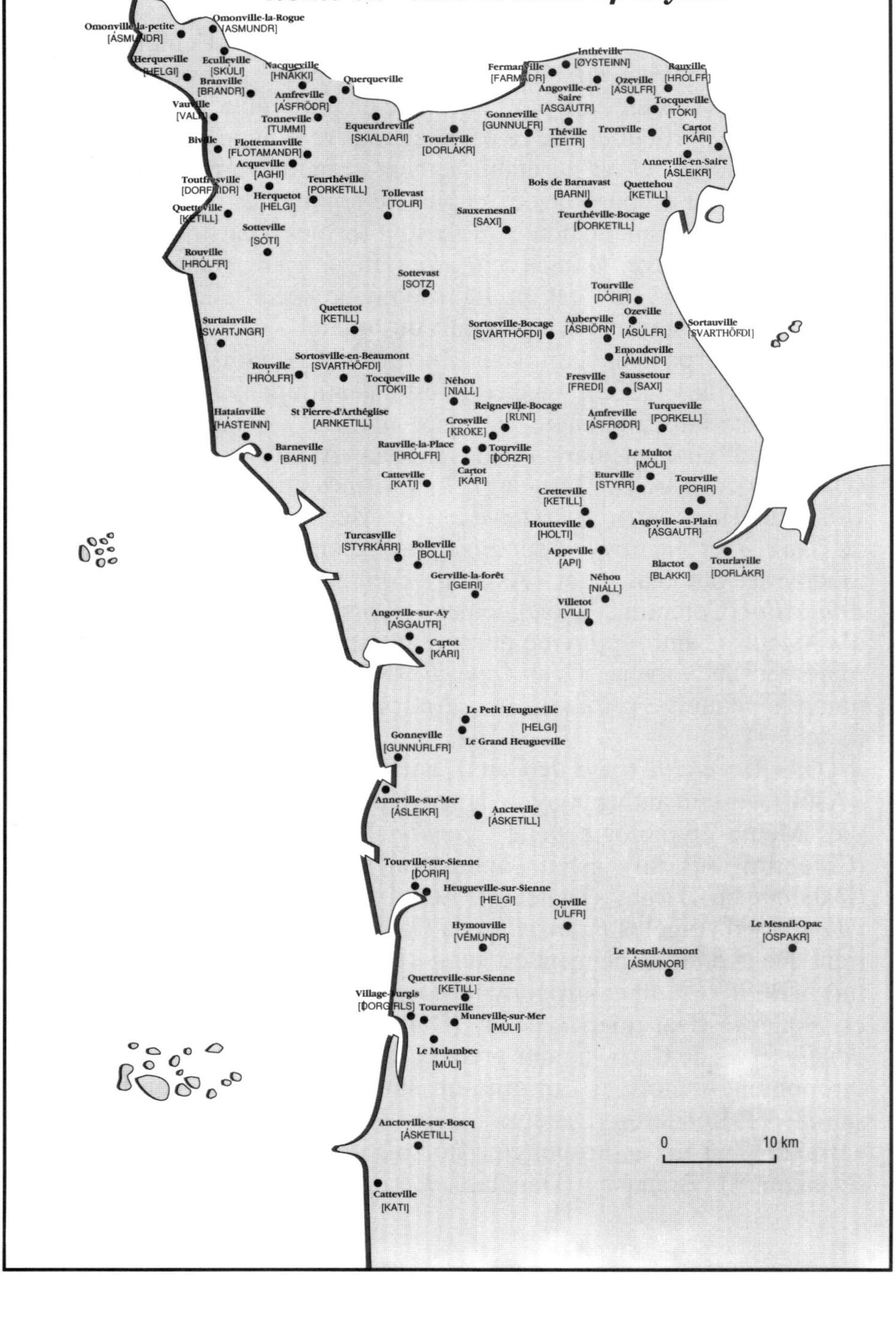

ville (Bocage), anciennement « Britecolvilla » (1159), est « Bretakollr », anthroponyme scandinave des îles Britanniques; c'est à l'origine un surnom : de « Bretar » (les Bretons) et « kollr » (crâne, tête); et il est attesté au début du XIe siècle dans le Danelag.

Dans *Canapville* (pays d'Auge), anciennement « Kenapevilla » (1180), « Knapi » est un anthroponyme anglo-scandinave, typique du Danelag — cf. Knapthorpe (Danelag). Dans *Carville* (Bocage), il s'agit de « Kári », anthroponyme norrois commun, usuel à l'époque viking sauf au Danemark — cf. Carthorpe (Danelag). *Catteville* (Cotentin) a pour premier élément l'anthroponyme danois « Kati » — cf. Kattrup (Danemark), Cadeby (Danelag). Dans *Colleville* (pays de Caux), « Koli » est un anthroponyme norrois commun, représenté surtout en Islande et au Danemark à l'époque viking — cf. Kulerup (Danemark), Colby (Danelag). Dans *Corneville* (-sur-Risle) (Roumois), « Korni » est un anthroponyme norrois commun, attesté au Danemark — cf. Kornerup (Danemark). Dans *Eculleville* (Hague), anciennement « Esculevilla » (vers 1140), il s'agit de « Skúli », anthroponyme norrois attesté partout — cf. Skullerup (Danemark), Sculthorpe (Danelag). Dans *Emainville* (pays de Madrie), anciennement « Smit Villa » (vers 1024), « Smiðr » est un anthroponyme norrois commun, à l'origine un surnom (« smiðr » signifie artisan, forgeron) — cf. Smidstrup (Danemark), Smisby (Danelag). Même étymologie pour *Emiéville* (plaine de Caen), anciennement « Esmitvilla » (vers 1129). Dans *Equemauville* (Lieuvin), anciennement « Scamelli villa », on trouve l'anthroponyme anglo-scandinave « Skamel » — cf. Scamblesby (Danelag). Dans *Equeurdreville* (Hague), anciennement « Sceldrevilla » (vers 1063), « Skialdari » est un surnom, attesté en Norvège, signifiant à l'origine fabricant de boucliers. Dans (Saint-Vaast-d') *Equiqueville,* anciennement « Schechevilla » (vers 1142), « Skeggi » est un anthroponyme norrois, surtout représenté dans la toponymie norvégienne et islandaise — cf. Skegby (Danelag). *Etalleville* (pays de Caux), anciennement « Stalavilla » (1185), a pour premier élément « Stāli », anthroponyme danois — cf. Stallerup (Danemark). Dans *Eterville* (plaine de Caen), anciennement « Starvilla » (1081), il s'agit de « Starr », anthroponyme danois également — cf. Starstorp (Danemark). Dans *Eturville* (Cotentin), anciennement « Sturvilla » (1165), « Styrr » est un anthroponyme norrois commun, à l'origine un surnom signifiant « le querelleur » — cf. Stødstrup (Danemark), Stearsby (Danelag). Même étymologie pour *Etreville* (Roumois), anciennement « Sturivilla » (1054). Le premier élément de *Flottemanville* (Hague), « Flotamaðr », est un anthroponyme anglo-scandinave, à l'origine un surnom, formé sur le substantif vieil anglais « flotman » (un Viking) — cf. Flotemanby (Danelag).

Dans *Gonneville* (Cotentin), « Gunnúlfr » ou « Gunnólfr » est un anthroponyme norrois attesté dans tous les pays scandinaves. Dans *Hatainville* (Cotentin), « Hásteinn » est un anthroponyme norrois commun à toute la Scandinavie, mais il est peu attesté au Danemark avant la fin de l'époque viking. Même étymologie pour *Hattenville* (pays de Caux). Dans *Herqueville* (Hague), anciennement « Helgevilla » (1156), « Helgi » est un anthroponyme norrois commun — cf. Helletoft (Danemark), Hellaby (Danelag). Les formes anciennes de *Heuqueville* (Vexin, pays de Caux) et *Heugueville* indiquent la même origine. Dans *Hougerville* (pays de Caux), « Holmgeirr » est l'anthroponyme danois qui aboutira plus tard à « Holger ». *Houtteville* (Cotentin), anciennement « Hultivilla » (1070), a pour premier élément « Holti », anthroponyme norrois commun. Dans *Hugleville* (pays de Caux), « Hugleikr » est un anthroponyme norrois commun, mais relativement peu fréquent. Dans *Inthéville* (Cotentin), anciennement « Usteinvilla » (vers 1170), il s'agit d'« Øysteinn », anthroponyme commun à toute la Scandinavie, particulièrement répandu en Norvège. *Mondeville* (plaine de Caen), anciennement « Amundi villa » (990), a pour premier élément « Ámundi », anthroponyme norrois commun à tous les pays scandinaves — cf. Ammendrup (Danemark). Les formes anciennes d'*Emondeville* (Cotentin et pays de Caux) et d'*Emanville* indiquent la même origine.

Dans *Motteville* (pays de Caux), anciennement « Maltevilla » (1059), « Malti » est un anthroponyme spécifiquement danois, surtout représenté en toponymie dans le Jutland — cf. Maltrup (Danemark), Maltby (Danelag). Dans *Nacqueville* (Hague), « Hnakki » est un anthroponyme norrois, d'une extension limitée — cf. Nackarp (Scanie). *Omonville* (Hague), anciennement « Osmundivilla » (vers 1095), a pour premier élément « Ásmundr » anthroponyme norrois commun à toute la Scandinavie — cf. Asmindrup (Danemark), Osmondthorpe (Danelag). Dans *Quetteville* (Lieuvin), anciennement « Ketelvilla » (1203), « Ketill » est un anthroponyme norrois, largement attesté et très usuel dans toute la Scandinavie à l'époque viking — cf. Kelstrup (Danemark), Kelthorpe, Kettleby (Danelag). Les formes anciennes de *Quettreville* et *Cretteville* (Cotentin) montrent que ces toponymes ont la même étymologie. *Rouville* (Cotentin), anciennement « Rolvilla » (vers 1000), a pour premier élément l'anthroponyme norrois « Hrólfr » (« Rólfr ») —

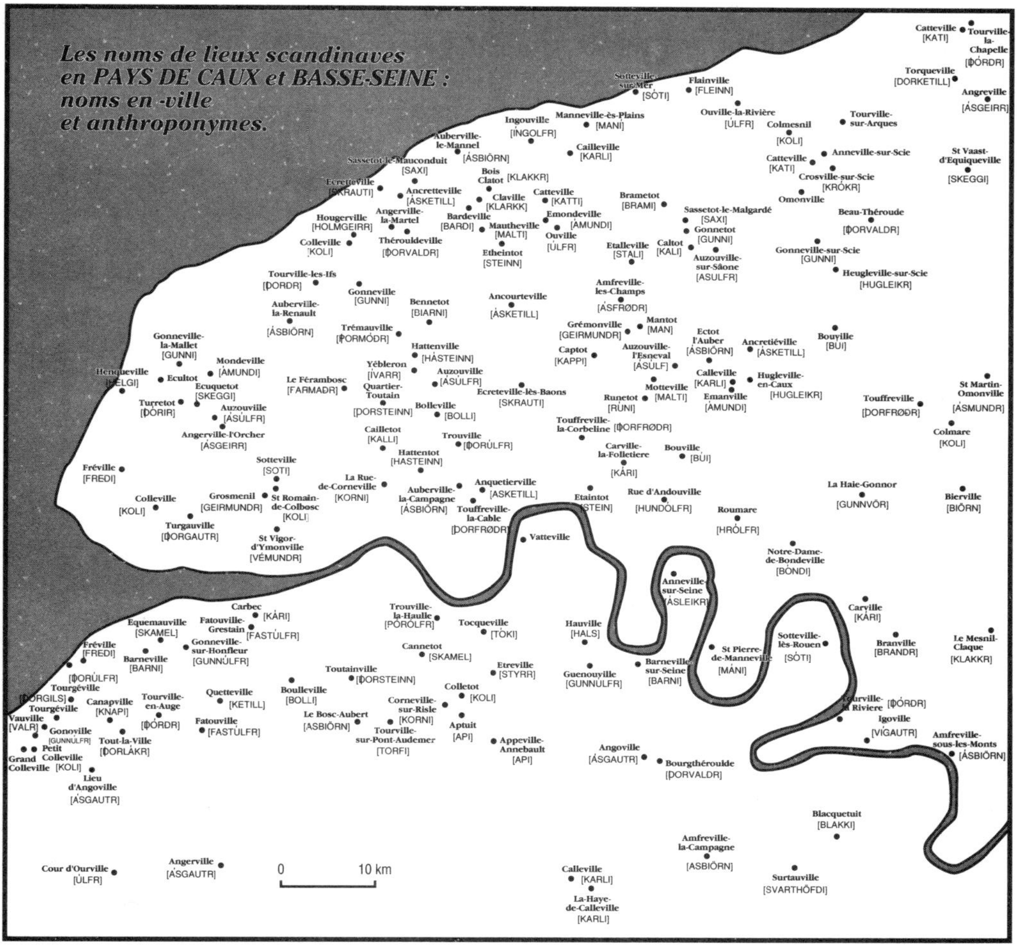
Les noms de lieux scandinaves
en PAYS DE CAUX et BASSE-SEINE :
noms en -ville
et anthroponymes.
Catteville [KATI]
Tourville-la-Chapelle [ÞÓRDR]
Torqueville [ÞORKETILL]
Angreville [ÁSGEIRR]
Sotteville-sur-Mer [SÓTI]
Flainville [FLEINN]
Ouville-la-Rivière [ÚLFR]
Colmesnil [KOLI]
Tourville-sur-Arques
Manneville-ès-Plains [MANI]
Ingouville [INGOLFR]
Auberville-le-Mannel [ÁSBIÖRN]
Cailleville [KARLI]
Catteville [KATI]
Anneville-sur-Scie
St Vaast-d'Equiqueville [SKEGGI]
Crosville-sur-Scie [KRÓKR]
Omonville
Sassetot-le-Mauconduit [SAXI]
Bois Clatot [KLAKKR]
Ecretteville [SKRAUTI]
Ancretteville [ÁSKETILL]
Claville [KLARKK]
Catteville [KATTI]
Brametot [BRAMI]
Sassetot-le-Malgardé [SAXI]
Beau-Théroude [ÞORVALDR]
Hougerville [HOLMGEIRR]
Angerville-la-Martel
Bardeville [BARÐI]
Mautheville [MALTI]
Emondeville [ÁMUNDI]
Gonnetot [GUNNI]
Colleville [KOLI]
Thérouldeville [ÞORVALDR]
Etheintot [STEINN]
Ouville [ÚLFR]
Etalleville [STALI]
Caltot [KALI]
Auzouville-sur-Saône [ASULFR]
Gonneville-sur-Scie [GUNNI]
Heugleville-sur-Scie [HUGLEIKR]
Tourville-les-Ifs [ÞORDR]
Gonneville [GUNNI]
Amfreville-les-Champs [ÁSFRØÐR]
Auberville-la-Renault [ÁSBIÖRN]
Bennetot [BIARNI]
Ancourteville [ÁSKETILL]
Trémauville [ÞORMÓÐR]
Grémonville [GEIRMUNDR]
Mantot [MAN]
Ectot l'Auber [ÁSBIÖRN]
Ancretiéville [ÁSKETILL]
Bouville [BUI]
Gonneville-la-Mallet [GUNNI]
Hattenville [HÁSTEINN]
Captot [KAPPI]
Auzouville-l'Esneval [ÁSÚLF]
Henqueville [HELGI]
Ecultot
Mondeville [ÁMUNDI]
Yébleron [ÍVARR]
Auzouville [ÁSÚLFR]
Calleville [KARLI]
Hugleville-en-Caux [HUGLEIKR]
St Martin-Omonville [ÁSMUNDR]
Ecuquetot [SKEGGI]
Le Férambosc [FARMAÐR]
Quartier-Toutain [ÞORSTEINN]
Ecreteville-lès-Baons [SKRAUTI]
Motteville [MALTI]
Emanville [ÁMUNDI]
Runetot [RÚNI]
Touffreville [ÞORFRØÐR]
Turretot [ÞÓRIR]
Auzouville [ÁSÚLFR]
Bolleville [BOLLI]
Touffreville-la-Corbeline [ÞORFRØÐR]
Colmare [KOLI]
Angerville-l'Orcher [ÁSGEIRR]
Cailletot [KALLI]
Trouville [ÞORÚLFR]
Carville-la-Folletiere [KÁRI]
Bouville [BÚI]
Hattentot [HASTEINN]
Fréville [FREDI]
Sotteville [SOTI]
La Rue-de-Corneville [KORNI]
Auberville-la-Campagne [ÁSBIÖRN]
Anquetierville [ASKETILL]
Etaintot [STEIN]
Rue d'Andouville [HUNDÓLFR]
La Haie-Gonnor [GUNNVÖR]
Bierville [BIÖRN]
Colleville [KOLI]
Grosmenil [GEIRMUNDR]
St Romain-de-Colbosc [KOLI]
Touffreville-la-Cable [ÞORFRØÐR]
Roumare [HRÓLFR]
Turgauville [ÞORGAUTR]
Vatteville
St Vigor-d'Ymonville [VÉMUNDR]
Notre-Dame-de-Bondeville [BÓNDI]
Anneville-sur-Seine [ÁSLEIKR]
Carbec [KÁRI]
Trouville-la-Haulle [ÞORÓLFR]
Carville [KÁRI]
Equemauville [SKAMEL]
Fatouville-Grestain [FASTÚLFR]
Tocqueville [TÓKI]
Hauville [HALS]
Sotteville-lès-Rouen [SÓTI]
Branville [BRANDR]
Le Mesnil-Claque [KLAKKR]
Fréville [FREDI]
Gonneville-sur-Honfleur [GUNNÚLFR]
Cannetot [SKAMEL]
St Pierre-de-Manneville [MANI]
Barneville [BARNI]
Guenouville [GUNNULFR]
Barneville-sur-Seine [BARNI]
[ÞORÚLFR]
Toutainville [ÞORSTEINN]
Etreville [STYRR]
Tourgéville
Boulleville [BOLLI]
Colletot [KOLI]
Tourville-la Riviere [ÞÓRDR]
[ÞORGILS]
Tourgéville
Canapville [KNAPI]
Tourville-en-Auge [ÞÓRDR]
Quetteville [KETILL]
Corneville-sur-Risle [KORNI]
Igoville [VÍGAUTR]
Vauville [VALR]
Gonoville [GUNNÚLFR]
Fatouville [FASTÚLFR]
Le Bosc-Aubert [ASBIÖRN]
Aptuit [API]
Amfreville-sous-les-Monts [ÁSBIÖRN]
Tout-la-Ville [ÞORLÁKR]
Tourville-sur-Pont-Audemer [TORFI]
Appeville-Annebault [API]
Grand Colleville
Petit Colleville [KOLI]
Angoville [ÁSGAUTR]
Bourgthéroulde [ÞORVALDR]
Lieu d'Angoville [ÁSGAUTR]
Blacquetuit [BLAKKI]
Amfreville-la-Campagne [ASBIÖRN]
Cour d'Ourville [ÚLFR]
Angerville [ÁSGAUTR]
0
10 km
Calleville [KARLI]
Surtauville [SVARTHÖFDI]
La-Haye-de-Calleville [KARLI]

cf. Rolstrup (Danemark), Rollesby (Danelag). Dans *Sasseville* (pays de Caux), « Saxi » est un anthroponyme particulièrement répandu au Danemark — cf. Sakstrup (Danemark), Saxby (Danelag). Dans *Sortauville* (Cotentin), il s'agit de « Svarthöfði », anthroponyme norrois, à l'origine un surnom (« tête noire »), fréquent en Islande et en Suède, ainsi que dans le Danelag sous la forme « Svarthöfuð ». Dans *Sotteville* (Cotentin), anciennement « Sotivilla » (1042), « Sóti » est un anthroponyme norrois, représenté dans toute la Scandinavie à l'époque viking — cf. Soderup, Sottrup (Danemark), Sotby (Danelag). Dans *Surtainville* (Cotentin), « Svartingr » (ou « Svertingr ») est un anthroponyme norrois commun.

Teurthéville (Hague), anciennement « Torquetevilla » (1180), « Þorketill » (d'où « Þorkell » est un anthroponyme répandu à travers tout le monde scandinave à l'époque viking — cf. Torkilstrup (Danemark), Thurtleby (Danelag). Même étymologie pour *Torqueville* (Talou) et *Turqueville* (Cotentin). Le premier élément de *Théroulde-ville* (pays de Caux), anciennement « Thourodivilla » (1169), a pour premier élément « Þorvaldr », anthroponyme norrois attesté en Norvège, mais surtout en Islande, qui existe aussi sous la forme anglo-scandinave « Þorold » ou « Turold » dans le Danelag — cf. Torrendrup (Danemark), Thoralby (Danelag). Dans *Théville* (Cotentin), anciennement « villa Teth » (1021), il s'agit de « Teitr », anthroponyme surtout attesté en Norvège et en Islande. Dans *Tocqueville* (pays de Caux), « Tóki » est un anthroponyme norrois, surtout usuel au Danemark à l'époque viking — cf. Tokkerup, Tagerup (Danemark), Tugby (Danelag). Dans *Tonneville* (Hague), anciennement « Thomevilla » (1238), « Tummi » ou « Tommi » est un anthroponyme typiquement danois — cf. Tømmerup (Danemark). Le premier élément de *Touffreville* (-la-Corbeline) (pays de Caux), anciennement « Tufretvilla » (vers 1040), est « Þorfrøðr », antroponyme norrois assez peu représenté en Scandinavie, mais commun dans le Danelag sous la forme anglo-scandinave « Þurferð ». Dans *Tourgéville* (pays d'Auge), anciennement « Gorgisvilla » (vers 1062), erreur manifetse pour « Torgisvilla », il s'agit de « Þorgils », anthroponyme norrois très répandu dans toute la Scandinavie — cf. Troelstrup, Truelsby (Danemark), Thirkleby (Danelag). Dans *Tourlaville* (Val de Saire), anciennement « Torlachvilla » (1063), « Þorlákr » est un anthroponyme norrois commun à tous les pays scandinaves, mais qui ne figure pas en toponymie danoise. Dans *Tour-*

mauville (plaine de Caen), anciennement « Tormovilla » (1172), « Þomórðr » est un anthroponyme norrois, surtout usuel en Norvège et en Islande à l'époque viking.

Tourville (Cotentin), anciennement « Toravilla » (vers 1057), a pour premier élément « Þórir », anthroponyme norrois commun — cf. Tåstrup (Danemark), Thoresby (Danelag). Dans *Tourville* (-sur-Pont-Audemer) (Lieuvin), anciennement « Torfvilla », il s'agit de « Torfi », surtout usuel en Norvège et en Islande. Et dans *Tourville* (-en-Auge), anciennement « Torvilla » (vers 1212), il s'agit de « Þórðr », anthroponyme norrois commun et très répandu — cf. Torup (Danemark). Dans Toutainville (Lieuvin), anciennement « Turstinivilla » (vers 1080), « Þorsteinn » est un anthroponyme norrois très répandu à travers toute la Scandinavie à l'époque viking — cf. Tåstrup (Danemark), Throxenby (Danelag). *Trouville* (pays d'Auge), anciennement « Torouvilla », (1220), a pour premier élément « Þólfr », anthroponyme norrois commun, très répandu en Norvège et en Islande, souvent sous la forme réduite « Þōlfr » au Danemark — cf. Tolstrup (Danemark), Thurlby (Danelag). Enfin dans *Turgauville* (pays de Caux), « Þorgautr » est un anthroponyme norrois mais surtout utilisé au Danemark — cf. Trustrup (Danemark).

Voyons maintenant d'autres exemples de toponymes en « ville » dont l'origine scandinave du premier élément n'est pas sûre. Certains anthroponymes germaniques et nordiques étant très proches, et les différences s'estompant en outre au cours des siècles, il est souvent impossible de les rattacher à telle ou telle vague colonisatrice s'il n'existe pas de formes attestées avant le XIIe siècle. La répartition géographique des toponymes douteux et la fréquence de l'usage des anthroponymes considérés sont alors les seuls critères à notre disposition. Les toponymes francs en « ville » sont très rares dans le Cotentin alors que les scandinaves y sont très nombreux : en cas de doute, l'hypothèse d'une origine scandinave sera la plus plausible — à moins que l'anthroponyme entrant en composition soit très mal attesté dans le monde nordique et bien représenté en toponymie franque, auquel cas c'est l'hypothèse d'une origine franque qu'il faudrait retenir.

Dans *Amfreville* (-les-Champs) (pays de Caux), anciennement « Amfridivilla » (1236), ce peut-être le vieux danois « Asfriðr » l'anglo-saxon « Asfrið » ou « Asferð », ou encore le franc « Ansfrid » ou « Ansfred ». Comme il s'agit d'une région de fort peuplement nordique et que l'anthroponyme franc est mal représenté en toponymie, l'hypothèse d'une origine scandinave est la plus vraisemblable — cf. Asfordby (Danelag). *Angerville* (-l'Orcher) (pays de Caux), anciennement « Ansgervilla » (1199), a pour premier élément ou bien le norrois « Ásgeirr », bien représenté dans toute la Scandinavie, ou bien le franc « Ansger », également très répandu. Le critère de la répartition géographique est ici à peine suffisant pour pouvoir opter pour une origine scandinave — cf. Eskilstrup (Danemark), Asgarby (Danelag). Dans *Angoville* (Val de Saire), anciennement « Ansgotvilla » (1164), il peut s'agir du norrois « Ásgautr », très usuel au Danemark à l'époque viking, moins en Norvège, ou encore le franc « Ansgaud ». L'origine scandinave est la plus probable, d'autant qu'il existe aussi beaucoup de toponymes formés sur ce nom dans le Danelag — cf. Asgustorp (Danemark), Osgodby (Danelag). Dans *Auberville* (Cotentin), anciennement « Osbervilla » (vers 1160), ce peut être le norrois « Ásbjörn », l'anglo-saxon « Osbern » ou le franc « Osbert ». L'origine norroise est la plus vraisemblable.

Le premier élément de *Bardeville* (pays de Caux) est soit le norrois « Barði », soit le franc « Bardo », aussi peu représentés en toponymie l'un que l'autre. La situation dans le pays de Caux joue en faveur d'une origine scandinave. Dans *Bierville* (pays de Bray), ce peut être le norrois « Björn », usuel dans toute la Scandinavie, ou le franc « Beher », qu'on trouve par exemple dans Berville (Roumois) — cf. Biørnstrup (Danemark). Dans *Bouville* (pays de Caux), c'est ou bien l'anthroponyme danois « Boí » (ou « Bo »), ou bien le franc *« Buo » — cf. Borup (Danemark), Boothorpe (Danelag). Dans *Branville* (pays d'Auge), il peut s'agir du norrois « Brandi » ou du franc *« Brando », aussi mal représentés l'un que l'autre. La situation de Branville, dans le nord-ouest du pays d'Auge, est en faveur d'une origine scandinave — cf. Branderup (Danemark). Dans *Calleville* (Vexin), ce peut être le norrois « Karli » ou le franc « Karl ». Dans *Ecretteville* (-les-Baons) (pays de Caux), anciennement « Scrotivilla » (1006), c'est plutôt le norrois « Skrauti », représenté comme surnom en Norvège à l'époque viking, que le franc « Scrauto », peu usité — cf. Scratby (Danelag).

Dans *Fatouville* (-Grestain) (Lieuvin), c'est l'anthroponyme norrois « Fastúlfr » ou le franc « Fastulf » : ce dernier étant d'une extension très limitée, l'origine scandinave est probable. Le premier élément de *Fermanville* (Cotentin), anciennement « Farmanvilla » (fin du XIIe siècle), est le surnom norrois « farmaðr » (voyageur), devenu l'anthroponyme « Farman » des îles Britanniques mais il pourrait s'agir

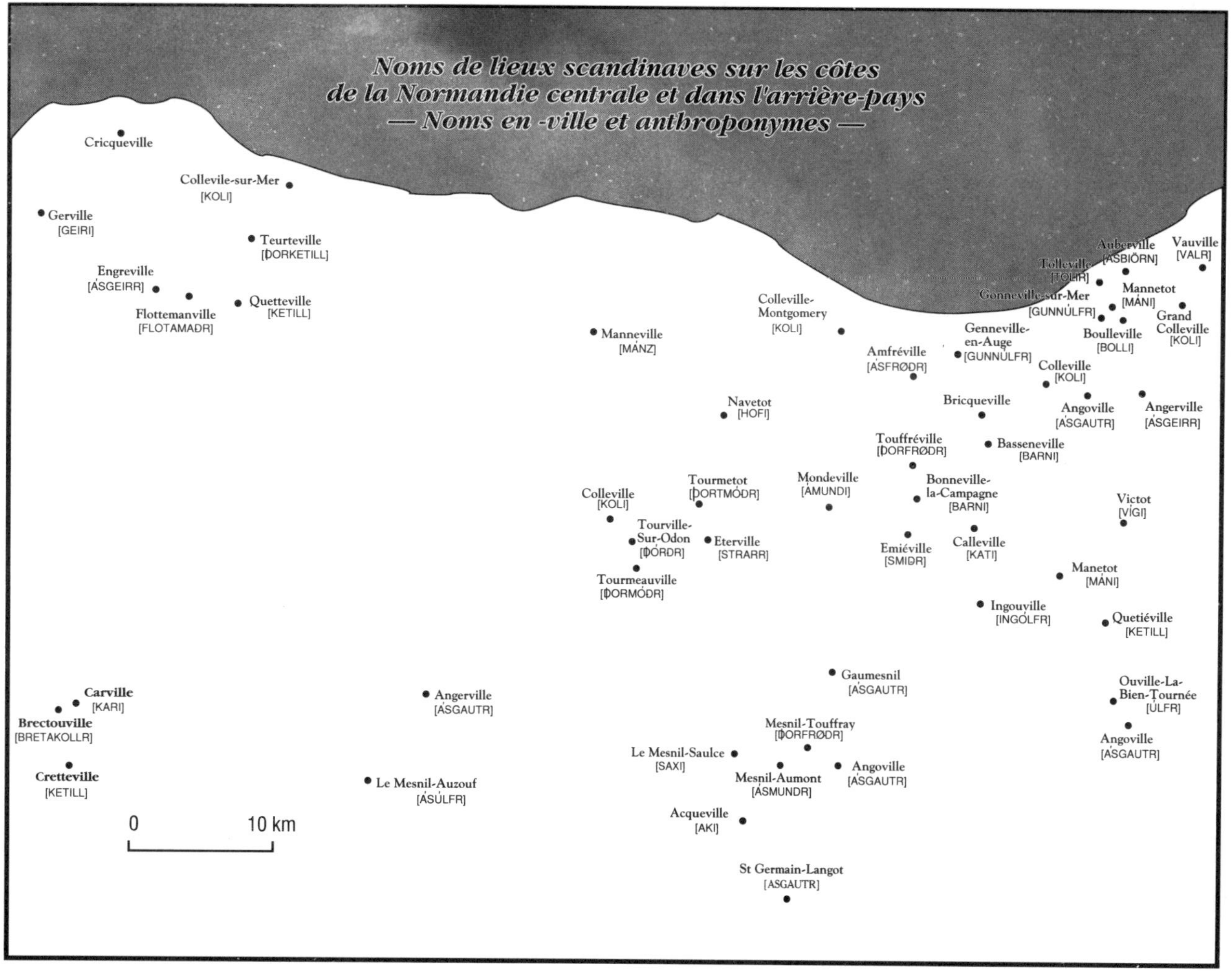
Noms de lieux scandinaves sur les côtes
de la Normandie centrale et dans l'arrière-pays
— Noms en -ville et anthroponymes —
Cricqueville
Collevile-sur-Mer [KOLI]
Gerville [GEIRI]
Teurteville [ÞORKETILL]
Engreville [ÁSGEIRR]
Flottemanville [FLOTAMAÐR]
Quetteville [KETILL]
Manneville [MÁNZ]
Colleville-Montgomery [KOLI]
Amfréville [ÁSFRØÐR]
Genneville-en-Auge [GUNNÚLFR]
Tolleville [TOLIR]
Auberville [ÁSBIÖRN]
Vauville [VALR]
Gonneville-sur-Mer [GUNNÚLFR]
Mannetot [MÁNI]
Grand Colleville [KOLI]
Boulleville [BOLLI]
Colleville [KOLI]
Angoville [ÁSGAUTR]
Angerville [ÁSGEIRR]
Bricqueville
Navetot [HOFI]
Touffréville [ÞORFRØÐR]
Basseneville [BARNI]
Tourmetot [ÞORTMÓÐR]
Mondeville [ÁMUNDI]
Bonneville-la-Campagne [BARNI]
Colleville [KOLI]
Tourville-Sur-Odon [ÞÓRÐR]
Eterville [STRARR]
Emiéville [SMIÐR]
Calleville [KATI]
Victot [VÍGI]
Tourmeauville [ÞORMÓÐR]
Manetot [MÁNI]
Ingouville [INGÓLFR]
Quetiéville [KETILL]
Carville [KARI]
Brectouville [BRETAKOLLR]
Cretteville [KETILL]
Angerville [ÁSGAUTR]
Gaumesnil [ÁSGAUTR]
Ouville-La-Bien-Tournée [ÚLFR]
Mesnil-Touffray [ÞORFRØÐR]
Le Mesnil-Saulce [SAXI]
Angoville [ÁSGAUTR]
Mesnil-Aumont [ÁSMUNDR]
Angoville [ÁSGAUTR]
Le Mesnil-Auzouf [ÁSÚLFR]
Acqueville [AKI]
0
10 km
St Germain-Langot [ÁSGAUTR]

aussi du franc « Farman » ou « Ferman ». Toutefois, comme les toponymes francs sont très rares dans le nord du Cotentin, l'origine scandinave est vraisemblable. *Flainville* (Talou), anciennement « Fleinvilla » (1155), a pour premier élément soit l'anthroponyme norrois « Fleinn », peu représenté, il est vrai, à l'époque viking, soit le nom gallo-franc « Flavinus ». Dans *Fréville* (pays de Caux), anciennement « Fredivilla » (1035), c'est ou bien le danois « Freði », ou bien le franc « Frido » (ou « Fredo ») — cf. Fredsted (Danemark), Freeby, Freethorpe (Danelag). Dans *Gerville* (pays de Caux), anciennement « Geyrivilla » (vers 1040), ce peut être le norrois « Geiri » ou le franc « Gero » (ou « Geri »), tous deux bien représentés en toponymie — cf. Gærup et Gerdrup (Danemark). Le premier élément de *Grémonville* (pays de Caux), anciennement « Germundivilla » (1079), est peut-être l'anthroponyme norrois « Germundr », commun à toute la Scandinavie, ou le franc « Germund », qui figure dans plusieurs « Germonville » à la périphérie de la Normandie — cf. Gjandrup, Germundtorp (Danemark), Grainthorpe (Danelag). Dans *Hondouville* (plaine du Neubourg), c'est soit le norrois « Hundólfr », soit sa forme anglo-saxonne « Hundulf », soit le franc « Hundulf ». Etant donné la rareté du nom franc et l'extension du nom scandinave dans le Danelag, on peut conclure à une origine nordique.

Le premier élément d'*Igoville* (Roumois), anciennement « Wigovilla » (1182), est peut-être l'anthroponyme danois « Vigautr », ou encore l'anthroponyme franc « Widgaud ». Dans *Incheville* (sur la Bresle, à la limite de la Normandie et de la Picardie), anciennement « Ansevilla » (vers 1065), ce peut être le norrois « Ási » ou le franc « Anso », aussi peu usuels l'un que l'autre — cf. Astrup (Danemark), Aisby (Danelag). Dans *Ingouville* (pays de Caux), anciennement « Ingulfi villa » (990), il peut s'agir du norrois « Ingólfr », ou de sa forme anglo-scandinave « Ingulf », ou encore de l'anthroponyme franc « Ingulf ». Dans *Manneville* (plaine de Caen), c'est peut-être l'anthroponyme norrois « Máni », à l'origine un surnom, ou bien le nom franc « Manno » — cf. Manderup (Danemark), Manthorpe (Danelag). Dans *Ouville* (pays de Caux), c'est soit l'anthroponyme norrois « Úlfr », très répandu dans l'ensemble du monde nordique à l'époque viking, soit le nom franc « Ulf » , peu usité. Ce pourrait aussi être l'appellatif norrois « úlfr » (loup) — cf. Ulstrup (Danemark), Owsthorpe, Ulceby (Danelag). *Tronville* (Val de Saire) a pour premier élément soit le norrois « Þróndr », soit le franc « Throand » ou « Trudo ». Et dans *Vauville* (Hague), ce peut être l'anthroponyme norrois « Valr », à l'origine un surnom (faucon), ou le franc « Wal », l'origine scandinave étant la plus vraisemblable — cf. Volstrup (Danemark), Walesby (Danelag).

Citons enfin quelques toponymes en « ville » dont le premier élément est un appellatif norrois, ce qui est le cas le plus rare. Dans *Bricqueville* (Bessin), anciennement « Brikevilla » (XVIIIe siècle), c'est l'appellatif « brekka » (pente, coteau); dans *Criqueville* (pays d'Auge), on trouve l'appellatif norrois « kriki » (renfoncement, recoin); dans *Querqueville* (Hague), anciennement « Kirkavilla » (XIIe siècle), c'est l'appellatif « kirkja » (église); ou encore dans *Vatteville* (pays de Caux), anciennement « Wattivilla » (1031), le premier élément est peut-être l'appellatif norrois « vatn » (eau ou lac).

Cependant, cette profusion de toponymes en « ville » ne doit pas nous faire oublier que les Scandinaves ont fait usage d'autres radicaux toponymiques, norrois ceux-là, en dehors des « tot », « torp » et « bu » déjà évoqués, pour décrire leur nouvel habitat — même s'il est vrai que cet usage est souvent resté assez limité.

Les toponymes en « beuf » sont, dans la plupart des cas, issus de l'appellatif norrois « búð » (ou plutôt du vieux danois « bōth ») qui désigne une cabane, une baraque. La voyelle longue ō s'est diphtonguée en uo/ue en ancien français, pour finalement aboutir à « eu » [œ]. Le f, qui figure déjà sur les formes anciennes, doit représenter la dentale sourde « þ » scandinave. Ce n'est que plus tard que la ressemblance avec le français « bœuf » a contribué à en fixer la graphie. Il peut également s'agir de l'appellatif norrois « bú » (ou « bō » en danois) qui signifie maison, foyer.

Dans *Daubeuf* (plaine du Neubourg), anciennement « Dalbuoth » (1011), « Dalbuth » (1024), le premier élément est l'appellatif norrois « dalr » (vallée); dans *Lindebeuf* (pays de Caux), c'est l'appellatif norrois « lind » (tilleul); dans *Marbeuf* (Neubourg), on trouve l'appellatif norrois « marr », dans le sens d'étendue d'eau; dans *Quillebeuf* (Roumois, Val de Saire), il s'agit du norrois « kíll » (crique étroite, chenal); dans *Criquebeuf* (pays de Caux), anciennement « Crikebue » (1040), le premier élément est « kríki » (coin, renfoncement); dans *Elbeuf* (Roumois), anciennement « Wellebof » ou « Wellebou », il s'agit peut-être de l'appellatif norrois « vella » (bouillonnement, source); dans *Ribeuf* (Talou), anciennement « Risbot », « Risbued », c'est l'appellatif norrois « risi » (géant); dans *Vibeuf* (pays de Caux), anciennement « Wibo », « Wibue », il peut s'agir de l'appellatif norrois « vé » (sanctuaire); dans *Yquebeuf* (pays de Caux), c'est l'appellatif norrois « eik » (chêne); et dans *Brébeuf* (Cotentin), anciennement « Braibou » (1198), le premier élément est peut-être l'adjectif norrois « breiðr » (large).

Les toponymes en « cote » viennent de l'appellatif norrois « kot », qui désigne une hutte, une cabane. On le trouve seul, au féminin (le mot norrois est neutre), précédé de l'article — car c'est ainsi qu'il est passé dans le dialecte normand : par exemple *Les Cotte* (pays de Caux) ou *Les Cottes* (Cotentin).

En composition, le premier élément est, dans la plupart des cas, l'adjectif « kaldr » (froid). On trouve *Caudecotte* (Talou), anciennement « Caldecotta » (1030), *Côte-Côte* et *Cotte-Cotte* (pays de Caux) ou encore *Cautecotte* (plaine de Caen). Ces localités doivent sans doute leur nom au fait qu'il y avait là, à l'origine, une cabane soit dépourvue de foyer (pour la chasse ou la pêche), soit exposée aux intempéries ou dans un cadre inhospitalier. Ce toponyme a son équivalent en Scandinavie — tels le Koldkåd danois ou le Kallekot norvégien — et dans le Danelag — sous la forme « Caldecote ». Dans *Brocottes* (pays d'Auge), le premier élément est sans doute l'appellatif norrois « brú » (pont). Citons aussi *Vaucotte* (pays de Caux) et *Cauticotte* (Cotentin).

Un dérivé de « kot », « cottin » — qui désigne un cellier, un cabanon, dans le patois du Cotentin — a également servi en toponymie : par exemple *Cottin* (Evrecin) ou *Les Cottins* (Bocage).

Dans *Ecalles* (pays de Caux), on reconnaît l'appellatif norrois « skáli » qui, à l'origine, avait également le sens de cabane, d'abri provisoire. C'est peut-être ce même appellatif qu'on trouve dans *Bréquécal* (Val de Saire), où le premier élément est « brekka » (pente, coteau), et dans *Touffrécale* (pays de Caux), où le premier élément est l'anthroponyme norrois « Þorfrøðr ».

Les quelques toponymes en « hus » viennent de l'appellatif norrois « hús » (maison), ainsi *Etainhus* (pays de Caux), anciennement « Esteinhus » (1249), où le premier élément est « steinn » (pierre); *Lihus* (pays de Caux), où le premier élément est peut-être « hlið » (pente); et *Sahurs* (également dans le pays de Caux), anciennement « Salhus » (vers 1050).

Et certains toponymes en « ain » sont issus de l'appellatif norrois « heimr » (demeure), tels que *Huppain* et *Surrain* (Bessin) : toutefois il est possible que les formes d'origine soient saxonnes, utilisant l'appellatif « ham »; ainsi l'ancienne forme de Surrain, « Surrehain » (1225), vient peut-être du saxon *« Sûdraham », transformé ensuite par les Vikings en *« Suðraheimr » (1).

Quant aux divers « Houlgate », ils sont formés de l'adjectif « holr » (creux) et de l'appellatif « gata » (rue, chemin) — cf. Hulgade (Danemark) et Holegate ou Howgate (Danelag) — et ont effectivement désigné, à l'origine, des « chemins creux », puis, par extension, les champs ou les hameaux qui les bordaient. *Houlgatte* est un hameau près de Sassetot-le-Mauconduit et *Hougatte,* anciennement « Houllegatte » (1764) de même, près de Saint-Vaast-d'Equiqueville (pays de Caux). Le plus connu est *Houlgate,* près de Divers-sur-Mer, car cette station balnéaire porte aujourd'hui le nom de ce qui n'était autrefois qu'un hameau. Mais il y a aussi un *Houlgate* près de Grainville-sur-Odon (plaine de Caen) et d'autres sont précédés de l'article : par exemple *La Houlegate* (pays d'Auge), *La Houlgatte* (Hague), ou *Les Houllegattes* (Val de Saire). On trouve même, avec un adjectif, *La Grande Houlgatte* et *la Petite Houlgatte,* qui sont des terres près de Néville-sur-Mer (Val de Saire). Et *Le Horgâte,* près d'Elbeuf (Roumois) est une déformation de « Houlegate », forme attestée en 1259 (2).

Outre ces noms donnés à l'habitat, il en existe d'autres qui ont trait à l'activité des hommes.

Ainsi les toponymes en « gard » sont-ils issus de l'appellatif norrois « garðr » qui désigne l'enclos — le plus souvent cultivé — auprès d'une ferme. Dans *Auppegard* (pays de Caux) et *Epegard* (plaine du Neubourg), anciennement « Auppegardus » (1181), le premier élément est sans doute « epli » (pomme). Dans *Lingard* (Avranchin), il s'agit peut-être de l'appellatif norrois « lín » (lin) ou « lind » (tilleul); et dans *Bigard* (Roumois), le premier élément est peut-être « bý » (abeille). Citons aussi *Etigard* (pays de Caux), *Magard* (une ferme du pays d'Auge), *Vingard* (Bessin), *Digard* (Bocage et Cotentin) et *Jogard* (Hague).

1) Les Saxons qui se sont établis dans le Bessin, la vallée de la Vire et le Cotentin, ainsi que sur le littoral, ont leur part dans la toponymie normande et les noms en « ham », entre autres, sont sans doute de leur fait : par exemple *Etreham* (Bessin), anciennement « Oesterham » (1350) et *Ouistreham* (à l'embouchure de l'Orne), anciennement « Oistreham » (1086). Mais comme il est extrêmement difficile aujourd'hui de faire la différence entre les deux origines, l'hypothèse d'une étymologie scandinave n'est pas non plus invraisemblable.

2) Il existe encore plusieurs rues nommées ainsi : la rue Holgate (à Carentan), la rue Houlgate (à Gamaches-en-Vexin) et l'impasse Houlegate (à Rouen).

C'est également l'appellatif « garðr » qu'on trouve dans *Fisigard* (à Dieppe) et *Figard* (près de Fécamp), mais le mot y prend un sens tout particulier, celui d'enclos à poissons : le premier élément de ces toponymes étant l'appellatif norrois « fiskr » (poisson). Il s'agit d'anciennes pêcheries. L'appellatif « garðr » est passé très tôt dans le dialecte normand dans cette acceptation : le « gord », pêcherie en rivière ou au bord de la mer; et on le retrouve en toponymie, seul, précédé de l'article : par exemple, *Le Gord* et *Les Gaures* (près d'Oissel) (1).

Enfin, particulièrement nombreux, les toponymes en « tuit » viennent de l'appellatif norrois « þveit » (vieux danois « thwēt »), qui signifie défrichement et a beaucoup été utilisé en toponymie au Danemark, dans le sud de la Norvège ainsi que dans le Danelag. Le mot est passé très tôt dans le dialecte normand, avec son sens d'essart, aussi le trouve-t-on seul, précédé de l'article, dans la toponymie normande : *Le Thuit* (Vexin), *Le Thuit* (Roumois), *Le Thuit* (Cinglais) — et surtout déterminé à la romane : *Le Thuit-Anger, Le Thuit-Bénard, Le Thuit-Hagron, Le Thuit-Hébert, Le Thuit-Signol* et *Le Thuit-Simer* sont toutes des localités du Roumois, voisines les unes des autres, qui proviennent de défrichements effectués, probablement à la fin du XIe siècle, dans les forêts d'Elbeuf et de la Londe.

En composition, on trouve *Régnetuit* (pays de Caux), anciennement « Rénertuit » (1248), dont le premier élément est probablement l'anthroponyme norrois « Ragnarr » (vieux danois « Regner »), bien attesté à l'époque viking; mais ce pourrait être aussi l'anthroponyme issu du franc Raganhari — Régnier — auquel cas nous aurions ici une formation hybride. Dans *Aptuit* (Roumois), le premier élément est l'anthroponyme danois « Api » : ce toponyme a sans doute la même origine qu'Appeville (-Annebart), dont il n'est distant que de quelques kilomètres. Dans *Blacquetuit* (Roumois), le premier élément est soit l'anthroponyme danois « Blakki », soit l'adjectif « blakki » (brun foncé). Dans *Bractuit* et *Bracquetuit* (pays de Caux), il s'agit sans doute de l'appellatif norrois « brakni » (fougère) — Bregentved (Danemark) et

1) Il faudrait également mentionner les quelques toponymes dérivés des appellatifs anglo-scandinaves jadis en usage dans le Bessin, la plaine de Caen et le Cotentin : *Les Vaindifs, Le Vendy, La Longue Delle. Les Fardelles, Le Houlland* et même *Le Haut-Vollant,* issus respectivement de « vendic », « delle » et « hovellenc ».

Brackenthwaite (Danelag) en sont les équivalents exacts. Le premier élément de *Lintuit* (pays de Caux) est soit « lind » (tilleul) — cf. Lindved, anciennement « Lindtved » (Danemark), soit « lín » (lin). Dans *Tontuit* (pays d'Auge), anciennement « Tornetuit » (XIIIe siècle), c'est l'appellatif norrois « þorn » (épine) — cf. Torntved (Danemark) et Thornthwaite (Danelag). Dans *Ronchetuit* (pays de Caux), « ronche » est sans doute l'appellatif français « ronce », sous sa forme dialectale normande, avec chuintante : il est possible que le premier élément de ce toponyme soit une francisation du norrois « þorn » (épine) ou « þyrnir » (buisson d'épines), qui se retrouve dans le toponyme précédant. Dans *Miquetuit* (pays de Caux), on a l'adjectif norrois « mikill » (grand) — cf. Micklethwaite (Danelag). Et dans *Longtuit,* (pays de Caux), « long » est la francisation de l'adjectif norrois « langr » (même sens), qu'on trouve aussi dans Langtved (Danemark) et Langthwaite (Danelag).

Citons encore *Brennetuit, Bricquetuit, Gonnetuit, Milthuit, Monthuit, Vautuit, Vicquetuit, Bois-Tortuit* (pays de Caux) et *Ecriquetuit* (Vexin), anciennement « Escraketuit » (1207).

Les toponymes scandinaves sont, en Normandie, une source précieuse dont il convient de tirer plusieurs enseignements.

La densité de ces toponymes est très inégale : pratiquement nulle dans tout le sud de la province, elle est très forte dans le pays de Caux et le Cotentin, et atteint ses maxima dans la région de Fécamp et dans le district de la Hague. Plus rares sur les côtes du Bessin et du pays d'Auge, ils sont très nombreux dans la vallée de la Basse-Seine, de Louviers à la mer. C'est dire que la pénétration scandinave a suivi certains axes, à savoir les nombreux fleuves côtiers ainsi que la vallée de la Basse-Seine et ses affluents.

Les colons scandinaves ont débarqué sur les côtes de Normandie et ont remonté les fleuves, sur les rives desquels ils se sont installés. Ils colonisèrent surtout le pays de Caux, la plaine du Neubourg et le Roumois, tout le bassin côtier et le Cotentin. Ils furent beaucoup moins nombreux dans le pays de Bray, le Vexin, le pays d'Ouche, l'Hiémois, le Mortainais et l'Avranchin — ainsi, curieusement, que dans les îles. Si on prend l'exemple du Cotentin, on remarque aisément que les toponymes en « tot » s'éclaircissent au fur et à mesure qu'on descend vers le sud. Ils y sont remplacés par l'appellatif roman « mesnil » — ainsi Le Mesnil-Vigot, Le Mesnil-Aubert, etc., dans lesquels le déterminant suit le déterminé. Toutefois l'ordre inverse prédomine encore vers le nord où l'on trouve, par exemple, Vaudrimesnil ou Hudimesnil. Dans *Sauxemesnil*, le premier élément est d'ailleurs l'anthroponyme danois « Saxi » ! En fait, au XIe siècle, une vague de défrichement gagna tout le sud du Cotentin et c'est alors que les toponymes en « mesnil » sont apparus, composés à la romane, ayant même parfois pour second élément un anthroponyme norrois que portait encore le descendant d'un ancien colon scandinave : dans *Le Mesnil-Opac* ou *Le Mesnil-Auzouf*, Óspakr et Ásúlfr ne font pas de doute quant à leur origine; dans *Le Mesnil-Tôve*, il s'agit de l'anthroponyme norrois masculin « Tófi », ou féminin « Tófa » (1).

On remarque, d'autre part, que les toponymes en « hougue », très nombreux de Cherbourg à Lingreville, font place aux noms en « hogue » jusqu'à Vergoncey (près d'Avranches) au sud, en moins grande quantité : il y a à la fois une évolution phonétique différente et une diminution de la densité au sud.

Il est vrai que les toponymes d'origine scandinave, forgés pendant un siècle, certains d'entre eux à une époque assez tardive, n'ont pas tous la même valeur. Ceux qui sont formés d'un simple appellatif, souvent pourvu de l'article français et passé dans la langue (comme « La Londe », « Le Homme », « La Hogue ») sont les moins significatifs, car ils peuvent avoir été donnés après l'époque viking. Les toponymes en « ville » dont le premier élément est un anthroponyme norrois présentent l'avantage de donner les noms de chefs scandinaves, mais ils sont peu significatifs pour l'histoire du peuplement proprement dit. C'est surtout aux toponymes purement nordiques qu'il faut attacher le plus d'importance : ce sont les plus caractéristiques d'une implantation précoce et solide.

Les villes sont restées les mêmes et les colons, qui ont en quelque sorte rempli les zones vides, n'ont guère créé qu'un habitat secondaire. Loin d'avoir fait table rase ou d'avoir détruit d'anciens villages, ils ont au contraire multiplié les défrichements, attestés en toponymie parallèlement sous la forme norroise et sous la forme romane. La plupart des noms en « tuit » sont situés, en effet, dans la partie orientale de la Normandie. Dans la partie occidentale ils cèdent la place

1) Les toponymes d'origine scandinave en Normandie ne contiennent que très rarement des noms féminins : un autre exemple est celui de *La Haie-Gonnor*, également de composition romane, où il s'agit de « Gunnvör », anthroponyme norrois commun à toute la Scandinavie (vieux danois « Gunnvar »; par la suite « Gunnur »).

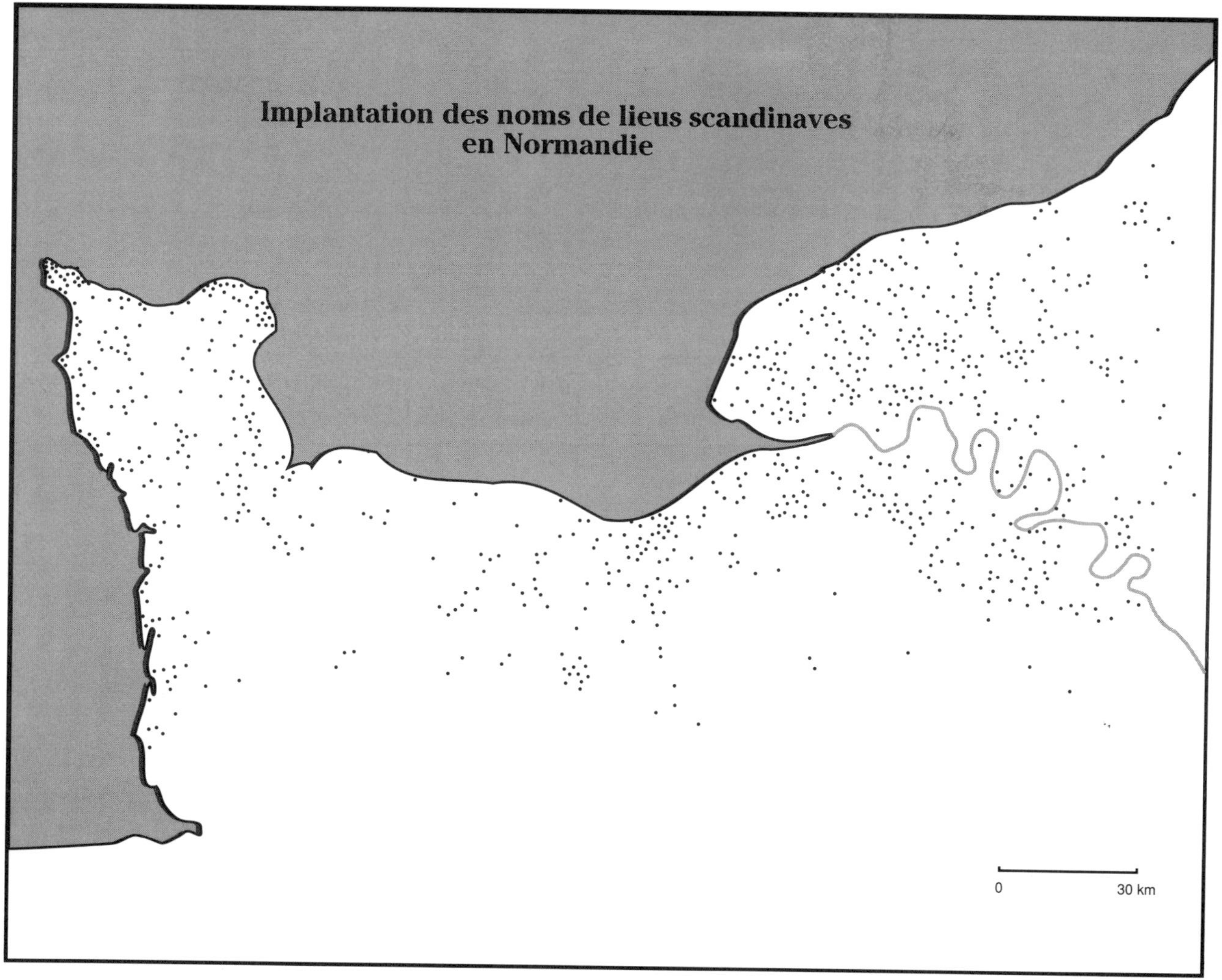
Implantation des noms de lieus scandinaves
en Normandie
0
30 km

au français « essart »; mais cet appellatif se rencontre aussi là où se trouvent les noms en « tuit » : le Vexin, le pays de Caux, l'Evrecin, le Roumois et le Lieuvin. « Les Essarts » sont surtout communs dans le pays d'Auge, le Bocage, le Bessin et même le Cotentin — mais là, ils font place à l'appellatif « vaast » (du bas-latin « vastum », clairière, lieu en friche) et, dans le nord du Cotentin, on a par exemple le Vast, Brillevast, Pépinvast (Val de Saire), Martinvast, Barnavast, Tollevast (Hague), dont la composition est d'ailleurs typiquement germanique : on reconnaît même l'anthroponyme norrois « Sóti » dans *Sottevast* et le danois « Barni » dans *Barnavast.* En fait, l'âge du défrichement va de la fin du Xe au début du XIe siècle et l'essor est considérable dès la fin des incursions vikings.

Comme le premier élément d'un grand nombre de toponymes en « tot » et en « ville » est un anthroponyme souvent mieux représenté au Danemark qu'en Norvège — et parfois un anthroponyme exclusivement danois — il semble indéniable que la majorité des colons scandinaves était des Danois. En outre, un certain nombre de ces toponymes en « tot » et en « ville » sont formés à l'aide d'anthroponymes dont les formes anciennes sont assez différentes des formes danoises correspondantes. Ces formes trahissent une influence anglo-saxonne, ce qui montre que parmi les colons danois, certains étaient originaires du Danelag. Il arrive même que l'anthroponyme en question ne soit attesté que dans les colonies scandinaves d'Angleterre (par exemple « Flottamaðr » ou « Sumarliði »), ce qui ne laisse alors aucun doute sur l'origine de celui qui le porte. Ensuite, ces colons se romanisèrent rapidement au contact des populations gallo-franques, comme le montre notamment l'appellatif toponymique « villa » qu'ils empruntèrent pour désigner leurs établissements.

Les toponymes scandinaves sont ce que la Normandie a conservé de plus tangible de la colonisation viking : malheureusement la plupart des noms ont été écorchés au fil des siècles — et continuent de l'être — au point que la prononciation locale (patoisante) de certains d'entre eux mérite souvent d'être prise en considération autant que leur graphie; Honfleur, par exemple, se prononce [rhonfieu], Carquebut [kierkébu]. En outre, beaucoup de noms ont disparu et continuent de disparaître : aujourd'hui notamment les noms de quantité d'endroits écartés au fond des chemins et des champs — ceux qu'on a coutume d'appeler les microtoponymes — auxquels l'exode rural et les remembrements ont porté un coup fatal. Les toponymes scandinaves sont le témoignage d'une influence profonde et durable, mais pas celui d'un bouleversement en profondeur.

CONCLUSION

La Normandie doit l'essentiel de son originalité à l'implantation scandinave sur son sol. Celle-ci a été particulièrement marquante dans trois secteurs : le pays de Caux et la Basse-Seine, les côtes de la Normandie centrale et le nord du Cotentin, qui présentent chacun des caractères propres.

Le pays de Caux et la Basse-Seine ont incontestablement joué un rôle primordial dans l'histoire des Vikings en Normandie. C'est là qu'on vit apparaître pour la première fois des bateaux vikings, en 820, et c'est là qu'on vécut au rythme des incursions à partir de 841. Aux entreprises estivales s'ajoutèrent les hivernages, et la présence viking s'accentua pendant toute la seconde moitié du IXe siècle. Nous ignorons quand débuta véritablement la colonisation de la région : sans doute y a-t-il eu quelques établissements scandinaves avant le traité de Saint-Clair-sur-Epte, mais ils ne pouvaient guère être d'une grande importance; avec l'arrivée de Rollon, il en fut tout autrement et c'est là que la colonisation a été la plus cohérente.

C'est encore là qu'à peine Charles le Simple leur avait-il cédé le pays — de sa propre initiative — que Rollon et ses chefs amorçaient le rapprochement avec l'État franc. Ils défendirent le royaume contre de nouvelles incursions : mais c'était aussi dans leur propre intérêt. Ils adoptèrent une juridiction et une administration héritée des Francs : mais ils y apportèrent des éléments norrois, dont l'ampleur est difficilement appréciable aujourd'hui. Les Scandinaves ne fondèrent pas en tout cas un État purement nordique mais, appliquant les accords de 911, se tournèrent vers le système politique carolingien et favorisèrent l'Eglise. Le succès de la gestion franco-scandinave permit en 924 et en 933 l'élargissement aux régions de l'ouest, qui durent se plier aux même règles.

La colonisation se fit autant à partir de la Seine qu'à partir du littoral cauchois, qui n'était sans doute pas assez attrayant en soi. La toponymie scandinave est assez peu marquée le long de la côte, où l'on ne trouve guère la trace que de simples pêcheries. L'estuaire de la Seine lui-même ne fourmille d'ailleurs pas davantage de toponymes scandinaves que le reste de la région et il semble que ce fut avant tout une voie de passage et non une zone de colonisation plus intensive, ce qui fut davantage le cas pour la vallée de la Risle. Les campagnes, en revanche, ont été largement colonisées, mais les villages, dans l'ensemble, n'ont pas été détruits. Beaucoup ont changé de nom et de nouvelles fermes ont été bâties en dehors des villages déjà existants. L'étude des noms de lieux montre que dans tout le pays de Caux et la Basse-Seine la majorité des colons était danois, véritablement venus par bandes directement du Danemark.

Quant à la ville de Rouen, dont Rollon fit sa capitale, elle n'avait pas été aussi détruite que le clament volontiers les chroniqueurs et elle se releva de ses ruines pour reprendre à peu près son aspect antérieur. Rollon lui-même en fit restaurer la muraille et les Scandinaves qui s'installèrent à Rouen se mêlèrent aux habitants, qui n'avaient pas tous fui leur ville.

C'est à Rouen que les Vikings apprirent à se rallier aux formes chrétiennes essentiellement pour des raisons politiques, il est vrai. C'est à Rouen également qu'ils battirent monnaie dès 940, comme le montrent les pièces datant de Guillaume Longue-Epée et Richard Ier. C'est à Rouen, enfin, qu'ils rédigèrent les premières chartes.

Le pays de Caux et la Basse-Seine furent le pays des ducs depuis Rollon jusqu'à Robert le Magnifique; Rouen et Fécamp leurs domaines de prédilection. Et c'est là que se joua brillamment la carte scandinave, pour mener à terme une véritable conquête, sanctionnée par un traité. Cependant les « Normands de la Seine » se francisèrent rapidement, au point qu'à Rouen la langue norroise n'était déjà plus parlée, semble-t-il, du temps du premier duc Richard.

Le nord du Cotentin, au contraire, n'a pas fait l'objet d'une conquête organisée, semblable à celle du pays de Caux, et pourtant il a subi une influence norroise non moins considérable. Les textes sont muets sur la façon dont la prise de possession a eu lieu. Cependant on peut penser que c'est par petits groupes qu'ils débarquèrent dans les nombreuses anses et baies du rivage et qu'ils s'installèrent individuellement — et non sous l'autorité d'un seul chef — surtout dans la Hague et le Val de Saire.

La colonisation s'y est faite peu à peu, sans attirer l'attention des chroniqueurs francs, qui ne font état que des incursions spectaculaires des grandes armées danoises et oublient l'existence du Cotentin, isolé, cédé aux Bretons en 867. Ce fut pourtant une implantation en profondeur qui, en l'espace de deux ou trois générations, a fortement marqué la région tant du point de vue de la langue que de la toponymie. Celle-ci atteste que les colons ont dû être en majorité norvégiens, venus des colonies irlandaises, des Hébrides et de l'île de Man et qu'ils ont amené avec eux des Celtes comme esclaves ou associés. Les Vikings norvégiens dénommèrent notamment la plupart des points significatifs du rivage : promontoires, baies, îlots et rochers. Ils s'installèrent à leur façon, sans tenir compte de ce que Rollon avait organisé dans son secteur. Ils restèrent fidèles à leurs traditions païennes, bien après que le roi Raoul eut cédé le Cotentin aux Normands de Rouen, en 933 — un rattachement vis-à-vis duquel ils firent probablement preuve de beaucoup d'indépendance. Et il n'est pas étonnant de constater qu'aux XIe et XIIe siècles, la chasse à la baleine — qui existait déjà avant l'arrivée des Vikings — y était florissante le long des côtes, perpétuée selon les pratiques scandinaves. Les baleiniers (« walmanni »), regroupés en associations (« valsetæ »), opéraient notamment en baie de Saire ainsi que dans l'anse de Vauville.

Le nord du Cotentin a été la région la plus franchement nordique de toute la Normandie. A la différence de ceux de la Basse-Seine, les colons scandinaves du Cotentin n'ont pas été happés d'emblée dans un processus d'assimilation et de francisation, préservés par un relatif isolement. Ils faisaient preuve d'une certaine indocilité à l'égard des ducs et si l'expédition anglaise de l'an 1000 s'est tournée vers le Val de Saire, ce fut peut-être aussi pour tenter de réprimer l'activité viking qui y persistait et dont le sud de l'Angleterre faisait sûrement les frais.

Les côtes de la Normandie centrale et leur arrière-pays ont dû être colonisés surtout à partir de 924, lorsque le Bessin fut rattaché au comté de Rouen. Les toponymes norrois sont les plus nombreux dans le pays d'Auge entre la Basse-Orne et la Basse-Dives (où la mer formait autrefois un large estuaire autour duquel étaient regroupées les principales salines). Des groupements de baleiniers ont également existé sur le littoral du Bessin.

On relève dans les salines un vocabulaire d'origine nordique mais qui a son parallèle chez les sauniers du Danelag. De même, le vocabulaire rural de la plaine de Caen et du Bessin comporte des termes manifestement anglo-scandinaves. Les colons de cette région venaient des territoires danois de l'Angleterre.

En 918, l'armée de Þorketill dans les Midlands, selon la *Chronique anglo-saxonne,* traversa la Manche : elle se serait cantonnée dans le sud-est du Bessin, les abords de Tilly-sur-Seulles notamment et le Cinglais; mais pas à Bayeux (où la langue norroise se serait pourtant maintenue longtemps). En fait, dans une grande partie du Bessin, le Saint-Lois et toute la vallée de la Vire, la toponymie scandinave est très dispersée : c'était vraisemblablement l'ancienne enclave saxonne. Après 924 et 933, lorsque le duché de Rouen s'agrandit, les chefs scandinaves venus dans la plaine de Caen et le Bessin devaient être accompagnés soit de paysans scandinaves d'abord installés dans le Danelag, soit d'une population anglo-saxonne d'un niveau social inférieur recrutée en Angleterre — sorte de main-d'œuvre importée.

La colonisation scandinave de la Normandie s'est faite, en effet, à deux niveaux différents. Il y a eu, d'une part, le partage entre les chefs, sans doute ceux dont Rollon avait pris la tête et entre lesquels il répartit des seigneuries avec un réel souci d'équilibre. Et il y a eu d'autre part une petite colonisation agricole — qui n'a pris de véritable densité que dans des secteurs assez limités — et une colonisation liée aux activités maritimes et côtières, qui a laissé une empreinte très profonde.

Quand au sud de la Normandie, ce fut une sorte de marche, non encadrée au début, restée aux mains de la population gallo-franque, où les éléments scandinaves, peu nombreux, ne se sont implantés que de façon secondaire.

Il ne faut pas chercher en Normandie les restes visibles de la venue des Vikings : guère de sépultures, pas de pierres runiques — et celles de Scandinavie ne mentionnent pas la Normandie — , très peu d'armes ou de bijoux, aucune coutume. Et si l'on croit reconnaître certains traits nordiques dans la physiologie ou le caractère des Normands de pure souche, il ne faut pas se leurrer : d'une part ce sont des aspects plus généralement germaniques, d'autres part ils ne concernent plus vraiment, de nos jours, que des individus isolés ou des groupes épars. Le brassage des populations et leur nivellement sont allés en s'accélérant depuis le début du siècle.

Que reste-t-il alors des Vikings en Normandie ? Si l'apport scandinave dans la toponymie a été suffisamment important pour lui conférer un caractère particulier, propre à la province, l'influence scandinave n'a pas été assez profonde, en revanche, pour altérer de façon durable le dialecte normand — auquel elle a pourtant légué bon nombre de termes encore bien vivants et dont certains sont même passés en français. Le vocabulaire norrois des patois normands, les noms de lieux d'origine scandinave ou partiellement scandinave, les noms de familles issus d'anciens prénoms nordiques, vestiges bien réels d'un passé lointain et glorieux, sont autant de données qui se recoupent fort bien entre elles et qui, ensemble, contribuent à préciser et à délimiter un cadre historique, celui de la colonisation scandinave en Normandie, si mal défini dans les sources écrites.

LES PREMIERS DUCS DE NORMANDIE

- **Rollon** (911-927 ?) ép. 1) Gisela ? 2) Poppa
  - **Guillaume Longue-Epée** (927 ?-942) ép. 1) Liégarde 2) Sprota
    - **Richard Ier** (942-996) ép. 1) Emma 2) Gunnor
      - **Richard II** (996-1026) ép. 1) Judith 2) Papia
        - **Richard III** (1026-1027) ép. Adèle
        - **Robert le Magnifique** (1027-1035) avec Arlette
          - **Guillaume le Conquérant**
        - Adeliza ép. Renaud comte de Bourgogne
        - Guillaume comte d'Arques
        - Mauger archevêque de Rouen
      - Robert archevêque de Rouen, comte d'Evreux
      - Hadwige ép. Geoffroy, comte de Bretagne
      - Mathilde ép. Eudes, comte de Chartres
      - Emma ép. 1) Ethelred 2) Knútr ríki
        - Edouard le Confesseur
    - Raoul comte d'Ivry
  - **Gerloc** ép. Guillaume Tête d'Etoupe, comte de Poitou

LES PREMIERS ROIS D'ANGLETERRE

- **Egbert** (802-839)
  - **Ethelwulf** (839-858)
    - **Ethelbad** (858-860)
    - **Ethelbert** (860-866)
    - **Ethelred** (866-871)
    - **Alfred** (le Grand) (871-899)
      - **Edouard** (l'Aîné) (899-925)
        - **Athelstan** (925-939)
        - **Edmund** (939-946)
          - **Edwig** (955-959)
          - **Edgar** (le Pacifique) (959-975)
            - **Edouard** (le Martyr) (975-978)
            - **Ethelred** (l'Irrésolu) (978-1016)
              - **Edmund** (au Flanc de fer) (1016)
              - **Edouard** (le Confesseur) (1042-1066)
        - **Edred** (946-955)

- **Canute** (Knútr ríki) (1016-1035)
  - **Harold** (Haraldr) (1035-1040)
  - **Hardicanute** (Hörðaknútr) (1040-1042)

N.B. A partir d'Egbert, les rois de Wessex étendirent leur autorité sur une grande partie du sud de l'Angleterre. Edouard l'Aîné et ses successeurs contrôlèrent plus ou moins les royaumes scandinaves du Nord. Ce contrôle devint permanent dès 954 et les successeurs d'Edred furent rois de toute l'Angleterre.

LES PREMIERS ROIS DE NORVÈGE

Guðrøðr
(vers 780-820)

Hálfdan svarti (le noir)
(vers 820-860)

Haraldr hárfagri
(aux beaux cheveux)
(vers 872-885?-940)

- Sigurðr
  - Hálfdan
    - Sigurðr sýr (la truie) ép. Ásta
- Óláfr
  - Tryggvi
    - **Óláfr** (995-1000) ép. Tyra (fille de Haraldr blátönn)
- **Eiríkr blóðøx** (à la hache sanglante) (940-945; mort en 954) ép. Gunnhildr, fille de Gormr gamli (?)
  - **Haraldr gráfeldr** (fourrure grise) (960-970)
- **Hákon góði** (le bon) (945-960)

Haraldr grenski ép. Ásta
- **Óláfr helgi** (le saint) (1016-1028)
  - **Magnús góði** (le bon) (1035-1047; également roi de Danemark 1042-1047)

Sigurðr sýr ép. Ásta
- **Haraldr harðráði** (l'impitoyable) (1047-1066)

Hákon («jarl») (970-995) ne règne pas sur l'est de la Norvège, aux mains de Haraldr blátönn de 970 à 985
- **Eiríkr** («jarl») (1000-1016)
- **Sveinn** («jarl») (1000-1016)

Knútr ríki (le grand)
(1028-1030;
roi de Danemark 1018-1035
roi d'Angleterre 1016-1035)
- **Sveinn** (1030-1035)

LES PREMIERS ROIS DE DANEMARK

- **Sigfriðr** (mentionné en 777 et 798)
  - un fils
    - **Hemmingr** (810-812)
  - **Guðfriðr** (mort en 810)
    - **Hárekr** (813-854)
      - **Hárekr** (mentionné en 857 et 864)
        - Hálfdan
        - **Sigfriðr** (mort en 887)

- **Gormr gamli** (l'ancien) ép. Tyra (vers 900-940)
  - **Haraldr blátönn** (à la dent bleue) (940-985)
    - **Sveinn tjúguskegg** (à la barbe fourchue) (985-1014)
      - **Haraldr** (1014-1018)
      - **Knútr ríki** (le grand) (1018-1035; également roi d'Angleterre 1016-1035 et roi de Norvège 1028-1030) — ép. 1) Alfifa 2) Emma
        - **Sveinn** (1042-1047; également roi de Norvège 1030-1035)
        - Haraldr (roi d'Angleterre 1035-1040)
        - **Hörðaknútr** (1035-1042; également roi d'Angleterre 1040-1042)
    - Tyra ép. Oláfr Tryggvason roi de Norvège
  - Gunnhildr ép. Eiríkr blóðøx, roi de Norvège (?)

LES ROBERTIENS ET LES PREMIERS CAPETIENS

- Robert le Fort (mort en 866)
  - **Eudes** (888-898)
    - Hugues le grand
      - **Hugues Capet** (987-996) ép. Adélaïde d'Aquitaine
        - **Robert le Pieux** (996-1031) ép. Constance d'Arles
          - Hugues (mort en 1020)
          - **Henri Ier** (1031-1060) ép. 1) Mathilde 2) Anne de Kiev
          - Robert
          - Adèle ép. Richard III duc de Normandie
      - Emma ép. Richard Ier duc de Normandie
  - **Robert Ier** (922-923) ép. Béatrice de Vermandois
    - Emma ép. **Raoul** (923-936)

LES CAROLINGIENS

- **Charlemagne** roi des Francs en 768, empereur en 800, mort en 814
  - **Louis le Pieux** empereur en 814, mort en 840
    - **Lothaire Ier** roi d'Italie en 822, empereur en 840, mort en 855
      - **Lothaire II** mort en 869
    - **Louis II le Germanique** roi de Germanie en 840, mort en 876
      - **Carloman** roi de Bavière, mort en 880
        - **Arnulf** roi de Germanie en 897, empereur en 896, mort en 899
          - **Louis IV l'Enfant** roi de Germanie en 899, mort en 911
      - **Louis III le Jeune** roi de Germanie en 876, mort en 882
      - **Charles III le Gros** roi de Germanie en 882, roi d'Italie en 884, empereur 881-887, mort en 888
    - **Pépin Ier** roi d'Aquitaine en 817, mort en 838
      - **Pépin II** roi d'Aquitaine en 838, mort en 852
    - **Charles II le Chauve** roi de France en 843, empereur en 875, mort en 877
      - **Louis II le Bègue** roi de France en 877, mort en 879
        - **Louis III** roi de France en 879, mort en 882
        - **Carloman** roi de France en 879, mort en 884
        - **Charles III le Simple** roi de France en 893, déchu en 922, mort en 929
          - **Louis IV d'Outremer** roi de France en 936, mort en 954
            - **Lothaire** roi de France en 954, mort en 986
              - **Louis V le Fainéant** roi de France en 986, mort en 987
      - **Charles l'Enfant** mort en 866
      - **Carloman** mort en 876

BIBLIOGRAPHIE

SOURCES

Abbon, *De bello Parisiaco (le siège de Paris par les Normands)*, éd. et trad. H. Waquet, Paris, 1942.

Adam de Brême, *Gesta Hammaburgensis Ecclesiæ Pontificum*, éd. J.M. Lappenberg, in *Monumenta Germaniæ Historica, Scriptores*, Hannovre, 1846.

Adémar de Chabannes, *Chronique*, éd. J. Chavanon, Paris, 1897.

Aimé du Mont-Cassin, *Ystoire de li Normant*, éd. O. Delarc, Rouen, 1892.

Aimoin, *Historia Miraculorum et Translationum Sancti Germani ob Irruptiones Normannicas*, éd. Dom Mabillon, in *Acta Sanctorum*, Paris, 1866.

Annales Royales d'Eginhard *(Annales Regni Francorum)*, éd. F. Kurze, Hannovre, 1895.

Annales Ryenses, in *Annales danici medii ævi*, éd. Jørgensen, Copenhague, 1920.

Annales de Saint-Bertin (Annales Bertiniani, éd. F. Grat, J. Vielliard, S. Clémencet, Paris, 1964.

Annales de Saint-Vaast (Annales Vedastini), éd. R. Rau, Darmstadt, 1966.

Asser, *Life of King Alfred*, trad. S. Keynes et M. Lapidge, Londres, 1983.

Benoît, *Chronique des ducs de Normandie* (I-III), éd. Fr. Michel, Paris 1936-1944.

Chronique anglo-saxonne (Anglo-Saxon Chronicle), éd. B. Thorpe, Londres, 1861; trad. D. Whitelock, D.C. Douglas et S.I. Tucker, Londres 1961.

Chronique de Fontenelle (Chronicon Fontanellense), éd. J. Laporte, Rouen, 1951.

Chronique de Nantes (Chronicon Namnetense), éd. R. Merlet, Paris, 1896.

Complainte de la mort de Guillaume Longue-Epée, éd. Jules Lair, in *Etude sur la vie et la mort de Guillaume Longue-Epée*, Paris, 1893.

Dudon de Saint-Quentin, *De moribus et actis primorum Normanniæ ducum*, éd. Jules Lair, Caen, 1865.

Edda, éd. Ólafur Briem, Reykjavík, 1976. Trad. Félix Wagner, *Les poèmes mythologiques de l'Edda*, Liège, 1936.

Flodoard, *Annales*, éd. Ph. Lauer, Paris, 1906.

Flodoard, *Historia Remensis ecclesiæ (Histoire de l'Eglise de Reims),* éd. et trad. Lejeune, Reims, 1854.
Florent de Worcester, *Chronicon ex Chronicis,* éd. B. Thorpe, Londres, 1848-49.
Guillaume de Jumièges, *Gesta Normannorum Ducum,* éd. J. Marx, Rouen, 1914.
Guillaume de Malmesbury, *Gesta Regum* (I-II), éd. W. Stubbs, Londres, 1889.
Guillaume de Saint-Pair, *Le Roman du Mont Saint-Michel,* éd. Fr. Michel, Caen, 1856.
Göngu-Hrólfs saga, éd. Guðni Jónsson, Reykjavík, 1959.
Haralds saga hárfagra, in *Heimskringla* (I), éd. B. Aðalbjarnarson, Reykjavík, 1941.
Historia Norwegiæ, éd. G. Storm, in *Monumenta Historica Norvegiæ.* Christiana, 1880.
Landnámabók, éd. J. Benediktsson, Reykjavík, 1968; trad. Régis Boyer, *Le livre de la colonisation de l'Islande,* Paris, 1973.
Laxdœla saga, éd. E. Ól. Sveinsson, Reykjavík, 1934; trad. Régis Boyer, *La saga des gens du Val-aux-Saumons,* in *Sagas Islandaises,* Paris, 1987.
Monuments de l'Histoire des Abbayes de Saint-Philibert, éd. R. Poupardia, Paris, 1905.
Miracles de Saint Vulfran (Inventio et Miracula Sancti Vulfranni), éd. J. Laporte, Rouen, 1938.
Óláfs saga helga, in *Heimskringla* (II), éd. B. Aðalbjarnarson, Reykjavík, 1945; trad. Régis Boyer, *La saga de Saint Óláf,* Paris, 1983.
Orderic Vital, *Historiæ ecclesiasticæ libri tredecim,* éd. A. Le Prévost et L. Delisle, Paris, 1838-1855.
Orkneyinga saga, éd. F. Guðmundsson, Reykjavík, 1955; trad. Jean Renaud, *La saga des Orcadiens,* Paris, à paraître.
Ragnars saga loðbrókar, éd. Guðni Jónsson, Reykjavík, 1959.
Raoul Glaber, *Histoires,* éd. M. Prou, Paris, 1886.
Recueil des Actes de Charles II le Chauve, éd. M. Prou, F.Lot et G. Tessier, Paris, 1943-55.
Recueil des Actes de Charles III le Simple, éd. Ph. Lauer, Paris, 1940.
Recueil des Actes des ducs de Normandie, 911-1066, éd. M. Fauroux, Caen, 1961.
Réginon de Prüm, *Chronique (Regionis Chronica),* éd. R. Rau, Darmstadt, 1966.
Richer, *Histoire de France,* éd. R. Latouche, Paris, 1930.
Robert de Torigny, *Chronique,* éd. L. Delisle, Rouen, 1872-1873.
Saxo Grammaticus, *Gesta Danorum,* éd. J. Olrik et H. Ræder, Copenhague, 1931.
Sighvatr Þorðarson, *Víkingavísur* et *Vestrfaravísur,* éd. Finnur Jónsson, in *Den norsk-islandske Skjaldedigtning,* Copenhague, 1908-1915.
Sven Aggesen, *Opuscula Historica,* éd. M. Gl. Gertz, in *Scriptores minores Historiæ Danicæ* (I), Copenhague, 1917.
Theodricus, *Historia de Antiquitate Regum Norwagiensium,* éd. G. Storm, in *Monumenta Historica Norvegiæ,* Christiania, 1880.
Þorsteins saga hvíta, éd. Jón Jóhannesson, Reykjavík, 1950.
Vápnfirðinga saga, éd. Jón Jóhannesson, Reykjavík, 1950; trad. Jean Renaud, *La saga des gens du Vápnafjörðr*, Paris, à paraître 1990.
Wace, Robert, *Le Roman de Rou et des ducs de Normandie,* éd. Hugo Andresen, Heilbronn, 1877-1879.

OUVRAGES DE RÉFÉRENCE

L'expansion viking :

Andersen, Per Sveaas, *Vikings of the West, The Expansion of Norway in the Early Middle Ages,* Oslo, 1971.

Andersson, Aron, et Anker, Peter, *L'Art Scandinave* (I), La Pierre-qui-Vire, 1968.

Almgren, Bertil (éd.), *Vikingen,* Göteborg, 1967; adaptation française M. de Boüard, *Les Vikings,* Paris, 1972.

Arbman, H., et Stenberger, M. *Vikingar i västerled,* Stockholm, 1935.

Barthélémy, Pierre, *Les Vikings,* Paris, 1988.

Boyer, Régis (éd.), *Problèmes de la civilisation viking,* Paris, 1976.

Boyer, Régis, *Les sagas islandaises,* Paris, 1978.

Boyer, Régis, *Le mythe viking,* Paris, 1986.

Brøndsted, Johannes, *The Vikings,* Londres, 1960.

Bugge, Alexander, *Vikingerne,* Kristiania 1904-1906.

Cohat, Yves, *Les Vikings, rois des mers,* Paris, 1987.

Davidson, Hilda R.E., *Scandinavian Mythology,* Londres, 1969.

Dillmann, François-Xavier, *Culture et civilisation viking : une bibliographie de langue française,* Caen, 1975.

Dumézil, Georges, *Les Dieux des Germains,* Paris, 1959.

Durand, Frédéric, *Les Vikings,* Paris, 1965.

Durand, Frédéric, *Sommet insurpassé de la littérature médiévale : la saga,* in *Heimdal,* suppl. 19, Bayeux, 1976.

Foote, Peter, et Wilson, David M., *The Viking Achievement,* Londres, 1970.

Graham-Campbell, J., *The Viking World,* Londres, 1980.

Graham-Campbell, J., et Kidd, D., *The Vikings,* Londres, 1980.

Haasum, S., *Vikingetidens segling och navigation,* Stockholm, 1974.

Haenens, Albert d', *Les invasions normandes, une catastrophe ?,* Paris, 1970.

Helgason, Jón, *Norges og Islands Digtning,* in *Nordisk Kultur* (VIII B), Copenhague, 1953.

Jones, Gwyn, *A History of the Vikings,* Oxford, 1973.

Kristjánsson, Jónas, *Eddas and Sagas,* Reykjavík, 1988.

Les mondes normands, VIIIe-XIIe siècles (2e congrès international d'archéologie médiévale, Caen 1987), Caen, 1989.

Loyn, H.R., *The Vikings in Britain,* Londres, 1978.

Musset, Lucien, *Les peuples scandinaves au moyen âge,* Paris, 1951.

Musset, Lucien, *Les Invasions : le second assaut contre l'Europe chrétienne (VIIe-XIe siècles),* Paris, 1965.

Mélanges offerts à Lucien Musset, Cahiers des Annales de Normandie, Caen, 1989.

Nordal, Sigurður, *Sagalitteratur,* in *Nordisk Kultur* (VIII B), Copenhague, 1953.

Oxenstjerna, Eric, *Vikingarna,* Stockholm, 1957; trad. *Les Vikings, histoire et civilisation,* Paris, 1962.

Poole, R.L., *Chronicles and Annals,* Londres, 1926.

Ramskou, Thorkild, *Vikingetiden, Skibet, Sværdet og Vægten.* Copenhague, 1962.

Renaud, Jean, *Archipels norrois,* Göppingen, 1988.

Roesdahl, Else, *Danmarks Vikingetid,* Copenhague, 1980.

Roesdahl, Else, *Vikingernes verden,* Copenhague, 1987.

Sawyer, P.H., *The Age of the Vikings,* Londres, 1962.
Sawyer, P.H., *Kings and Vikings (Scandinavia and Europe, A.D. 700-1100),* Londres, 1981.
Shetelig, Haakon, *An Introduction to the Viking History of Western Europe,* in *Viking Antiquities* I, Oslo, 1940.
Simpson, Jacqueline, *Everyday Life in the Viking Age,* Londres, 1967.
Steenstrup, Johannes, *Normannerne* (I—IV), Copenhague, 1876-1892.
Stenberger, M., *Den forntida Sverige,* Stockholm, (3e éd.) 1979.
Sveinsson, E. ÓL. *Les sagas islandaises,* Paris, 1961.
Toustain, N., *Origine des expéditions vikings,* in *Viking,* 7, Cherbourg, 1950-51.
Turville-Petre, E.O.G., *Myth and Religion of the North,* Londres, 1964.
Turville-Petre, E.O.G., *Scaldic Poetry,* Oxford. 1976.
Vinner, Max, et Crumlin-Pedersen, Ole, *De l'archéologie à la navigation : la réplique d'un bateau viking,* in *Le Chasse-Marée,* 30, Douarnenez, 1987.
Wadstein, E., *Le mot Viking,* in *Mélanges Vising,* Göteborg et Paris, 1925.
Wilson, D.M., et Klindt-Jensen, O., *Viking Art.* Londres, 1966.
Wilson, D.M. *The Vikings in England,* Londres, 1981.

Les incursions :

Albrectsen, Erling, *Vikingerne i Franken,* Odense, 1981.
Capéfigue, B. *Essai sur les invasions maritimes des Normands dans les Gaules,* Paris, 1823.
Depping, G.-Bernard, *Histoire des expéditions maritimes des Normands et de leur établissement en France au Xe siècle,* Paris, 1826.
Favre, Edouard, *Eudes, comte de Paris et roi de France,* Paris, 1893.
Joranson, E., *The Danegeld in France,* Rock Island, 1924.
Lair, Jules, *Les Normands dans l'île d'Oscelle,* Pontoise, 1897.
Lair, Jules, *Le siège de Chartres par les Normands,* Caen, 1902.
Laporte, J., *L'abbaye de Saint-Wandrille et les invasions nordiques,* in *L'abbaye Saint-Wandrille de Fontenelle,* 1953.
Le Prevost, Auguste, *Mémoire sur la position de l'île d'Oscelle,* in *Mémoires de la Société des Antiquaires Normands,* 1855.
Lot, Ferdinand, *La grande invasion normande de 856-862,* Bibliothèque de l'École des Chartes, 1908.
Lot, Ferdinand, *La Loire, l'Aquitaine et la Seine, Robert le Fort,* Bibliothèque de l'Ecole des Chartes, 1915.
Lot, Ferdinand, *Les invasions barbares et le peuplement de l'Europe,* Paris, 1937.
Noblet, A., *Les monastères francs et les invasions normandes,* in *Mabillon,* III, 1907.
Renoult, M., *Robert le Fort, « l'Angevin »,* in *Mémoires de l'Académie d'Angers,* 1968.
Searle, Eleanor, *Frankish Rivalries and Norse Warriors,* in *Anglo-Norman Studies,* 8, 1986.
Steenstrup, Johannes, *Les invasions normandes en France,* in *Le Mémorial des Siècles (IXe siècle),* éd. Gérard Walter, Paris, 1969.
Vergauteren, Fernand, *Comment s'est-on défendu, au IXe siècle, dans l'Empire franc, contre les invasions normandes, in Annales du XXXe congrès de la Fédération archéologique de Bruxelles,* 1936.

Vogel, Walther, *Die Normannen und das fränkische Reich,* Heidelberg, 1906.
Worsaae, J.J.A., *Den danske Erobring af England og Normandiet,* Copenhague, 1863.

Rollon et le traité de Saint-Clair-sur-Epte :

Bugge, Alexander, *Gange-Rolv og Erobringen av Normandie,* in *Historisk Tidsskrift,* Kristiania, 1912.
Deville, A., *Dissertation sur l'étendue du territoire concédé à Rollon,* in *Mémoires de la Société des Antiquaires Normands,* 1831-1833.
Douglas, David C., *Rollo of Normandy,* in *English Historical Review* (LVII), 1942.
Hartmann, Jacob Wittmer, *The Göngu-Hrolfs saga. A Study in Old Norse Philology,* New-York, 1912.
Hertzberg, Ebbe, *Traditionen om Gange-Rolv,* in *Historisk Tidsskrift,* Kristiania, 1912.
Howorth, Henry, *A Criticism of the Life of Rollo as told by Dudo of St-Quentin,* in *Archaeologia* (XLV), 1880.
Lemarignier, J.F., *Recherches sur l'hommage en Marche,* Lille, 1945.
Musset, Lucien, *L'origine de Rollon,* in *Annuaire des cinq départements de la Normandie,* 1981.
Musset, Lucien, *Ce que l'on peut savoir du Traité de Saint-Clair-sur-Epte,* in *Annuaire des cinq départements de la Normandie.* 1981.
Prentout, Henri, *L'origine de Rollon,* in *Congrès du Millénaire de la Normandie,* Rouen, 1912.
Robbin, M., *Petromantalum, Saint-Clair-sur-Epte et le Vexin,* in *Bull. Soc. Nat. Antiq. France,* 1973.
Saint-Pierre, Louis de, *Sommes-nous danois ou norvégiens ?* Evreux, 1928.
Saint-Pierre, Louis de, *Rollon devant l'Histoire,* Paris, 1949.
Weibull, L., *Rollo och Gangerolf,* in *Historisk Tidskrift för Skåneland,* 1911.

L'établissement scandinave :

Boüard, Michel de, *De la Neustrie carolingienne à la Normandie féodale, continuité ou discontinuité ?,* in *Bulletin of the Institute of Historical Research* (XXVIII), 1955.
Boyer, Régis, *Le Christ des Barbares : le monde nordique (IX-XIIIe siècle),* Paris, 1987.
Brunius, Clas, *Nordens Fransmän,* Stockholm, 1982.
Durand, Frédéric, *La Normandie dans la littérature norroise,* in *Heimdal,* 5, Bayeux, 1972.
Emanuelli, F., *Etude sur la colonisation normande dans le département de la Manche,* in *Revue de Cherbourg,* I, 1907.
Guillot, O., *La conversion des Normands peu après 911,* in *Cahiers de civilisation médiévale* (XXIV), 1981.
Le Povremoyne, J., *Les invasions normandes en Gaule et en Neustrie. Essai d'explication et de bilan,* in *Etudes Normandes (XXIII), 1957.*

Musset, Lucien, *Les destins de la propriété monastique durant les invasions normandes. L'exemple de Jumièges*, in *Congrès scientifique du XIIIe centenaire*, Rouen, 1950.

Musset, Lucien, *Un type de tenure d'origine scandinave : le mansloth*, in *Mémoires de l'Académie Nationale de Caen*, 1952.

Musset, Lucien, *Pour l'étude des relations entre les colonies scandinaves d'Angleterre et de Normandie*, in *Mélanges F. Mossé*, Paris, 1959.

Musset, Lucien, *Aperçu sur la colonisation scandinave du Nord-Cotentin*, in *Annuaire des cinq départements de la Normandie*, 1956.

Musset, Lucien, *Aux origines du christianisme normand, de l'art païen à l'art chrétien*, in *Art de Basse-Normandie*, 34, 1964.

Musset, Lucien, *Gouvernants et gouvernés dans le monde scandinave et le monde normand*, in *Recueils de la Société Jean Bodin* (XXIII), Bruxelles, 1968.

Musset, Lucien, *L'apport scandinave en Pays de Caux*, in *Heimdal*, 4, Bayeux, 1972.

Musset, Lucien, *Les baleiniers normands*, in *Heimdal*, 14, Bayeux, 1974.

Musset, Lucien, *Les salines en Normandie*, in *Heimdal*, 17, Bayeux, 1975.

Musset, Lucien, *Les apports scandinaves dans le plus ancien droit normand*, in *Droit privé et institutions régionales. Etudes offertes à J. Yver*, Paris, 1976.

Musset, Lucien, *Problèmes de la colonisation normande dans l'estuaire de la Seine*, in *Annuaire des cinq départements de la Normandie*, 1980.

Navel, H., *Recherches sur les anciennes mesures agraires normandes*, in *Bulletin de la Société des Antiquaires de Normandie* (XL), 1932.

Paaske, Fredrik, *Møtet mellom hedendom og kristendom i Norden*, Stockholm, 1958.

Prentout, Henri, *Essai sur les origines et la fondation de Duché de Normandie*, Paris, 1911.

Revel, Jean, *Les hôtes de l'Estuaire*, Paris, 1904.

Searle, Eleanor, *Fact and Pattern in Heroic History : Dudo of Saint-Quentin*, in *Viator*, 15, 1984.

Stenton, Frank M., *The Scandinavian Colonies of England and Normandy*, in *Trans. of the Royal Historical Society* (XXVII), 1945.

Tardif, Ernest-Joseph, *Coutumiers de Normandie* (I-II), Rouen, 1881-1896.

Les débuts du duché :

Albrectsen, Erling, *Danmark og Normandiet*, in *Skalk*, Højbjerg, 1986.

Bates, David *Normandy before 1066*, Londres, 1982.

Boüard, Michel de, (éd.) *Documents sur l'Histoire de la Normandie*, Toulouse, 1970.

Douglas, David C., *The Rise of Normandy*, in *Proceedings of the British Academy* (XXXIII), 1947.

Eckel, Auguste, *Charles le Simple*, Paris, 1899.

Haskins, Charles, *Norman Institutions*, Cambridge, 1918.

Lair, Jules, *Etude sur la vie et la mort de Guillaume Longue-Epée*, Paris, 1893.

Lauer, Philippe, *Le Règne de Louis IV d'Outremer*, Paris, 1900.

Licquet, Th., *Histoire de la Normandie, depuis les temps les plus reculés jusqu'à la conquête de l'Angleterre en 1066* (I-II), Rouen, 1835.

Lohier, Dom, *Histoire de la restauration de Saint-Wandrille aux Xe et XIe siècles,* in *Congrès du Millénaire de la Normandie,* Rouen, 1912.

Lot, Ferdinand, *Les derniers Carolingiens,* Paris, 1891.

Musset, Lucien, *Les relations extérieures de la Normandie du IXe au XIe siècle d'après quelques trouvailles monétaires,* in *Annales de Normandie,* IV, 1954.

Musset, Lucien, *A-t-il existé en Normandie au XIe siècle une aristocratie d'argent ?* in *Annales de Normandie,* IX, 1959.

Musset, Lucien, *Autour des modalités juridiques de l'expansion normande au XIe siècle : le droit d'exil,* in *Revue historique de droit,* 1973.

Musset, Lucien, *Quelle était la capitale de la Normandie ?* in *Heimdal,* 11, Bayeux, 1974.

Musset, Lucien, *Origine et nature du pouvoir ducal en Normandie jusqu'au milieu du XIe siècle,* in *Les principautés au moyen âge,* Bordeaux, 1979.

Musset, Lucien (éd.), *Aspects du monachisme en Normandie (IVe-XVIIIe siècles),* Paris, 1982.

Musset, Lucien (avec la collaboration de Bouvris, J.M. et Gazeau, V.), *Aspects de la société et de l'économie dans la Normandie médiévale (Xe-XIIe siècle),* Caen, 1988.

Pluquet, Frédéric, *Essai historique sur la ville de Bayeux,* Caen, 1829.

Prentout, Henri, *Etude critique de Dudon de Saint-Quentin et son histoire des premiers ducs normands,* Paris, 1916.

Prentout, Henri, *Etudes sur quelques points d'histoire de la Normandie (I-II), Paris, 1926-1929.*

Riche, Pierre, *Les Carolingiens : une famille qui fit l'Europe,* Paris, 1979.

Searle, Eleanor, *Predatory Kinship and the Creation of Norman Power, 840-1066,* Berkeley, 1988.

Steenstrup. Johannes, *Normandiets Historie under de syv første Hertuger, 911-1066,* Copenhague, 1925.

Verger, J., *Naissance et premier essor de l'Occident chrétien (Ve-XIIIe siècles),* Paris, 1975.

Westrup, C.V., *Le mariage des trois premiers ducs de Normandie,* in *Normannia,* VI, 1933.

Yver, Jean, *Les premières institutions du duché de Normandie,* in *Settimane di studio del Centro italiano di studi sull'alto medioevo,* XVI, Spoleto, 1969.

Les découvertes archéologiques :

Arbman, Holger, *Hague-Dike : les fouilles en 1951 et 1952,* in *Meddelanden från Lunds Universitets Historiska Museum,* 1953.

Arbman, H., et Nilsson, N.O., *Armes scandinaves de l'époque viking en France,* in *Meddelanden från Lunds Universitets Historiska Museum,* 1969.

Boüard, Michel de, *La Hague, camp retranché des Vikings ?,* in *Annales de Normandie,* 1953.

Boüard, Michel de, *Quelques aspects archéologiques de la colonisation scandinave en Normandie,* in *Revue historique du droit français et étranger,* (XXXIII), 1955.

Boüard, Michel de, *Le Hague-Dike,* in *Cahiers archéologiques,* VIII, Paris, 1956.

Boüard, Michel de, *Sépultures énigmatiques à Réville (Manche)*, in *Annales de Normandie,* 1964.
Chatellier, P. du, et Le Pontois, L., *La sépulture scandinave à barque de l'île de Groix, in Bulletin de la Société Archéologique du Finistère,* XXXV, Quimper, 1908.
Cochet, Jean-Benoît, *Sépultures gauloises, romaines, franques et normandes,* 1857.
Cochet, Jean-Benoît, *Notice sur deux fibules scandinaves trouvées à Pîtres (Eure) en 1865 et entrées au Musée de Rouen,* in *Précis de l'Académie de Rouen pour l'année 1869-1870,* Rouen, 1871.
Coutil, Léon, *Parures et armes scandinaves trouvées à Rouen, à Oissel et à Pîtres,* in *Congrès du Millénaire de la Normandie,* Rouen, 1912.
Elmqvist, Birgitta, *Les fibules de Pîtres,* in *Meddelanden från Lunds Universitets Historiska Museum,* 1969.
Emmanuelli, F., *Le Hague-Dicke,* in *Revue de Cherbourg et de Basse-Normandie,* I, 1906.
Gerville, *Recherches sur le Hague-Dike et les premiers établissements militaires des Normands sur nos côtes,* in *Mémoires de la Société des Antiquaires de Normandie,* VI, 1831-1833.
Périn, Patrick, *Les objets vikings du Musée des Antiquités de la Seine-Maritime, à Rouen,* in *Mélanges offerts à Lucien Musset,* Caen, 1989.
Petersen, Jan, *De norske vikingesverd,* Kristiania, 1919.
Petersen, Jan, *Vikingetidens smykker,* Stavanger, 1928.
Petersen, Jan, *Vikingetidens redskaper,* Oslo, 1951.
Ramskou, Th., *Befæstet Vikingehavn i Normandiet,* in *Fra Nationalmuseets Arbejdsmark,* 1952.
Scuvée, Frédéric, *La sépulture viking de l'île de Groix,* in *Heimdal,* 9, Bayeux, 1973.
Schetelig, Haakon, *Viking Antiquities on the Continent of Western Europe,* in *Viking Antiquities in Great-Britain and Ireland,* IV, Oslo, 1940.
Vesly, Léon de, *Armes découvertes dans les dragages de la Seine,* in *Bulletin Archéologique, 1915.*

La descendance scandinave :

Apports des marqueurs génétiques à l'étude de la diversité interrégionale en France, éd. INSERM, à paraître.
Bernard, J., et Ruffié, J. *Hématologie géographique,* Paris, 1972.
Boyer, Régis, *Mœurs et psychologie des anciens Islandais, d'après les sagas de contemporains,* Paris, 1987.
Chesnon, C.G., *Observations sur l'influence des Normands dans la politique, la législation, les beaux-arts et la littérature en France,* in *Revue des travaux de la Société Agricole de l'Eure,* 1842-1843.
Collignon, R., *Cherbourg et le Cotentin. Anthropologie,* in *Congrès de l'Association française pour l'avancement des sciences,* Cherbourg, 1905.
Datain, Jean, *La mentalité normande et les influences nordiques,* in *Etudes Normandes,* 1957.
Dauzat, A., *Dictionnaire des noms de famille et prénoms de France,* Paris, 1951.

Degos, Laurent, et Dausset, Jean, *Human Migrations and Linkage Disequilibrium,* in *Immunogenetics,* 3, New York, 1974.
Degos, Laurent, et Dausset, Jean, *Comparison of Genetic (Factorial Correspondance Analysis) and Geographical Distances,* in *Tissue Antigenes,* 5, 1975.
Musset, Lucien, *Les surnoms normands en -man,* in *Etudes Germaniques,* 1947.
Siegfried, André, *Psychologie du Normand,* in *Etudes Normandes,* 1955.
Spalikowsky, Edmond, *Etudes d'anthropologie normande,* Paris, 1898.
Vallois, Henri, *Anthropologie de la population française,* Paris, 1943.
Van Haecke, Louis, *De la locution normande « p'têt'ben qu'oui, p'têt ben qu'non » et de ses implications diverses,* in *Etudes Normandes,* 1967.
Van Haecke, Louis, *Le Normand et la morale,* in *Etudes Normandes,* 1968.
Van Haecke, Louis, *Les Normands et la religion,* in *Etudes Normandes,* 1970.
Van Haecke, Louis, *Comment peut-on être Normand ?* in *Etudes Normandes,* 1972.

Le patois normand :

Cohen, Maurice, et Olsen, Magnus, *L'inscription runique du coffret de Mortain,* Paris, 1930.
Datain, Jean, *Aspects du dialecte normand,* in *Etudes Normandes,* 1957.
Duméril, Edelestand et Alfred, *Dictionnaire du patois normand,* Caen, 1849.
Fleury, J., *Essai sur le patois normand de la Hague,* Paris, 1886.
Friesen, Otto von, *Runorna,* in *Nordisk Kultur,* VI, 1933.
Gorog, Ralph Paul de, *The Scandinavian Element in French and Norman,* New York, 1958.
Guerlin de Guer, Ch., *Le patois normand,* Caen et Paris, 1896.
Hubert, Jean, *Le coffret de Mortain,* in *Bull Soc. Nat. Antiq. de France,* 1958.
Joret, Charles, *Des caractères et de l'extension du patois normand,* Paris, 1883.
Lechanteur, Fernand, *La Normandie traditionnelle* (I), Coutances, 1983.
Le Héricher, Ed., *Normandie scandinave ou Glossaire des éléments scandinaves du patois normand,* Avranches, 1861.
Lepelley, René, *Le parler normand du Val de Saire,* Caen, 1974.
Lepelley, René, *Parlers normands et pédagogie du français,* Caen, 1977.
Lepelley, René, *Dictionnaire du français régional de Basse-Normandie,* Paris, 1989.
Lepelley, R., et Vastel, J., *Bibliographie de dialectologie normande,* in *Annales de Normandie,* 1977.
Métivier, G., *Dictionnaire franco-normand ou Recueil des mots particuliers au dialecte de Guernesey,* Londres, 1870.
Mensire, R., *Le patois cauchois,* Rouen, 1939.
Moisy, H., *Dictionnaire du patois normand,* Caen, 1887.
Musset, Lucien, *Introduction à la runologie,* Paris, 1965.
Pedersen, Anders, *Nogle normanniske lydforhold,* in *Danske Studier,* Copenhague, 1911.
Roessler, Gerda, *Zur Problematik der Struktur des Nordwestnormannischen Vokalismus,* Wiesbaden, 1970.
Roncière, Charles de la, *Ce qui demeure des Vikings : la langue maritime,* in *Congrès du Millénaire de la Normandie,* Rouen, 1912.

La toponymie scandinave en Normandie :

Adigard des Gautries, Jean, *Les noms de lieux de l'Orne attestés entre 911 et 1066,* in *Bulletin de la Soc. hist. et archéol. de l'Orne,* LXV, 1947.

Adigard des Gautries, Jean, *Les noms de lieux de la Manche attestés entre 911 et 1066,* in *Annales de Normandie,* 1951.

Adigard des Gautries, Jean, *Les noms de lieux des îles anglo-normandes attestés entre 911 et 1066,* in *Annales de Normandie,* 1952.

Adigard des Gautries, Jean, *Les noms de lieux du Calvados attestés entre 911 et 1066,* in *Annales de Normandie,* 1952-1953.

Adigard des Gautries, Jean, *Les noms de lieux de l'Eure attestés entre 911 et 1066,* in *Annales de Normandie,* 1954-1955.

Adigard des Gautries, Jean, *Les noms de lieux de la Seine-Maritime attestés entre 911 et 1066,* in *Annales de Normandie,* 1956-1959.

Adigard des Gautries, Jean, *Etudes de toponymie normannique :*
1) *Les noms en « -torp »,* in *Etudes Germaniques,* 1951.
2) *Les « Caudecote »,* in *Etudes Germaniques,* 1953.
3) *Les « Houlgate »,* in *Mélanges F. Mossé,* 1959.
4) *Les noms en « -dal(e) »,* in *Etudes Germaniques,* 1960.

Adigard des Gautries, Jean, *Les noms de personnes scandinaves en Normandie de 911 à 1066,* Lund, 1954.

Adigard des Gautries, J., et Lechanteur, F., *Les noms de communes de Normandie* in *Annales de Normandie* (suppléments), 1961-1969.

Amundsen, S., *Etude de toponymie normannique : Criquebeuf et les noms de lieux normands en « beuf »,* in *Etudes Germaniques,* 1966.

Beaurepaire, Charles de, *Dictionnaire topographique de la Seine-Maritime,* ouvrage inédit.

Beaurepaire, E. de, *La toponymie de Normandie, méthodes et applications,* in *Cahiers Léopold Delisle,* XVIII, Nogent-sur-Marne, 1970.

Blosseville, Marquis de, *Dictionnaire topographique du département de l'Eure,* Paris, 1877.

Dauzat, A., et Rostaing, Ch., *Dictionnaire étymologique des noms de lieux de France,* Paris, 1963.

Ekwall, Eilert, *The Concise English Dictionary of English Place-Names,* Oxford, (3e éd.) 1947.

Fabricius, Adam, *Danske Minder i Normandiet,* Copenhague, 1897.

Falkman, Axel, *Ortnamnen i Skåne; etymologiskt försök,* Lund, 1877.

Fellows-Jensen, Gillian, *Scandinavian Place-Names and Viking Settlement in Normandy,* in *Namn och Bygd,* LXXVI, Stockholm, 1988.

Gamillscheg, Ernst, *Germanische Siedlung in Belgien und Nordfrankreich,* Berlin, 1938.

Guinet, Louis, *De l'étymologie des îles anglo-normandes en -ey : Guernesey, Jersey, Chausey,* in *Annales de Normandie,* 1964.

Guinet, Louis, *Noms de lieux en -beuf et en -fleur,* in *Annales de Normandie,* 1964.

Hald, Kristian, *Vore Stednavne,* Copenhague, 1950.

Hippeau, C., *Dictionnaire topographique du département du Calvados,* Paris, 1883.

Jakobsen, Jakob, *Stednavne og personnavne i Normandiet, med særligt hensyn til den nordiske bosættlese,* in *Danske Studier,* Copenhague, 1911.

Joret, Charles, *Les noms de lieux d'origine non romane et la colonisation germanique et scandinave de la Normandie,* Rouen, 1913.
Knudsen, Gunnar, *De danske stednavne,* in *Nordisk Kultur,* V, 1939.
Lechanteur, Fernand, *Zones toponymiques du département de la Manche,* in *Actes et Mémoires du 3e Congrès de Toponymie,* II, 1951.
Lechanteur, Fernand, *La Normandie traditionnelle* (II), Coutances, 1985.
Le Héricher, Edouard, *Philologie topographique de la Normandie,* in *Mémoires de la Société des Antiquaires de Normandie,* XXV, 1864.
Letourneur, Christian, *Noms de lieux normanniques en Cotentin,* in *Heimdal,* 2-3, Bayeux, 1971-1972.
Longnon, Auguste, *Les noms de lieux de la France : leur origine, leur signification, leurs transformations,* Paris, 1920-1929.
Lot, Ferdinand, *De l'origine et de la signification historique des noms de lieux en -ville et en -court,* in *Romania,* 59, 1933.
Mawer, Allen, *The chief elements used in English Place-Names,* in *English Place-Name Society,* I, Cambridge, 1924.
Rygh, Olaf, *Norske Gaardnavne, Forord og Indledning,* Christiana, 1898.
Sjögren, Albert, *Le genre des mots d'emprunt norrois en normand,* in *Romania,* LIV, 1928.
Storm, Gustav, *Om nordiske Stednavne i Normandiet,* in *Historisk Tidsskrift,* VI, Kristiania, 1888.
Tegnér, Esaias, *Norrmän eller Danskar i Normandie ? Några anmärkningar om normandiska ortnamn,* in *Nordisk Tidskrift,* VII, 1884.
Tegnér, Esaias, *Ytterligare om de nordiska ortnamnen i Normandie,* in *Nordisk Tidskrift,* VII, 1884.
Vandeventer, Christiane, *Bibliographie de la toponymie normande,* in *Cahiers Léopold Delisle,* XVIII, Nogent-sur-Marne, 1970.
Vibe, Johan, *Normanniske og andre skandinaviske stedsnavne,* in *Nordisk Tidskrift,* VII, 1884.
Yvart, Maurice, *Toponymie normannique en Pays de Caux,* in *Heimdal,* 4-5, 1972 et 11, 1974.

TABLE DES MATIÈRES

Cet ouvrage a été imprimé et façonné par Mame à Tours - La couverture a été imprimée par l'Imprimerie Raynard à La Guerche-de-Bretagne et pelliculée par Gaignard à Châteaugiron - La photocomposition et la mise en pages sont de Sécoprim à Saint-Grégoire - Prix à la parution en France continentale : 120 francs français.

N° I.S.B.N. 2.7373.0258.7 - Dépôt légal : novembre 1989
N° éditeur : 1565.01.05.11.89